INHALT

7 Vorwort

9 ○— **Schlüssel 1: Die menschlichen Ur-Instinkte**
9 Was sind Ur-Instinkte?
11 Flucht – wenn nachzugeben klüger ist, als anzugreifen
16 Angriff – die Überlegenheit der Vorwärtsverteidigung
23 Erstarrung – wie uns unser Tarninstinkt vor Niederlagen rettet
29 Beruhigung – so bleiben wir handlungsfähig

38 ○— **Schlüssel 2: Gruppenzugehörigkeiten**
39 So funktionieren Gruppen
43 Formelle vs. informelle Gruppen
50 Anführer oder Mitläufer? Die Rollenverteilung in Gruppen
59 So analysieren Sie richtig
62 Introvertierte und extrovertierte Menschen
67 So bringen Sie alles zusammen – zwei Beispiele aus der Praxis

77 ○— **Schlüssel 3: Auffälligkeiten im Sprachmuster**
78 Berufsgruppen und persönliche Präferenzen erkennen
84 Charaktereigenschaften erkennen
88 Lügner entlarven
95 Statusverhalten erkennen
104 Gesprächspartner beeinflussen
112 So wirken Reizwörter
117 Killerphrasen und Co
131 So wehren Sie Killerphrasen und Totschlagargumente ab
140 So begegnen Sie Ausflüchten

151 ○─ **Schlüssel 4: Das Geheimnis unserer Sinneswahrnehmungen**
152 Auditive Wahrnehmung – was verraten Anklopfen, Stimmlage, Tonfall und Sprechgeschwindigkeit?
159 Visuelle Wahrnehmung – was zeigen Körperhaltung, Gang und Kleidung?
181 Olfaktorische Wahrnehmung – was sagen Gerüche über uns aus?
185 Taktile Wahrnehmung – Händedruck und Berührungen als Hinweise
189 Wahrnehmungsfallen – so können wir uns täuschen

199 ○─ **Schlüssel 5: Das Geheimnis der Körpersprache**
201 Körpersprache lesen – Mythos vs. Realität
207 So gehen Sie richtig vor
216 Vom versteckten Daumen und angehobenen Kinn – Körpersprachsignale im Detail
232 Mimik und Mikromimik – entlarven Sie die wahren Gefühle Ihrer Mitmenschen
244 Manipulierbare Körpersprache
248 Nicht manipulierbare Körpersprache

262 ○─ **Schlüssel 6: Blicken Sie in die Gedanken Ihrer Mitmenschen!**
270 Warnindikatoren – so erkennen Sie Lügen
276 Glaubwürdigkeitsindikatoren – das spricht für die Wahrheit
279 Übungsbeispiel 1: Ein untreuer Ehemann?
293 Übungsbeispiel 2: Ein unfähiger Vorgesetzter?

301 Nachwort
303 Glossar
318 Literaturhinweise
318 Danksagung

VORWORT

Die meisten Entscheidungen, die wir im Alltag treffen, basieren auf Informationen, die wir von anderen Menschen erhalten. Ob unsere Entscheidungen gut sind oder schlecht, richtig oder falsch, ist deshalb weit weniger von unserem eigenen Urteilsvermögen abhängig, als wir glauben. Denn es steht und fällt alles mit den Menschen, die uns diese Informationen zur Verfügung stellen – und ihren Absichten, ihrer Ehrlichkeit, ihrer Objektivität, ihrer Intelligenz und ihrer Sorgfalt.

Um im Leben erfolgreich zu sein, sei es im Beruf oder im Privatleben, ist es daher von entscheidender Bedeutung, unsere Gesprächspartner bestmöglich wahrnehmen und beurteilen zu können. Dazu gehört nicht nur die Fähigkeit, Menschen charakterlich zutreffend zu analysieren, sondern auch das Vermögen, die Informationen, die wir von ihnen erhalten, systematisch auszuwerten und hinter die Kulissen dessen zu schauen, was uns unsere Gesprächspartner auf rein sprachlicher Ebene mitteilen.

Wenn es darum geht, unsere Mitmenschen zu entschlüsseln, denken die meisten lediglich an die körpersprachliche Ebene, also an Mimik, Gestik und Haltung, weil sie zunächst am offensichtlichsten zu sein scheinen. Auch viele Vernehmungsmethoden richten ihr Hauptaugenmerk auf die Körpersprache. Dabei ist das noch nicht einmal die halbe Miete! Vielmehr muss man sich die Analyse eines Gesprächspartners als großes Puzzle vorstellen, von dem die Körpersprache nur ein einziges Teil ist. Wir brauchen es zwar dringend, um später das Gesamtbild erkennen zu können, aber es ist eben nur eines von vielen.

Wenn wir unsere Gesprächspartner wirklich durchschauen möchten, müssen wir sie auf vielen unterschiedlichen Wahrnehmungsebenen analysieren. Welche das sind und wie Sie dabei am besten vorgehen, werde ich Ihnen in diesem Buch zeigen.

Während meines Polizeidienstes habe ich über 5000 Vernehmungen systematisch ausgewertet und bin dabei auf immer wiederkehrende Muster in Sprache, Verhalten, Mimik, Gestik usw. gestoßen, anhand derer man nicht nur erkennen kann, ob das Gegenüber lügt oder die Wahrheit sagt, sondern die darüber hinaus Hinweise auf dessen Absichten, seinen Charakter, die Gefühlslage und seine Geheimnisse geben.

Ich werde mit Ihnen also nicht nur das Geheimnis der Körpersprache lüften, sondern Ihnen auch zeigen, wie Sie die Gedanken, Intentionen und Emotionen erkennen können, die sich *hinter* der Kommunikation verbergen. Dafür mache ich Sie u. a. mit unseren Ur-Instinkten bekannt und zeige Ihnen, wie Sie diese Instinkte im Verhalten anderer erkennen und zu Ihrem Vorteil nutzen.

Am Ende des Buches haben Sie alle Puzzleteile, die Sie zur Analyse Ihrer Mitmenschen brauchen – damit Ihnen nie wieder jemand etwas vormachen kann.

Viel Spaß und Erfolg wünscht Ihnen herzlich
Ihr Marco Löw

Schlüssel 1:
DIE MENSCHLICHEN UR-INSTINKTE

Was sind Ur-Instinkte?

Kommen Ihnen die folgenden Situationen bekannt vor? In einem Meeting sucht der Chef Freiwillige für eine unbeliebte Aufgabe. Keiner meldet sich, stattdessen versuchen plötzlich alle Teilnehmer, sich besonders unauffällig zu verhalten: Sie vermeiden den Blickkontakt, manche sinken gar in ihrem Stuhl zusammen und machen sich klein, das Gespräch erstirbt – und das alles nur, um möglichst keine Aufmerksamkeit auf sich zu lenken.

Oder aber: Unter den Abteilungsleitern einer Firma kommt es zu einer Meinungsverschiedenheit. Als ein Befürworter des zur Debatte stehenden Projekts sich mit Sachargumenten nicht durchsetzen kann, versucht er, den Kollegen persönlich und emotional anzugreifen. Der Streit eskaliert, einer der beiden Kontrahenten springt auf und verlässt den Konferenzraum, um Zeit zu gewinnen und seine Strategie zu überdenken. Er wählt die Flucht.

In beiden skizzierten Situationen kommen die Ur-Instinkte zum Tragen: Einen Sachverhalt zu durchdenken benötigt Zeit – Zeit, die wir gerade in brenzligen Situationen aber oft nicht haben. Genauso wenig wie unsere Vorfahren, wenn diese plötzlich einem wilden Tier oder einem Feind begegneten: Da konnte eine Sekunde des Zögerns bereits über Leben und Tod entscheiden. Deshalb mussten Entscheidungen – z.B. Flucht oder Kampf – sofort getroffen werden. Das war aber nur möglich, wenn man instinktiv reagierte: reflexartig, ohne den Umweg über das Bewusstsein und ohne abzuwägen.

Es ist erstaunlich: Wir leben in einer zivilisierten und hoch technologisierten Gesellschaft, aber unser Verhalten wird nach wie vor von Instinkten geprägt, die bereits unsere Vorfahren in der Steinzeit für die Auseinandersetzung mit Säbelzahntigern oder feindlichen Stämmen benötigten.

Man unterscheidet drei Arten von Ur-Instinkten: *Angriff*, *Flucht* und *Erstarren*. Sie treten meist in Verbund mit *Beruhigungsverhalten* auf, das in erster Linie dazu dient, den Körper nach Angst und Anspannung wieder in den Normalzustand zu versetzen, d. h., den Pulsschlag zu verlangsamen, die Atmung zu beruhigen etc.

Versetzen Sie sich einmal in die folgende Ausnahmesituation: Sie sitzen gemütlich mit Freunden in einer Kneipe, als die Stimmung unerwartet umschlägt. Ein junger Mann betritt die Wirtschaft, zückt wortlos eine Waffe, eröffnet das Feuer und schießt wahllos um sich. Wahrscheinlich werden Sie nun nicht lange überlegen, was Sie tun, sondern instinktiv handeln: Wenn Sie in unmittelbarer Nähe zur Tür sitzen, versuchen Sie bestimmt zu fliehen. Befinden Sie sich weit vom Eingang entfernt und hat der Amokläufer Sie noch nicht bemerkt, verhalten Sie sich vermutlich so unauffällig wie möglich und würden versuchen, sich zu verstecken. Käme der Killer jedoch direkt mit der gezückten Waffe auf Sie zu, dann bliebe Ihnen nur noch die Wahl, ihm entweder die Waffe zu entreißen oder ihn kampfunfähig zu schlagen – trotz der geringen Aussicht auf Erfolg.

Die Ur-Instinkte brechen sich jedoch nicht nur in derartigen Ausnahmesituationen Bahn, sondern begleiten uns in ganz alltäglichen Momenten: Die meisten von uns haben wohl schon einmal erlebt, wie jemand bei einer heftigen Diskussion wutentbrannt und türenknallend aus der Situation geflohen ist, sprachlos wurde oder zur verbalen Attacke unter der Gürtellinie übergegangen ist. Die Ur-Instinkte Flucht, Angriff und Erstarren sind immer Reaktionen auf eine *Bedrohung*, ganz gleich welcher Art.

Flucht – wenn nachzugeben klüger ist, als anzugreifen

Die Flucht als Ausweg aus einer bedrohlichen Situation wird meist dann gewählt, wenn die Bedrohung übermächtig ist und ein Angriff die sichere Niederlage bedeuten würde. Stellen Sie sich vor, Sie werden in einer U-Bahn-Station von fünf alkoholisierten Halbstarken bedroht, die ganz offensichtlich auf Streit aus sind. Wenn Sie nicht gerade eine Spezialausbildung im Nahkampf absolviert haben, sollten Sie es nicht mit einer Gruppe aggressiver junger Männer aufnehmen. Da ist es klüger, das Weite zu suchen.

In Alltagsgesprächen geht es glücklicherweise weit weniger gewalttätig zur Sache, dennoch kommen die Prinzipien der Ur-Instinkte auch hier zum Tragen. Denn Diskussionen mit dem Partner, Verhandlungen mit Geschäftspartnern oder auch Besprechungen mit Kollegen können dafür sorgen, dass sich ein Teilnehmer bedroht fühlt – sei es, weil seine Argumentationskette ins Wanken gerät, sein Verhandlungsziel in weite Ferne rückt oder Druck auf ihn ausgeübt wird.

Wie äußert sich der Fluchtinstinkt konkret? Was sagt uns sein Auftreten über unseren Gesprächspartner? Und wie kann man ihn zum eigenen Vorteil nutzen?

Empfindet Ihr Gegenüber eine Aussage, Feststellung, Frage oder ein Argument von Ihnen als Bedrohung, auf die er instinktiv mit Fluchtverhalten reagiert, ist dies für den geschulten Beobachter wahrnehmbar. Denn auf der körpersprachlichen Ebene spiegeln sich gemäß des *Carpenter-Effekts* (vgl. Seite 251 ff.) Gedanken in bestimmten Bewegungen wider. Man spricht in diesem Zusammenhang von *ideomotorischen Bewegungen*, die sehr subtil ablaufen, aber durchaus sichtbar sind, so wie kleinste Fingerbewegungen oder ein unwillkürliches Kopfnicken. Ein weiteres Beispiel sind Augenbewegungen: Werden wir in einer Gesprächssituation mit Vorwürfen konfrontiert, würden wir häufig am liebsten den Raum verlassen und verschwinden. Dieser Gedanke kann dafür sorgen, dass unser Blick dann kurzzeitig zur Tür wandert oder wir unbewusst unsere Füße in diese Richtung drehen.

Auch die Bitte, die Toilette aufsuchen zu dürfen, ist oft Ausdruck des Fluchtinstinkts. Und zwar nicht nur, weil man sich der Situation entziehen und sich buchstäblich aus dem Staub machen möchte, sondern, weil man tatsächlich Harndrang verspürt. Der evolutionäre Hintergrund: Mit leerer Blase läuft man schneller! Was also in grauer Vorzeit über Leben oder Tod entscheiden konnte, beispielsweise bei der Flucht vor einem wilden Tier, ist bis zum heutigen Tag instinktiv in uns verankert.

Dieses Phänomen ist auch der Grund, warum viele Menschen vor einem Auftritt o. Ä. noch einmal dringend zur Toilette müssen: Die meisten sind nervös oder haben Angst, vor Publikum z. B. eine Rede zu halten. Am liebsten würden sie der Situation entfliehen – und der Gang zur Toilette ist vorprogrammiert.

Ein klassischer, im Gegensatz zu anderen ideomotorischen Bewegungen recht offensichtlicher Hinweis auf den Fluchtinstinkt ist auch der Blick auf die Uhr, verbunden mit dem Satz «Ich muss jetzt dringend los». Häufig hat der Betreffende gar keinen Termin, sondern will einfach auf diese Weise der unangenehmen Situation entfliehen.

Was verrät uns nun der Fluchtinstinkt über unseren Gesprächspartner? In erster Linie wissen wir dann, dass er das Gespräch, Teile des Gesprächs oder uns selbst als Bedrohung oder zumindest als sehr unangenehm empfindet. Darüber hinaus teilt uns der Gesprächspartner unbewusst mit, dass er die Bedrohung als überlegen ansieht und ein Gegenangriff in Form einer verbalen Attacke für ihn nicht in Frage kommt.

Zunächst muss man nun analysieren, was konkret bedrohlich auf den Gesprächspartner wirkt. Ist es Ihre Person an sich oder vielmehr eine Äußerung oder Frage von Ihnen? Spielt sich die Bedrohung auf der Beziehungsebene oder auf der Sachebene ab? Ein wertvoller Indikator ist hierzu der bisherige Verlauf des Gespräches. Wenn das Gespräch bisher spannungsfrei und in einer guten Atmosphäre verlief, Ihr Gegenüber plötzlich bei einer bestimmten Frage oder einem bestimmten Thema aggressiv, ängstlich oder schockiert reagiert, dann liegt der Schluss nahe, dass nicht Sie persönlich, sondern der Kontext diese Reaktion ausgelöst hat.

Wenn die Gesprächsatmosphäre hingegen von Anfang an angespannt war und der Gesprächspartner Ihnen nicht auf Augenhöhe oder mit Respekt begegnet ist, dann liegt offenbar ein Problem auf der Beziehungsebene vor, das sich durch den weiteren Gesprächsverlauf und weitere Fragen einfach zunehmend aufbaut. Die Frage ist also: Geht es um Persönliches oder um Argumente, die als überlegen wahrgenommen werden?

So kann ein Gespräch zwischen einem Teenager und seinen Eltern auf der Beziehungsebene völlig reibungslos ablaufen, weil Eltern und Kind sich gegenseitig lieben und ein harmonisches Verhältnis zueinander pflegen, bis die Frage nach dem Erfolg beim anderen Geschlecht aufkommt. Selbst wenn das Verhältnis zu den Eltern auf der Beziehungsebene gut ist, ist das Thema Sexualität für Jugendliche auf der Sachebene häufig peinlich und unangenehm.

Haben Sie mit Hilfe der besprochenen Vorgehensweisen die Ursache für das Fluchtverhalten Ihres Gesprächspartners herausgefunden, ist dies eine Information, die Sie der Entschlüsselung Ihres Gegenübers einen Schritt näher bringt. Wichtig dabei: Sie müssen die Verhaltensweisen Ihres Gesprächspartners *immer* im

Kontext betrachten, also in Abhängigkeit von der Aussage oder der Frage, welche diese Reaktionen ausgelöst haben – nie isoliert davon! Haben Sie erst einmal festgestellt, *wie* Ihr Gesprächspartner auf bestimmte Fragen, Aussagen oder Themen reagiert, dann fragen Sie weiter, *warum* er gerade bei diesen Fragen so reagiert. Hier gilt es zu entscheiden, ob Sie direkt oder indirekt nachfragen möchten; beide Optionen haben Vor- und Nachteile. Wenn Sie Ihren Gesprächspartner direkt darauf ansprechen, können Sie dadurch das Gespräch dominieren und Ihren Gesprächspartner zu Festlegungen und Konkretisierungen auffordern. Beispielsweise mit folgenden Fragen: «Mir fällt auf, dass du immer ausweichst, wenn wir zum Thema XY kommen, warum tust du das?» Darauf muss er dann entweder eine Begründung liefern, oder er streitet ab: «Das tue ich doch gar nicht!» In diesem Fall haken Sie nach: «Gut, dann würde ich jetzt gerne wissen ...» Der Nachteil dieser Methode ist natürlich der verschenkte Überraschungseffekt, weil der Gesprächspartner dann auch Sie besser einschätzen kann und fortan vielleicht vorsichtiger argumentiert. Geht es Ihnen erst einmal darum, möglichst viele Informationen zu erhalten, sollten Sie einfach so tun, als hätten Sie die Auffälligkeit nicht wahrgenommen, und einfach weiter um den kritischen Punkt herum Fragen stellen. Wenn Sie aber auf eine oder zwei Fragen konkrete Antworten haben möchten, ist die direkte Art nachzufragen meist die bessere Option. Die Beispielsfragen für den Fluchtinstinkt können Sie auch genauso auf den Angriffsinstinkt ummünzen. «Mir ist aufgefallen, dass du dich immer aufregst/ aggressiv wirst, sobald wir auf das Thema XY kommen, warum tust du das?»

Sie wissen nun nicht nur, *was* Ihr Gegenüber als Bedrohung empfindet und *warum*, sondern auch, *wie* er auf eine Bedrohung reagiert. Denn jeder Mensch besitzt individuelle, sich wiederholende Verhaltensmuster. Haben Sie diese einmal kennengelernt, können sie Ihnen, auch wenn sie nur subtil sind, als wertvolle Verräter in Sachen Gemütszustand des Gegenübers dienen.

Nehmen wir an, sein Fluchtverhalten äußert sich stets durch ideomotorische Bewegungen des Auges in Richtung Ausgang. Mit Hilfe dieser Information sind Sie in der Lage, nun auch zu einem anderen Zeitpunkt des Gespräches zu erkennen, wann sich Ihr Gegenüber bedroht fühlt. Wann immer sein Blick in die entsprechende Richtung wandert, können Sie sicher sein, dass Ihr Gesprächspartner insgeheim einer Bedrohung ausweichen möchte: Hat er sich mit seiner letzten Aussage vielleicht auf dünnes Eis begeben und nicht die Wahrheit gesagt? Oder verbergen sich hinter seinem Fluchtverhalten weitere «Leichen im Keller»? Denkbar wäre zum Beispiel die Angst vor Bestrafung oder die Angst vor Gesichtsverlust. Sicher ist, dass Sie auf eine Schwachstelle in seinem Kommunikationsverhalten gestoßen sind. Diese Schwachstelle gilt es wie besprochen kommunikativ auszunutzen, denn sie bietet optimale Ansatzpunkte für Ihre weitere Gesprächsstrategie.

Übung

Treffen Sie sich mit einem guten Freund, und unterhalten Sie sich eine Weile unbefangen. Lenken Sie dann das Gespräch auf ein Thema, von dem Sie wissen oder vermuten, dass er es als unangenehm empfindet. Es sollte sich dabei jedoch nicht um ein Tabuthema oder eine für den Freund emotional schwierige Angelegenheit handeln – Sie möchten sicherlich weder Ihren Freund verprellen noch einen Angriff seinerseits provozieren. Übertreiben Sie es also nicht. Wenn Ihnen nichts Passendes einfällt, dann denken Sie einfach an Charaktereigenschaften oder Einstellungen, die sich von seinen unterscheiden: So könnten Sie einen Macho auf ein Gleichberechtigungsthema ansprechen oder eine Feministin auf das konservative Rollenbild der Frau.

Ziel der Übung ist es, ein instinktives Fluchtverhalten hervorzurufen. Beobachten Sie sehr genau Gestik, Mimik und Körperhaltung des Gegenübers, und merken Sie sich die jeweiligen individuellen Reaktionen.

Wiederholen Sie dies in leicht abgewandelter Form, also mit derselben Person an einem anderen Tag und zu einem anderen Thema. Versuchen Sie nun, in den Reaktionen ein Muster festzustellen. Welche auffälligen Signale es gibt, erfahren Sie im weiteren Verlauf des Buches, insbesondere in den Rubriken zu Körpersprache und Mikromimik.

Angriff – die Überlegenheit der Vorwärtsverteidigung

Zu Beginn der 1980er Jahre versetzte die bis dato in Europa nahezu unbekannte Kampfkunst Wing Chun die Szene in Aufruhr. Deren Kämpfer liefen ansatzlos und völlig überraschend, ja kamikazeartig, mit schnellen Serien von Fauststößen regelrecht in ihre Gegner hinein. Bevor diese begriffen, wie ihnen geschah, waren sie bereits getroffen und k. o. geschlagen worden. Nach einiger Zeit hatte sich die neue Strategie herumgesprochen, und die Vertreter anderer Kampfkünste konnten sich darauf einstellen. Aber solange der Überraschungseffekt genutzt werden konnte, schien gegen diese Taktik kein Kraut gewachsen.

«Angriff ist die beste Verteidigung!», heißt nicht umsonst das altbekannte Sprichwort. Und häufig, wenn auch nicht immer, trifft es zu: Eine in Bedrängnis geratene Person, die von einem überlegenen Gegner attackiert wird, hat im Grunde nur zwei Möglichkeiten: Entweder zu flüchten oder, wenn das nicht möglich oder Erfolg versprechend ist, den Gegner so anzugreifen, dass dieser kalt erwischt wird. Vermutlich wird er kurz innehalten und überlegen, wie er sich verteidigen soll. Selbst wenn dieser Moment des Nachdenkens nur einen winzigen Augenblick lang dauert, kann sein Gegenspieler in dieser Zeit schon einige entscheidende Treffer erzielen. Wer schon einmal den renommierten Gründer und Meister des Acht Pattern Wing Chun, Matthias Gruber, live oder auf Video bei einer Kampfdemonstration gesehen hat, bekommt eine eindrucksvolle Vorstellung von der Effizienz dieser Methode.

Nicht anders verhält es sich im kommunikativen Zweikampf: Auch in verbalen Scharmützeln ist es vorteilhaft, sein Gegenüber zu überraschen und unvorbereitet zu treffen, beispielsweise mit einem überraschenden Argument. Das Ziel dabei ist, ihm die Gesprächsführung zu entreißen und ihn so in eine unterlegene Position zu drängen, aus der er nicht mehr ohne weiteres wieder herauskommt.

Stellen Sie sich zur Verdeutlichung folgende Situation vor: Sie müssen in Ihrem Job eine wichtige Verhandlung führen. Sowohl Ihnen als auch Ihrem Verhandlungspartner ist daran gelegen, den eigenen Standpunkt zu verdeutlichen und die eigenen Ziele durchzusetzen. Bislang ist die Verhandlung gut für Sie verlaufen, denn Sie haben die besseren Sachargumente vorgebracht. Möglicherweise konnten Sie sogar die Argumente des anderen widerlegen oder ihn eines Bluffs oder einer Lüge überführen. Kurz und gut: Ihr Verhandlungspartner muss einsehen, dass Sie seine Verhandlungsziele bedrohen, er Ihnen aber – zumindest heute – argumentativ unterlegen ist.

Die meisten würden nun erwarten, dass der Verhandlungspartner aufgibt. Nun, da seine Argumente widerlegt worden sind, bleibt ihm nichts anderes übrig, oder? Leider ist genau diese Annahme ein (weitverbreiteter) Irrtum, und das Gegenteil oft der Fall. Aufzugeben ist keine sinnvolle Überlebensstrategie und daher kein Ur-Instinkt; erst, wenn wir total erschöpft und/oder zermürbt sind, geben wir auf. Dies habe ich schon früh in meiner

Zeit als Vernehmungsexperte bei der Kriminalpolizei gelernt: Der Täter resigniert – und gesteht – erst dann, wenn weder Angriff, Flucht noch Erstarren ihm weitergeholfen haben.

Ihr Verhandlungspartner wird sich folglich nicht so schnell geschlagen geben, sondern in vielen Fällen aggressiv und/oder manipulativ, meist jedoch sehr emotional reagieren, um das Ruder noch einmal herumzureißen. Dies ist eine besonders perfide und wirkungsvolle Methode, denn die Verhandlung wird dadurch von der Sachebene auf die persönliche Ebene verlagert. Hier kann Ihr Verhandlungspartner wieder ein mindestens ausgeglichenes Kräfteverhältnis schaffen, nachdem er argumentativ gescheitert ist.

Wie kann eine solche emotionalisierte Offensive aussehen? Womöglich unterstellt Ihnen Ihr Gegenüber plötzlich schlechte Absichten, Charakterschwäche, Voreingenommenheit oder mangelnde Integrität. Das Ziel: Ihr persönliches Ehrgefühl zu verletzen, Sie eventuell zu unüberlegten Äußerungen zu verführen, zu emotionalen Reaktionen, die Sie unsouverän wirken lassen. Er bezieht sich nicht mehr auf den Sachverhalt an sich, sondern versucht, Sie als Person im Allgemeinen zu treffen, zu verletzen, aus der Reserve zu locken, Sie vom eigentlichen Thema abzulenken. Dies spiegelt sich in seiner Wortwahl wider, denn auffallend häufig benutzt er verallgemeinernde Wörter, die es in sich haben, zum Beispiel

- typisch
- immer
- nie und
- nur

Sie meinen, es handele sich dabei um harmlose Wörter? Lassen Sie einmal die folgenden Vorwürfe auf sich wirken:
- «Typisch, dass Sie als Buchhalter die Praxis nicht von Zahlen auf dem Papier unterscheiden können.»

- «Immer kritisieren Sie mich und meine Ideen. Sie sind immer gegen mich!»
- «Nie verstehen Sie, um was es im Kern wirklich geht.»
- «Typisch, dass Sie als Frau mal wieder nur die Belange der weiblichen Belegschaft im Auge haben.»
- «Immer versuchen Sie, Ihren Kopf durchzusetzen – völlig egal, ob das der Firma schadet.»
- «Typisch, es geht Ihnen wie immer nie um die Wahrheit, sondern nur um Ihr eigenes Ego.»
- «Sie sind doch nur ein Uni-Absolvent ohne Berufserfahrung!»

Wie Sie sicherlich bemerkt haben, unterstellen diese Vorwürfe Egoismus, Dummheit, Voreingenommenheit und dergleichen mehr. Wer möchte sich schon Derartiges vorwerfen lassen? Die meisten Menschen neigen zu starken emotionalen Reaktionen, wenn ihre Integrität in Frage gestellt wird. Genau das aber ist die Absicht, die hinter solchen Angriffen steckt. Tun Sie Ihrem Verhandlungspartner bitte nicht den Gefallen, sich auf diese Art der Diskussion einzulassen! Bislang waren Sie in Ihren Sachargumenten unangreifbar, Ihr Gegenspieler hat Ihnen nicht gefährlich werden können. Schlagen Sie aber auf der emotionalen Ebene zurück – eine nur allzu menschliche Reaktion –, dann verlassen Sie Ihre überlegene Position und begeben sich auf eine Ebene, auf der es nicht mehr um Fakten, die besseren Argumente oder die Wahrheit, sondern um Gefühle geht. Jetzt wird es gefährlich: Niemand zeigt sich in einer emotional aufgeheizten Verbalschlacht von seiner besten Seite – das gilt auch für Sie. Ihre bisherige Souveränität können Sie in einer solchen Debatte jedenfalls nicht länger aufrechterhalten.

Besonders, wenn ein solcher Angriff vor Dritten stattfindet, etwa im Rahmen einer Konferenz oder eines Meetings, ist Vorsicht geboten. Sollte es Ihrem Gegner gelingen, die anderen von Ihren «schlechten Absichten» oder Ihrer angeblichen Inkompetenz zu überzeugen, treten die Fakten in den Hintergrund und Sie können nur noch verlieren, wie bereits Plutarch, ein Philosoph der griechischen Antike, wusste: «Verleumde nur dreist, etwas bleibt immer hängen.»

Daher lautet der oberste Grundsatz in der taktischen Kommunikation: Wehren Sie verbale Angriffe immer sachlich ab, unabhängig davon, ob es sich um sachliche oder emotionale Angriffe handelt! Dies zu beherzigen, wird nicht immer leicht sein, aber dafür sorgen, dass Sie in Diskussionen die Oberhand behalten.

Dies gilt auch für alle anderen Situationen, in denen Sie Gefahr laufen, Opfer des Angriffsinstinkts Ihres Gesprächspartners zu werden. Während Männer gerne Angriffe mit harten Bandagen, also z. B. mit Vorhaltungen, führen, sind Frauen oftmals Meisterinnen der subtilen Kriegsführung und formulieren Angriffe indirekter – wenn auch nicht weniger wirkungsvoll. Haben solche Frauen das Gefühl, unterlegen zu sein, dann setzen sie gerne vermeintliche Schwächen als Stärken ein: notfalls mit Tränen. Dies weckt schnell den Beschützerinstinkt bei den Anwesenden und ist somit ein hervorragendes Mittel, die anderen auf die eigene Seite zu ziehen. Wie besagt das Sprichwort so schön? Recht haben und recht bekommen sind oft zwei Paar Stiefel.

Sollten Sie in eine solche Situation geraten, bleiben Sie auch hier ruhig, gefasst und sachlich. Bieten Sie der weinenden Gesprächspartnerin ein Taschentuch an, aber hüten Sie sich vor Entschuldigungen. Das wäre zwar gut gemeint, würde Sie jedoch als Täter erscheinen lassen, denn man entschuldigt sich schließlich nicht ohne Grund. Seien Sie also höflich, aber neutral, und fragen Sie einfach, ob das Gespräch weitergehen kann. Dann knüpfen Sie wieder an die Sachdiskussion an.

Übung

Diese Übung dient dazu, ein Gespür dafür zu bekommen, wie man mit den verallgemeinernden Wörtern «typisch», «immer», «nie» und «nur» angegriffen werden kann. Dazu ist es erforderlich, sich in die Gegenseite hineinzuversetzen. Formulieren Sie zu den unten genannten Personengruppen Angriffssätze, welche die Wörter «typisch», «immer», «nie» oder «nur» beinhalten. Alle Mittel sind erlaubt, auch die Zuhilfenahme von Vorurteilen und Klischees.

Friseurin: _____

Bauarbeiter: _____

Rechtsanwalt: _____

Ärztin: _____

Hausmann: _____

Demokratin: _____

Hundebesitzer: _____

Sportwagenfahrer: _____

Bodybuilder: _____

Bodybuilderin: _____

Arbeitsloser: _____

Übung

Spielen Sie mit einem Freund folgende Situationen durch: Schlagen Sie die Tageszeitung auf und suchen Sie nach streitbaren Themen, zum Beispiel die Debatten um Organspende, Sterbehilfe oder die Zukunft der Energieversorgung. Verteilen Sie dann die Positionen, die jeder von Ihnen in der Diskussion vertreten soll. Achten Sie dabei auf zwei Dinge: Erstens sollen die beiden Ansichten in ihren Standpunkten so gegensätzlich wie möglich sein, zweitens sollen Sie die Position wählen, mit der Sie sich identifizieren und für die Sie deshalb leichter argumentieren können. Bei Ihrem Freund soll es umgekehrt sein: Ist er ein überzeugter Anhänger der Demokratie, so bietet es sich an, ihm die Rolle eines politischen Despoten aufzuerlegen. Liegt ihm die Energiewende am Herzen? Dann sollte er sich als Atom-Lobbyist versuchen.

Aufgrund dieser Rollenverteilung wird es Ihnen leicht- und Ihrem Gegenüber schwerfallen, eine sachliche Argumentationskette aufzubauen und weiterzuverfolgen. Weil Ihr Freund stets entgegen seiner tatsächlichen Einstellung argumentieren muss, wird er früher oder später an einen Punkt gelangen, an dem ihm die Argumente ausgehen. Erfahrungsgemäß ist das der Moment, an dem er stressbedingt aggressiver wird und Sie persönlich angreift. Sollte er Schwierigkeiten haben, sich in seine Rolle hineinzufinden, können Sie alternativ vereinbaren, dass er Sie bewusst verbal attackiert, sobald ihm die Argumente ausgehen. Beobachten Sie ihn dabei genau, und stellen Sie sich stets die Frage, warum er in einer bestimmten Situation genau so und nicht anders angreift. «Warum bringt er immer wieder das gleiche Argument? Warum wird er bei meinem Argument XY immer aggressiv?» Versuchen Sie ferner, ruhig zu bleiben, ihm stets auf der Sachebene zu begegnen, beispielsweise so: «Das, was du sagst, finde ich

interessant, aber wie du es sagst, finde ich nicht in Ordnung, bitte lass uns sachlich bleiben!»
Danach wählen Sie ein anderes Streitthema und tauschen die Rollen. Diesmal sollen Sie den argumentativ unterlegenen Part einnehmen.
Je öfter Sie diese Rollenspiele einüben, desto sicherer werden Sie im Erkennen von Angriffsmustern und deren Bedeutung. Typische Angriffsmuster sind persönliche Beleidigungen, Abstreiten der Fachkompetenz, vermeintliche Beweise, nonverbale Drohgebärden durch dominante Körperhaltungen, Distanzunterschreitungen oder vorgetäuschte Wutausbrüche. Auf solche Angriffe sollten Sie reagieren, indem Sie selbstbewusst und klar argumentieren oder je nach Situation den Angriff durch eine ironische Bemerkung abwenden. Beispiele: «Ich stelle fest, Sie sind mit meinem Argument nicht einverstanden, welche konkreten Argumente haben Sie denn dagegen?» oder «Sie unterstellen mir also Geldgier, weil man in meinen Augen die Euroscheine sehen kann, mit dieser Fähigkeit sollten Sie auftreten!». Sie werden sehen, dass Sie schon nach wenigen Durchgängen an Souveränität gewinnen und von den Erkenntnissen profitieren können.

Erstarrung – wie uns unser Tarninstinkt vor Niederlagen rettet

Während eines schrecklichen Amoklaufs an einer amerikanischen Schule spielte sich eine gleichermaßen grausige wie verblüffende Szene ab: Ein Schüler stand neben der Tür am Abfalleimer und spitzte seinen Bleistift, als der Amokläufer das Klassenzimmer betrat und sofort zu schießen begann. Er schoss auf alle Anwesenden – mit Ausnahme des Jungen, der seinen Bleistift spitzte. Obwohl der Amokläufer mehrmals an ihm vorbeilief, übersah er ihn völlig.

Wie konnte dies geschehen? Warum hatte der Attentäter den Schüler übersehen? Es gibt nur eine stichhaltige Erklärung dafür: Wie ein aggressives Raubtier griff der Amokläufer jeden an, der sich bewegte oder durch Schreien auf sich aufmerksam machte. Der Schüler, der am Abfalleimer stand, war jedoch vor Schreck erstarrt und vollkommen regungslos. Dadurch entging er der Aufmerksamkeit des Täters.

Der Ur-Instinkt des Erstarrens wird immer dann aktiviert, wenn unser *limbisches System* (vgl. Seite 312) der Meinung ist, dass wir oder unsere Schwächen dem Gegner noch nicht aufgefallen sind. In einer solchen Situation reagieren wir entweder mit Flucht oder erstarren, je nachdem, was wir unterbewusst als erfolgversprechender erachten.

Übertragen wir dies auf die Wahrnehmung von Körpersprache in weniger existenziellen Situationen: Denken Sie einmal an Ihre Schulzeit zurück. Sie sind, ohne zu Hause zu lernen, in die Schule gegangen, und nun fragt der Lehrer gleich in der ersten Stunde genau das Thema ab, zu dem Sie sich nicht vorbereitet haben. Ihnen wird schlagartig klar, dass Sie eine schlechte Note kassieren, wenn der Lehrer Sie aufrufen sollte. Natürlich sind Sie nicht der einzige Schüler, dem es so geht. Was also tun Sie und Ihre betroffenen Klassenkameraden? Sie verhalten sich so unauffällig wie möglich: Sie wagen kaum zu atmen, vermeiden tunlichst jeden Blickkontakt mit dem Lehrer und geben keinen Mucks von sich in der Hoffnung, dass der Lehrer Sie übersieht und jemand anderen aufruft. Und tatsächlich: Erstaunlich oft funktioniert diese Taktik.

Aber weshalb ist sie so erfolgreich? Warum können wir mit Hilfe der Erstarrung bewirken, dass wir uns wie mit einem Tarnmantel quasi unsichtbar machen und der Wahrnehmung unseres Gegenübers entziehen können?

Der Verarbeitungskapazität unseres Gehirns sind Grenzen gesetzt. Neunzig Prozent der Informationen, die unsere Sinne aufnehmen, können nicht auf die Schnelle vom Gehirn verarbeitet werden. Deshalb sortiert es alles, was es als unwichtig erachtet, aus und konzentriert sich auf die wichtigsten zehn Prozent. Unser Gehirn setzt also bei der Wahrnehmung Prioritäten und filtert dementsprechend die eingehenden Informationen, es fasst sie in Kategorien zusammen und ordnet diese nach ihrer Wichtigkeit. Diesen Prozess nennt man *Perzeption*. Informationen, die unser Gehirn als unwichtig einstuft, fallen in den sogenannten *Wahrnehmungsschatten*, d.h., dass diese Informationen zwar theoretisch vorhanden sind, aber vom Gehirn nicht bewusst umgesetzt werden. Mit diesem Mechanismus schützt sich unser Gehirn vor Informationsüberlastung: Es muss ja nicht nur die eingehenden Informationen über die Netzhaut (visuelle Informationen) bewerten und nach Priorität ordnen, sondern auch die Informationen, die uns über unsere anderen Sinnesorgane erreichen, beispielsweise Geräusche oder Berührungen.

Die zehn Prozent der eingehenden Informationen, die das Gehirn bewusst verarbeiten kann, sind also – wenn Sie so möchten – eine Art «Best-of» aller zur Verfügung stehenden Informationen im jeweiligen Moment. Dass ein Großteil der Gesamtinformationen dabei in den Wahrnehmungsschatten fällt, ist die logische Folge.

Dies möchte ich anhand eines einfachen Beispiels veranschaulichen: Stellen Sie sich vor, Sie stehen in einiger Entfernung vor einem Waldgebiet. Während Sie den vor Ihnen liegenden Wald betrachten, werden sämtliche Bäume mit all ihren Details vollständig auf die Netzhaut Ihrer Augen projiziert. Sie nehmen jedoch nicht jeden einzelnen Baum inklusive all seiner individuellen Eigenschaften und Details bewusst wahr, sondern den Wald in seiner Gesamtheit. Das liegt schlicht an der limitierten Fähigkeit des Gehirns, alle eintreffenden Informationen zu verarbeiten.

Wenn Sie in den Wald hineinlaufen und einen einzelnen Baum betrachten, wiederholt sich dieser Vorgang. Sie nehmen zunächst seine Form wahr, nicht aber dessen feine Verästelungen, einzelne Blätter oder die Beschaffenheit seiner Rinde. Dies geschieht erst, wenn Sie Ihren Fokus gezielt auf diese einzelnen Aspekte richten. Sofern wir unsere Wahrnehmung nicht bewusst steuern, uns also nicht aktiv auf bestimmte Details fokussieren und konzentrieren, erfolgt die Perzeption des Gehirns primär automatisch und unbewusst.

Doch was haben diese mentalen Prozesse mit dem Phänomen der Erstarrung zu tun? Wie ist es möglich, dass wir uns in bedrohlichen Situationen «unsichtbar» machen können? Wieso ist es dem Schüler aus dem Eingangsbeispiel gelungen, von dem Amokläufer nicht entdeckt zu werden, obwohl dieser mehrmals an ihm vorbeilief?

Versetzen wir uns in den Amokläufer: Für ihn ging es darum, möglichst viele Menschen zu treffen. Also ordnete sein Gehirn all jenem eine hohe Priorität zu, das nach typischem Opferverhalten aussah, in diesem Fall Schreien, Kreischen und panikartige Bewegungen. Alles, was nicht primär Opferverhalten darstellte, wurde mental niedrig priorisiert, so auch der Schüler, der regungslos und mucksmäuschenstill an der Tür stand. So ist zu erklären, warum der Junge vom Täter regelrecht übersehen wurde – und überlebte.

Schließen Sie daraus jedoch bitte nicht, dass es eine hundertprozentig sichere Methode ist, zu erstarren, wenn man nicht entdeckt werden möchte! Es ist lediglich eine von drei instinktiven Verhaltensreaktionen, aus denen unser limbisches System diejenige auswählt, die in der jeweiligen Situation die höchste Erfolgschance verspricht.

Die Sensibilisierung für diesen Ur-Instinkt ist deshalb so wichtig, weil dadurch die Reaktionen anderer Menschen unter einem ganz anderen und größeren Blickwinkel betrachtet und beurteilt werden können. Die Erstarrung liefert Ihnen Hinweise darauf, dass ein bestimmtes Argument oder eine bestimmte Frage bei Ihrem Gegenüber kurzzeitig zu einem «Schock» geführt hat. Typisch für die Erstarrungsreaktion ist es, wenn die zuvor lebendige Körpersprache des Gegenübers plötzlich «einfriert», es einem wortgewandten Redner die Sprache verschlägt oder sich im Gesicht Ihres Gegenübers eine Überraschung zeigt. Näheres finden Sie hierzu im Kapitel über Mimik und Mikromimik. Diese Reaktionen sind oft nur für wenige Sekunden, manchmal sogar nur für Sekundenbruchteile, wahrnehmbar, weshalb Sie Ihren Gesprächspartner konzentriert und unablässig beobachten sollten, damit Sie sofort erkennen, wenn Sie ihn auf dem falschen Fuß erwischen, beispielsweise, weil er bestimmte Fragen nicht beantworten kann oder er keine wirklichen Argumente hat. Viele Manipulatoren arbeiten mit fingierten Beweisen, die einem näheren Hinterfragen nicht standhalten.

Achten Sie während eines Gesprächsverlaufes stets auf die Reaktionen Ihres Gesprächspartners auf einzelne Fragen und jedes Thema, das Sie ansprechen. Diejenigen Fragen oder Themen, bei denen Ihr Gesprächspartner keinerlei Auffälligkeiten im Argumentationsverhalten, in der Körpersprache und der Mimik zeigt, sind Bezugspunkte, um das normale Verhalten Ihres Gesprächspartners kennenzulernen. Besitzt er beispielsweise die notwendige Fachkompetenz, hat er nichts zu verbergen oder spricht gerne über das jeweilige Thema, dann ist er ruhig, selbstbewusst und ausgeglichen, und Sie werden keine stressbedingten Auffälligkeiten im Verhalten feststellen können. Lösen jedoch einzelne Fragen oder Themen einen «Schock» aus, so muss dem Grund dafür nachgegangen werden. Sind es immer dieselben Themenkomplexe oder Fragen, auf die er so reagiert? Löst die Erwähnung bestimmter Personen Erstarrungsreaktionen aus? Reagiert er so, wenn man vertiefend nachfragt?

Sobald Sie ein Muster in den Reaktionen ausmachen können, wissen Sie, dass Sie einen wunden Punkt bei Ihrem Gesprächspartner entdeckt haben, dem es nachzugehen lohnt. Die Taktik muss nun lauten, über dieses Thema viele weitere Informationen zu erhalten, indem Sie vertiefende Fragen dazu stellen.

Ein Freund von mir betreibt eine Autowerkstatt. Da ich ihm gelegentlich bei der Arbeit zusehe, habe ich mir im Laufe der Zeit ein oberflächliches Wissen über Autoreparaturen angeeignet. Ich könnte problemlos vortäuschen, gelernter Mechaniker zu sein und meinen Gesprächspartnern Tipps zum Reparieren ihrer Autos geben. Allerdings klappt das natürlich nur, solange ich an der Oberfläche bleiben kann, denn ein tiefergehendes Wissen zu einzelnen Punkten (z.B. Zahnriemenwechsel, Getriebereparatur etc.) habe ich natürlich nicht. Wenn mein Gesprächspartner sich aber einige solcher Punkte herausgreifen und mich dazu befragen würde, käme ich schnell in Schwierigkeiten.

Seien Sie geduldig mit sich, es erfordert viel Übung, das meist nur kurze Erstarren von Mimik oder Gestik wahrzunehmen. Aber es lohnt sich! Beobachten Sie Ihren Gesprächspartner immer schon, während Sie die Frage formulieren, und nicht erst danach!

Übung

Nehmen Sie an einer Veranstaltung teil, bei der Sie keinen oder nur wenige der Anwesenden kennen. Wählen Sie dabei einen Anlass, dem Sie keine größere Bedeutung beimessen, beispielsweise eine Singleparty, wenn Sie in festen Händen sind, oder ein Networking-Treffen mit einem Personenkreis, der für Sie beruflich uninteressant ist.

Ihre Hauptaufgabe ist, sich so unauffällig wie möglich zu verhalten. Kleiden Sie sich dezent, betreten Sie still und leise die Räumlichkeiten, nehmen Sie mit niemandem Blickkontakt auf, und wählen Sie einen möglichst unauffälligen Sitz- oder Standplatz aus. Bewegen Sie sich so wenig wie möglich, verursachen Sie keinerlei Geräusche, und halten Sie sich abseits, kurzum: Vermeiden Sie, die Aufmerksamkeit der anderen auf sich zu ziehen! Für gewöhnlich kommt man bei dieser Art der Zusammenkunft schnell ins Gespräch, wird angesprochen oder zumindest neugierig betrachtet. Achten Sie darauf, wie viel Zeit vergeht – im Vergleich zum normalerweise üblichen Prozedere –, bis Sie bewusst wahrgenommen werden. Wenn Sie sich geschickt verhalten, sollte es deutlich länger dauern als gewöhnlich, bis Sie auffallen – sofern dies überhaupt der Fall ist.

Ändern Sie nun Ihre Perspektive, und werden Sie zum Beobachter der anderen. Achten Sie bewusst darauf, welche Personen Ihnen sofort und welche Personen Ihnen erst nach längerer Beobachtung auffallen. Versuchen Sie im Nachhinein, ein Muster zwischen beiden Personengruppen zu erkennen: Woran liegt es, dass Ihnen bestimmte Personen schnell und andere erst viel später ins Auge gesprungen sind? Machen Sie sich gegebenenfalls Notizen. Mit dieser Vorgehensweise und einiger Übung werden Sie Ihre Wahrnehmungsfähigkeit deutlich schärfen. Versuchen Sie im Laufe der Zeit, die Schwierigkeit zu steigern. Folgen Sie einer Einladung zu einer Veranstaltung, bei der Sie den Großteil der anwesenden Personen kennen, und wiederholen Sie die Übung unter erschwerten Bedingungen.

Beruhigung – so bleiben wir handlungsfähig

Der Beruhigungseffekt zählt streng genommen nicht zu den Ur-Instinkten, aber er entstammt ihnen. Der Unterschied zu den primären Ur-Instinkten Flucht, Erstarren und Angriff besteht darin, dass diese direkte Reaktionen auf eine Bedrohung darstellen, während der Beruhigungseffekt der Wiederherstellung des Normalzustandes dient: Der ursprüngliche Sinn des Beruhigungseffekts war eine rasche Regeneration.

Versetzen wir uns zurück in die Zeit unserer Urahnen. Nehmen wir an, wir hätten uns soeben fürs Erste vor einem wilden Tier in Sicherheit gebracht, indem wir auf einen Baum geflüchtet sind, und das Tier ist abgezogen. Nun kommt es darauf an, unseren durch den Stress stark erhöhten Adrenalinspiegel und den hohen Puls zu senken, um wieder bereit zum Kampf oder zur weiteren Flucht zu sein. Schließlich könnte sich das wilde Tier noch in der Nähe aufhalten. Mit einem zu hohen Ausgangspuls wären wir nicht in der Lage, erfolgreich zu kämpfen oder zu fliehen, da kein Mensch mit einem extrem hohen Puls schnell laufen oder erfolgreich kämpfen kann.

Springen wir wieder zurück in die Gegenwart: Wenn die Kriminalpolizei einen Tatverdächtigen verhört, besteht für diesen permanent eine Bedrohungslage, sofern er der gesuchte Täter ist: Er muss ständig damit rechnen, dass die Beamten in seinen Aussagen Widersprüche finden oder ein falsches Alibi widerlegen könnten. Darüber hinaus droht stets die Gefahr, sich bei einer bestimmten Frage durch eine ungeschickte Aussage zu verraten.

Durch die konstante Bedrohung wird Adrenalin ausgeschüttet; Blutdruck und Puls des Täters steigen deutlich an. Dies wirkt sich auf mehreren Ebenen aus: Die Atmung des Betroffenen beschleunigt sich, und seine Stimmlage erhöht sich meist. Schlimmstenfalls verliert er die Kontrolle über sich, indem er nicht mehr klar denken und argumentieren kann, seine Stimme sich überschlägt, er ins Stottern oder gar in Atemnot gerät. Damit er die Kontrolle behält, tritt der Beruhigungseffekt ein. Er sorgt dafür, dass der Betroffene wieder langsamer atmet, sein Puls zurückgeht und sich Stimme und Atmung wieder stabilisieren. Dadurch erlangt er seine Selbstbeherrschung zurück und wird wieder voll handlungsfähig. Der Beruhigungseffekt tritt für den Betroffenen teils bewusst, teils unbewusst auf. Das hängt damit zusammen, dass es sehr schwierig ist, den gesamten Körper durchgehend zu kontrollieren und zu beobachten. So kann es beispielsweise sein, dass der Betroffene bewusst versucht, seine Atmung unter Kontrolle zu bringen, er aber nicht merkt, wie er gleichzeitig an einem Kugelschreiber spielt oder seine Hände schützend auf den Genitalbereich legt.

Wie diese Beispiele zeigen, ist der Beruhigungseffekt recht gut erkennbar, wenn man weiß, worauf man achten muss. Auffällig sind alle Gesten, die mit dem *Spielen mit Körperteilen* (Haare, Finger) oder *Gegenständen* (z. B. Kugelschreiber) in Zusammenhang stehen. Oft kann man auch beobachten, dass der Betroffene versucht, bewusst seinen *Atem* zu kontrollieren, tief auszuatmen o. Ä.

Entscheidend dabei ist natürlich nicht allein, solche Beruhigungshandlungen zu erkennen, sondern sie im Kontext mit einer bestimmten Frage oder einem bestimmten Thema richtig zu interpretieren. Dazu muss man den Kontext zwischen Stressauslöser und Beruhigungsgeste, den sogenannten Kausalzusammenhang (Ursache und Wirkung), als Indikator heranziehen. Ich stelle meinem Gesprächspartner zum Beispiel zehn Fragen, und bei neun Fragen reagiert er ganz normal, bei einer Frage gerät er aber deutlich unter Stress und greift zu Beruhigungsgesten. Dann stelle ich mir sofort die Frage, warum genau diese eine Frage oder dieses eine Thema eine solche Stressreaktion bei meinem Gesprächspartner ausgelöst hat. In vielen Fällen ergibt sich dann die Lösung dazu aus der Gesprächssituation selbst. Ist das jedoch nicht der Fall, sollte man an diesem Thema dranbleiben und vertiefende und ergänzende Fragen stellen.

Die folgenden Beruhigungsgesten sind meiner Erfahrung nach in Stresssituationen am häufigsten gebräuchlich.

Schwitzen

Das Abwischen der Hände oder der Stirn ist eine typische Beruhigungsgeste, die bei starker Nervosität auftritt, weil Stress zu erhöhter Schweißabsonderung führt. Obwohl nicht alle Menschen an allen Stellen gleich stark schwitzen, sind die Hände, der Rücken und der Achselraum meist besonders betroffen.

Aber Schwitzen ist nicht gleich Schwitzen! Man unterscheidet das *thermoregulatorische* Schwitzen, das bei Hitze oder nach körperlicher Anstrengung der Wahrung der Körpertemperatur dient, vom *stressbedingten* Schwitzen. Das stressbedingte Schwitzen tritt schlagartig auf. Der Volksmund spricht in diesem Zusammenhang auch vom *kalten Schweiß*, der einem über den Rücken läuft.

Der physiologische Hintergrund: In Stresssituationen setzt der Körper Adrenalin frei. Dieses sorgt dafür, dass sich die Blutgefäße verengen und mehr Blut in den Muskeln verbleibt (ein wertvoller Prozess für bevorstehende Kämpfe unserer Vorfahren!). Dadurch wird wiederum die Durchblutung stark gemindert, und die Körpertemperatur sinkt – dies ist dann das, was wir als «kalten Schweiß» wahrnehmen.

Bei thermoregulatorischem Schwitzen erfolgt im Körper dagegen die gegenteilige Reaktion: Die Blutgefäße weiten sich, um möglichst viel Wärme an die Körperoberfläche abzugeben. Wenn der Gesprächspartner also kontinuierlich schwitzt und eine hohe Umgebungstemperatur herrscht, spricht dies für ein thermoregulatorisches Schwitzen. Wenn es jedoch nicht besonders warm ist und der Gesprächspartner bei einer bestimmten Frage oder einem bestimmten Thema trotzdem plötzlich zu schwitzen anfängt, dann kann man im Regelfall vom Stressschwitzen ausgehen.

Wir alle kennen die Redensart, man könne bei jemandem die Angst förmlich riechen. Das hat einen realen Hintergrund: In der Urzeit waren nicht nur Raubtiere, sondern auch Menschen darauf sensibilisiert, Angstschweiß wahrzunehmen. Ein stark schwitzendes Opfer, das sich versteckte, wurde von einem Raubtier oder einem feindlichen Krieger auch dann wahrgenommen, wenn es sich völlig ruhig verhielt.

Atmung

Sind wir gestresst, wird der Atemrhythmus sehr schnell und oberflächlich, sodass die Lungen nur teilweise mit frischem Sauerstoff gefüllt werden. Dadurch wird wiederum unser gesamter Organismus nur unzureichend mit Sauerstoff versorgt, zumal das Kohlendioxid aus dem Blut nicht mehr ausreichend durch die Ausatmung abtransportiert wird. Diese Wechselwirkung ist aber notwendig, damit unsere Muskeln, unser Gehirn und auch unsere Organe voll funktionsfähig arbeiten können. Bei einer tiefen Atmung kann ein durchschnittlicher Erwachsener zwischen 50 und 75 Liter Luft pro Minute einatmen. Atmet er aber aufgrund einer Stresssituation lediglich mit einer flachen Atemweise, sind es dagegen nur ca. sieben bis zehn Liter Luft pro Minute. Viele Menschen atmen schon von Haus aus zu sehr in die Brust statt in den Bauchraum (Zwerchfellatmung), und dieser Effekt der falschen Atmung verstärkt sich noch bei Stress. Wenn wir Angst haben oder gestresst sind, neigen wir außerdem instinktiv dazu, die Schultern hochzuziehen, um unseren empfindlichen Hals vor Angriffen zu schützen. Diese verspannte Haltung sorgt dafür, dass die am Atemvorgang beteiligte Muskulatur verkrampft und der notwendige Sauerstoffaustausch nicht in ausreichendem Maße stattfinden kann. Kein Wunder also, dass wir in stressigen Situationen versuchen, uns durch gleichmäßiges, tiefes Atmen wieder zu beruhigen und somit die Körperfunktionen unter Kontrolle und in den Idealzustand zu bringen.

Merken Sie sich Folgendes: *Es ist kaum möglich, unter Stress von Haus aus ruhig zu atmen.* Den Beruhigungseffekt des Atmens und dessen Bedeutung sollte man also kennen, um ein weiteres Puzzleteil zur Entschlüsselung der Gemütslage des Gegenübers parat zu haben. Wenn Sie selbst von dieser Problematik betroffen sind, hilft es übrigens, von der Brust- auf die Bauchatmung umzustellen, denn die Bauchatmung bewirkt auch ein Senken des Blutdrucks. Diese Atemtechnik ist auch Bestandteil vieler asiatischer Kampfkünste. Sie können sie sich selbst beibringen, indem Sie Ihre Hand auf den Bauch legen und dann versuchen, beim Einatmen in die Hand hineinzuatmen.

Beruhigungsgesten

Zu typischen Beruhigungsgesten zählen auch Verhaltensweisen, die wir uns schon in frühester Kindheit angeeignet haben, z.B. uns selbst zu streicheln, mit den Fingern oder den Haaren zu spielen oder auch die Hände auf den Genitalbereich zu legen – Letzteres ist bei Kindern sehr verbreitet.

Dort, wo eine Krawatte zum guten Stil gehört, kann man ihr Zurechtrücken als charakteristische Beruhigungsgeste beobachten.

Spielen mit Gegenständen

Das Spielen mit Gegenständen gehört ebenfalls zu den typischen Verhaltensweisen in unserem Kontext. Häufig werden Kugelschreiber, Lineal oder Körperschmuck, wie zum Beispiel das Drehen an einem Fingerring, als Beruhigungsspielzeug verwendet.

Vorsicht, bei all den genannten Auffälligkeiten handelt es sich um Indizien und nicht um unumstößliche Beweise! So kann starkes Schwitzen auch temperatur- oder krankheitsbedingt sein oder der Betroffene lediglich aus Langeweile oder genereller Unsicherheit mit einem Gegenstand spielen. Manche Menschen haben Ticks und Spleens und wischen sich deshalb z. B. während des Gesprächs immer die Hände an der Hose ab, obwohl sie gar nicht feucht sind.

Daher ist die Feststellung des Normalzustandes als Kalibrierungsinstrument eine Grundvoraussetzung, um Auffälligkeiten im Verhalten von Gesprächspartnern richtig zu erkennen und einordnen zu können. Sie müssen Ihren Gesprächspartner also möglichst umfassend und *immer im Kontext* beobachten.

Nehmen Sie bitte einmal die Perspektive eines Personalverantwortlichen im Rahmen eines klassischen Bewerbungsgesprächs ein. Der Bewerber wartet vor Ihrem Büro, bis Sie ihn bitten, einzutreten. Nervosität vor einem wichtigen Gespräch ist nicht ungewöhnlich, im Gegenteil: Ungewöhnliche Coolness könnte ein Hinweis darauf sein, dass der Bewerber an der ausgeschriebenen Stelle gar nicht ernsthaft interessiert ist und daher nichts zu verlieren hat (da er vielleicht nur seine Neugierde befriedigen will oder es ihm lediglich darum geht, für die Sozialbehörden einen Bewerbungsnachweis zu erhalten). Oder aber er ist derart von seiner Person überzeugt, dass er sich kaum vorstellen kann, den Job nicht zu bekommen. In beiden Fällen wäre er für Sie sicherlich kein wünschenswerter Kandidat.

Bei allen anderen Bewerbern darf man also eine gewisse Grundnervosität, auch bei einem ansonsten selbstbewussten Menschen, als durchaus wünschenswerten Zustand betrachten. Jeder einigermaßen intelligente, realistische und in einem gesunden Maße selbstkritische Mensch ist sich neben seinen Stärken auch seiner Schwächen bewusst. Wenn nun der Bewerber Beruhigungsgesten macht, ist dies durchaus normal in einer solchen Situation.

Ihr Ziel als Personalverantwortlicher muss es nun sein, mit dem Bewerber eine gemeinsame, vertrauensvolle Beziehungsebene für das Gespräch zu finden und ihm das Gefühl zu vermitteln, dass es keinerlei Grund gibt, nervös zu sein, indem Sie z. B. ein wenig Smalltalk betreiben. Sobald dies gelungen ist, haben Sie die Möglichkeit, den Normalzustand Ihres Gesprächspartners kennenzulernen. Er spiegelt das natürliche Verhalten eines Menschen wider, der nicht unter Stress steht: wie er sich in entspannter Atmosphäre verhält, wie er sich verbal und nonverbal ausdrückt. Dieser Normalzustand wird in diesem Buch immer wieder eine Rolle spielen, da Abweichungen vom Normalzustand stets Hinweise auf Stress sind. Stress wiederum tritt dann auf, wenn wir Angst haben oder befürchten, die Kontrolle über eine Situation zu verlieren. In Gesprächssituationen handelt es sich meistens um die Angst eines Lügners, entlarvt zu werden, oder davor, dass Inkompetenzen oder Unzulänglichkeiten entdeckt werden.

Kehren wir zum Bewerbungsgespräch zurück. Wenn Sie nach dem Smalltalk einen Eindruck vom Normalzustand des Anwärters gewonnen haben, sollten Sie nun Auffälligkeiten in den Blick nehmen: Reagiert er im Zusammenhang mit einer bestimmten Frage oder einem bestimmten Thema deutlich anders als bisher? Bei einem gleichermaßen ehrlichen wie kompetenten Bewerber sind diesbezüglich keine großen Auffälligkeiten zu erwarten. Bei inkompetenten oder mit trügerischer Absicht handelnden Bewerbern jedoch sehr wohl! Diese werden sehr rasch eine der drei Ur-Instinkt-Verhaltensweisen oder Beruhigungsreaktionen an den Tag legen.

Übung
Unangenehme Gespräche, Vorwürfe und Konfrontationen gehören zu unserem Alltag: Sie kommen sowohl im beruflichen als auch im privaten Bereich vor, im Grunde immer dort, wo Menschen aufeinandertreffen.

> Nutzen Sie jede Gelegenheit, die sich Ihnen als unbeteiligtem Beobachter bietet, und achten Sie in solchen Situationen auf mögliche Beruhigungsgesten der Handelnden. Die meisten Menschen wenden in Stresssituationen wiederkehrende Beruhigungsmuster an, die sich im Laufe ihres Lebens für sie bewährt haben. Wenn Sie also erst einmal einen Freund oder einen Arbeitskollegen in mehreren Gesprächssituationen hinsichtlich seiner Stressreaktionen analysiert haben, können Sie mit einer gewissen Wahrscheinlichkeit auch dessen Reaktionsweisen für künftige Gespräche vorhersagen. Und Sie erkennen sofort, welche Frage oder welche Themen Stress auslösen: ein gewaltiger Trumpf, den Sie da für künftige Gesprächssituationen in der Hand halten.
> Versuchen Sie aber auch, sich selbst so gut wie möglich zu analysieren. Welche Verhaltensweisen sind für Sie typisch, wenn Sie nervös sind? Fangen Sie bei Nervosität an, mit Ihren Händen zu spielen, oder werden diese schnell feucht, sodass Sie sie abwischen müssen? Oder gehören Sie etwa zu den Stressrauchern? Je mehr Sie mit Ihren eigenen typischen Stressreaktionen vertraut sind, desto besser können Sie diese in solchen Situationen bewusst kontrollieren lernen und es Ihrem Gesprächspartner erschweren, Sie zu durchschauen bzw. einzuschätzen.
> Fragen Sie dazu auch Freunde, Bekannte oder andere Ihnen nahestehende Personen über sich selbst, Sie werden überrascht sein!

Fazit
Die Ur-Instinkte lassen uns schneller handeln als bewusste Überlegungen. Dem geschulten Beobachter ermöglichen sie daher einen unverstellten Blick in das Denken, Fühlen und Handeln seines Gesprächspartners.

○⌐ Schlüssel 2:
GRUPPENZUGEHÖRIGKEITEN

Um andere Menschen zu durchschauen, müssen wir versuchen, alle offenen und versteckten Informationen zu analysieren, die sie uns freiwillig oder unfreiwillig anbieten. Es kommt schlichtweg darauf an, *alles* zu interpretieren, was uns an Information zur Verfügung steht. Dabei sollten wir nicht nur das Verhalten oder Aussehen eines Menschen einbeziehen oder was und wie er Dinge sagt, sondern auch die Gegenstände, die ihn umgeben, oder Sachverhalte. Dazu zählen die Gruppenzugehörigkeiten eines Menschen und wie er sich innerhalb dieser Gruppen verhält, denn dies lässt zahlreiche Rückschlüsse zu: auf den Status, das Selbstwertgefühl, die Eigenwahrnehmung, Vorlieben und Wertvorstellungen.

Werfen wir vorab wieder einen Blick in die Vergangenheit: Im Gegensatz zu uns mussten unsere Vorfahren jeden Tag aufs Neue um ihr Überleben kämpfen. Es zählte ausschließlich das Recht des Stärkeren oder die List des Klügeren. Nur sehr wenige unserer Urahnen verfügten jedoch über Herkuleskräfte oder waren so listig wie ein Fuchs, um sich auf Dauer allein durchschlagen zu können. Folglich begannen sie, sich in Gruppen zu organisieren. Nur gemeinsam konnten sie stark sein und überleben!

Zu Beginn der Menschheitsgeschichte bestanden soziale Gruppen naturgemäß nur aus wenigen Mitgliedern. Im Laufe der Geschichte breitete sich der moderne Mensch von Afrika über den gesamten Erdball aus. Zur Zeit der Geburt Christi hatte sich das Bild der Weltbevölkerung bereits völlig verändert – es lebten knapp 200 Millionen Menschen auf der Erde. Die Menschen organisierten sich also in immer größeren Gruppen. Interessant dabei ist, dass sich trotz der vielen Veränderungen bis heute, da über 7 Milliarden Menschen den Globus bevölkern und es Städte gibt, die mehr Einwohner haben, als die gesamte Weltbevölkerung noch vor einigen tausend Jahren zählte, die Grundprinzipien, nach denen Gruppen funktionieren, nicht oder fast nicht geändert haben: Für das dauerhafte Bestehen von Gruppen war und ist es ausschlaggebend, dass alle Gruppenmitglieder bestimmten sozialen Regeln folgten. Diese Regeln haben größtenteils bis zum heutigen Tage Bestand und erweisen uns damit auch bei der Gesprächspartneranalyse wertvolle Dienste.

So funktionieren Gruppen

Menschen verhalten sich als Einzelpersonen anders als in Gruppen; die Verhaltensunterschiede sind oft enorm. Um einen Gesprächspartner vollständig zu analysieren, sollte man daher nicht nur sein Verhalten im Einzelgespräch beobachten, sondern auch – sofern bekannt – seine Gruppenzugehörigkeiten und die Positionen innerhalb dieser Gruppen miteinbeziehen.

Warum jemand Mitglied in einer bestimmten Gruppe ist und nicht in einer anderen, hat stets einen besonderen Grund, beispielsweise, weil die Menschen dort die gleichen Interessen oder politischen Ansichten teilen oder er sich durch die Zugehörigkeit Vorteile erhofft.

Typische Merkmale, aus denen sich Gruppen bilden können, sind die folgenden:
- berufliche Position
- Hobbys

- Kleidung
- Berufsgruppe
- politische Zugehörigkeit
- Statussymbole
- Fortbewegungsmittel
- bevorzugte Informationsquellen (Fernsehen, Radio, Zeitung, Internet)
- Vereinszugehörigkeit
- Freundeskreis
- Umgang mit Geld
- Schulbildung
- bevorzugte Literatur
- Musikgeschmack

Viele Verhaltensweisen und Aussagen eines Menschen erscheinen oft in einem anderen Licht, wenn man sich zuvor eingehend und auf der Grundlage vertrauenswürdiger Quellen über ihn informiert hat.

In welchen Gruppen eine Person Mitglied ist, lässt sich auf vielfältige Art und Weise in Erfahrung bringen, z. B.
- durch zur Gruppe gehörende Gegenstände, wie Fanartikel,
- durch eine geschickte Befragung des Gegenübers selbst,
- durch Internetrecherche (z. B. in sozialen Netzwerken) oder
- durch Befragung des Bekanntenkreises oder von Kollegen.

Jede Gruppe steht immer auch für eine mit ihr verbundene Botschaft. Wir wählen die Gruppen, zu denen wir uns zugehörig fühlen, nicht zufällig aus.

Achten Sie allerdings bei Ihren Rückschlüssen immer darauf, *Fakten* von *Vorurteilen* zu unterscheiden: Stellen Sie sich vor, Ihr Gegenüber ist Bodybuilder – das ist meist ohne große Probleme durch das auffällige Erscheinungsbild zu erkennen. Ein weit verbreitetes Vorurteil besagt, dass Bodybuilder zwar viel Muskelmasse, aber wenig Intelligenz besitzen. Haben Sie es also mit einem etwas tumben Gegenüber zu tun? Vorsicht! Es gibt keinen wissenschaftlich bewiesenen Zusammenhang zwischen Intelligenz und Muskelmasse. Jemand, der Bodybuilding betreibt, wird dadurch weder messbar klüger noch dümmer. Tatsache ist jedoch, dass Bodybuilder im Verhältnis zum Durchschnittsmenschen mehr Muskelmasse und mehr Kraft besitzen. Weiterhin legen sie gesteigerten Wert auf ihr optisches Erscheinungsbild – Sie werden kaum einen echten Bodybuilder zu Gesicht bekommen, der ungepflegt ist. Schlussfolgerungen hinsichtlich der Intelligenz von Bodybuildern sowie deren Chancen beim anderen Geschlecht sind dagegen keine Fakten, sondern lediglich Annahmen, die zutreffen können – oder auch nicht. Es handelt sich also lediglich um Vorurteile.

Um Menschen fundiert zu analysieren, helfen uns jedoch keine Stereotypen oder Klischees weiter, sondern ausschließlich eine schrittweise, faktenbasierte Vorgehensweise. Hierbei dienen uns sowohl die Erkenntnisse aus der Soziologie, der Psychologie und verwandter Wissenschaften als auch das Insiderwissen, über das Profiler der Polizei verfügen.

Erlauben Sie mir an dieser Stelle einen kleinen Ausflug in die polizeiliche Ermittlungsarbeit: *Profiling* ist ein Begriff, der in Deutschland zwar sehr bekannt, aber innerhalb der Polizei nicht gebräuchlich ist. In Deutschland wird Profiling als *operative Fallanalyse* bezeichnet. Anders als in diversen Fernsehserien erstellen Fallanalytiker keine psychologischen Täterprofile eines unbekannten Straftäters, da dies unter seriösen Gesichtspunkten gar nicht möglich ist. Selbst in den USA existiert keine eigenständige Position als Profiler, sondern speziell ausgebildete Polizeibeamte betreiben eine *Tatortanalyse*, die dort als «Criminal Investigative Analysis» bezeichnet wird. Diese Methode kann psychologische

Ansätze miteinschließen, sie muss es aber nicht. Der Ermittler sucht den Täter aufgrund der Tatortsituation, indem er anhand der vorliegenden Fakten ein Bewegungsbild über ihn erstellt. Die dabei ermittelten Gruppenzugehörigkeiten lassen viele Rückschlüsse zu, sowohl hinsichtlich der Person des Täters (Persönlichkeit, Routinen, soziale Verbindungen etc.) als auch hinsichtlich des Umfeldes, in dem dieser wahrscheinlich zu suchen ist.

Lassen Sie uns zur Verdeutlichung davon ausgehen, wir müssten in einem Mordfall ermitteln, bei dem der Täter am Tatort in einem kleinen Wald mehrere Spuren hinterlassen hat – mutmaßlich, weil er ihn hastig verlassen musste. Die Spurensicherung konnte einen Zigarettenstummel, einen Schuhabdruck und den Fanartikel eines beliebten Fußballvereins sicherstellen. Der Laie könnte nun vorschnell vermuten, dass anhand dieser drei Spuren keinerlei hilfreiche Rückschlüsse möglich sind, gibt es doch Millionen Raucher, Schuhträger und Anhänger großer Fußballvereine.

Durch die Fallanalyse lässt sich der Täter jedoch oft anhand seiner Gruppenzugehörigkeiten ermitteln. Am Tatort unseres Beispiels wurden keinerlei Reifenspuren gefunden. Der Täter muss also zu Fuß unterwegs gewesen sein oder sein Gefährt in einiger Entfernung zum Tatort geparkt haben. Anhand der Tiefe des Schuhabdrucks auf dem Waldboden kann man Rückschlüsse auf das Körpergewicht des Täters ziehen. Dabei stellt sich in unserem Beispiel heraus, dass er stark übergewichtig ist – deshalb ist es eher unwahrscheinlich, dass er den Weg zum Tatort gänzlich zu Fuß zurückgelegt hat. Da er außerdem Zigaretten raucht, ist es außerdem unrealistisch, dass es sich um einen aktiven Fußballspieler handelt. Die Zigarettenmarke ist osteuropäischer Herkunft. Der Täter gehört also zur Gruppe der Raucher, der stark übergewichtigen Menschen, vermutlich auch der Ausländer (oder er war gerade im Ausland) und der Fußballfans eines bestimmten

Vereins. In der näheren Umgebung des Tatorts befinden sich eine kleine Siedlung und ein Truckstop. Da in der Siedlung niemand wohnt, auf den das Täterbild zutrifft, besteht eine hohe Wahrscheinlichkeit, dass es sich um jemanden aus dem Umfeld des Truckstops handelt; vermutlich um ein Mitglied der Gruppe der Fernfahrer, da Truckstops zu 95 Prozent von dieser Gruppe frequentiert werden und ein Großteil der Fernfahrer Probleme mit Übergewicht hat. Niemand wählt seinen bevorzugten Fußballverein zufällig aus. Der Täter hat vermutlich einen räumlichen oder persönlichen Bezug zum Fußballverein oder dessen Heimatstadt. Auf dieser Basis ergeben sich weitere Ermittlungsansätze wie zum Beispiel Befragungen bei Truckstops und Speditionen, die Sichtung der Videoüberwachungsbänder von Tankstellen, Fahndungsmaßnahmen im Bereich der Landesgrenzen, Kooperationen mit den Grenzpolizeibehörden des Nachbarlandes etc.

Vorsicht: Diese Schlussfolgerungen stellen nur eine grobe Beschreibung der Vorgehensweise von polizeilichen Fallanalysten dar; sie zeigen aber eindrücklich, wie diese anhand von Gruppenzugehörigkeiten Erkenntnisse über einen Täter gewinnen können. Und diese Methode kann auch Ihnen nützlich sein.

Formelle vs. informelle Gruppen

Bevor wir uns nun der Frage zuwenden, wie wir anhand der Gruppenzugehörigkeiten wertvolle Erkenntnisse über unsere Gesprächspartner gewinnen können, müssen wir uns zunächst einmal die wichtigsten Aspekte im Zusammenhang mit Gruppenzugehörigkeiten vor Augen führen:

- Man unterscheidet Kleingruppen (zwischen drei und 25 Personen) und Gruppen, die über diese Größenordnung hinausgehen.

- Entscheidend für eine Gruppenzugehörigkeit sind zwei Aspekte: Einerseits muss sich ein Individuum zur Gruppe zugehörig fühlen, andererseits muss es von der Gruppe akzeptiert werden.
- Je größer die Gruppe, desto einfacher ist es, in sie integriert zu werden. In einer kleinen Gruppe sind die sozialen Rollen und Schlüsselpositionen bereits festgelegt. Es ist für einen Außenstehenden sehr schwierig, dort eine Position und Rolle für sich zu finden, die von der Mehrheit der Gruppenmitglieder akzeptiert wird. Bei großen Gruppen hingegen, wie beispielsweise einem großen Fußballfanclub, reicht oftmals ein formaler Aufnahmeantrag aus, um Mitglied zu werden.
- Man unterscheidet zwischen *formellen Gruppen*, die gebildet werden, um bestimmte Aufgaben zu erfüllen oder fest definierte Ziele zu erreichen (wie z. B. ein berufliches Projektteam), und *informellen Gruppen*, die sich aus einer emotionalen Bindung der Mitglieder zueinander ergeben und nicht aufgrund formeller Erfordernisse (z. B. ein bestimmter Freundeskreis). In beiden Fällen ist für das Funktionieren der Gruppe das Wir-Gefühl entscheidend.

Gruppenzugehörigkeiten

Soziale Gruppe	Formell bzw. informell
Arbeitsgruppe	formelle Gruppe
Politische Organisation	formelle Gruppe
Schulklasse/Studienjahrgang	formelle Gruppe
Hobbygruppe	informelle Gruppe
Interessengemeinschaft	informelle Gruppe
Sportverein	informelle Gruppe

Diese Tabelle stellt keine vollständige Auflistung dar, sondern soll Ihnen als Beispiel dienen, wie man Menschen Gruppen zuordnen kann. Ich möchte Sie dazu ermuntern, zunächst möglichst viele Charaktereigenschaften und Besonderheiten über die Mitmenschen, die Sie analysieren möchten, festzustellen und aufzuschreiben. Im zweiten Schritt erst erfolgt dann die Überlegung, welche gemeinsamen Muster (Gruppen) hinter den einzelnen Eigenschaften stecken könnten, wenn man diese sowohl einzeln als auch im Kontext betrachtet, und was man wiederum aus der Gruppenzugehörigkeit schließen kann. So komplettiert sich schrittweise das Bild von Ihren Mitmenschen.

Für unsere Analyse ist vor allem die informelle Gruppenzugehörigkeit relevant, denn sie kann wertvolle Hinweise auf die Persönlichkeit eines Menschen liefern: Mitglieder einer informellen Gruppe definieren sich über ihre gemeinsamen sozialen Normen, Rollen, Werte und Ziele. Informelle Gruppen befriedigen somit die sozialen Bedürfnisse ihrer Mitglieder und geben ihnen emotionalen Halt, das Gefühl von Zugehörigkeit und Geborgenheit. Diese Bedürfnisse, welche die allermeisten Menschen haben, sind weder mit Geld und guten Wörtern noch mit festen Strukturen und Anweisungen innerhalb einer formellen Gruppe zu befriedigen, denn die Mitgliedschaft in formellen Gruppen ist oftmals fremdbestimmt, z. B. in einer Hausgemeinschaft.

Oft wird übersehen, dass es auch innerhalb einer formellen Gruppe einen informellen Anführer gibt. So kann beispielsweise der Gruppenleiter eines Projektteams zwar durch einen Vorgesetzten bestimmt worden sein, aber in der täglichen Praxis wird die Gruppe de facto von einer anderen Person geleitet oder zumindest in ihrem Handeln maßgeblich gesteuert.

Auch darüber hinaus beeinflussen informelle oftmals formelle Gruppen. Am Arbeitsplatz mag es eine festgelegte Aufgabenverteilung und Arbeitsgruppenzugehörigkeit geben, denen die Mitarbeiter mehr oder weniger freiwillig unterworfen sind. Diejenigen Kollegen aber, die sich regelmäßig nach Feierabend in einer informellen Gruppe treffen, beeinflussen die Geschicke der formellen Gruppe häufig deutlich stärker als deren restliche Mitglieder. Stehen die Positionen einer informellen und einer formellen Gruppe im Widerspruch, werden Personen, die Teil beider Gruppen sind, in der Regel dem Gruppenzwang der informellen Gruppe folgen und deren Wertvorstellungen in die Arbeitsweise der formellen Gruppe miteinfließen lassen. Im umgekehrten Fall ist dies eher unwahrscheinlich, weil sich die Mitglieder einer formellen Gruppe nicht in einem vergleichbaren Maße miteinander verbunden fühlen. Ob es um Beförderungen, Abstimmungen, Meinungsbildung oder auch um Mobbing geht – die Bänder, die in einer informellen Gruppe geschmiedet werden, haben großen Einfluss auf das Funktionieren einer Gruppe.

In meiner Zeit als Ausbilder bei der Polizei habe ich diesbezüglich eine interessante Erfahrung gemacht: Wir hatten damals zwei Ausbildungsklassen von jeweils ca. 25 Personen (formelle Gruppenmitglieder), in denen wir die Rollen für das Funktionieren der Gruppe festgelegt hatten, wie z. B. Klassensprecher oder Schriftführer. Rein rational betrachtet, hätte die Gruppe also funktionieren müssen. Bei einer der beiden Gruppen traten jedoch immer wieder Probleme im menschlichen Miteinander auf, an denen, wie sich mit der Zeit herausstellte, immer drei bestimmte Personen ursächlich beteiligt waren. Die drei trafen sich auch privat und waren somit gleichzeitig Mitglieder einer informellen Gruppe. Nachdem weder gute noch böse Worte den Gruppenfrieden wiederherstellen konnten, entschieden wir uns dafür, die drei Personen zu trennen. Wir beließen einen der Aufwiegler in der Problemklasse und tauschten die anderen beiden Problemkandidaten mit zwei Gruppenmitgliedern der anderen Klasse aus, die als gut integrierbar galten.

Das Ergebnis war jedoch nicht die erhoffte Homogenität in beiden Gruppen, sondern sogar eine Verschlechterung. Beide Klassen waren ab diesem Zeitpunkt problematisch, denn der verbliebene Aufwiegler in der Problemklasse nahm einfach den Platz eines der ausgeschiedenen Gruppenmitglieder ein. Dieses Phänomen findet man häufig: Scheidet ein Gruppenmitglied aus, wird dessen Platz durch ein anderes Gruppenmitglied oftmals sehr zeitnah nachbesetzt. Man kann das auch in Schulklassen gut beobachten, wenn ein Kind von einigen Mitschülern gehänselt und deshalb in eine andere Klasse versetzt wird. Dann suchen sich die Hänselnden innerhalb der Klasse einfach ein anderes Opfer.

Die Erkenntnis daraus: Eine informelle Gruppe besitzt weitaus mehr Macht, als eine formelle Gruppe je haben kann – egal, wie gut diese auch immer organisiert sein mag. Besonders wichtig ist aber, dass es in jeder informellen Gruppe feste und von außen oftmals nicht leicht zu identifizierende Rollen und Regeln gibt. Wird die Gruppe verkleinert oder vergrößert, ändern sich zwar die Personen, die diese Rollen ausfüllen, nicht aber die Rollen selbst. So wird es in jeder Gruppe immer jemanden geben, der eine Außenseiterposition innehat, und jemanden, der die Gruppe anführt. Das ändert sich selbst dann nicht, wenn man die Gruppe bis zu ihrer definitorisch kleinsten Größe von drei Personen herunterbricht. Selbst bei zwei Personen, etwa einem Ehepaar, gibt es eine klare Rollenverteilung, unabhängig davon, welches Rollenverständnis beide grundsätzlich haben.

Das Problem unserer beiden heterogen agierenden formellen Gruppen konnten wir übrigens dadurch lösen, dass wir Gruppenförderungsmaßnahmen durchführten, die alle Mitglieder auch zu einer informellen Gruppe zusammenschweißten.

Die Zuordnung nach Gruppenzugehörigkeiten dient Ihnen nicht nur zur Beurteilung von Menschen, mit denen Sie bereits zu tun haben, sondern zur Einschätzung derjenigen, mit denen Sie gerne zu tun hätten (beispielsweise, wenn Sie auf Partnersuche sind).

Versetzen wir uns zur Verdeutlichung in die Lage eines Single-Manns auf Partnersuche. Er sitzt in einer Szene-Bar und beobachtet eine ihm unbekannte Frau, mit der er gerne ins Gespräch kommen würde. Neben der Art und Weise, wie er in das Gespräch einsteigt, ist es besonders wichtig, im Folgenden die richtigen Themen zu finden, mit denen er ihr Interesse wecken kann. Andernfalls besteht die Gefahr, dass sich die Dame schnell wieder von ihm abwendet.

Daher ist es ratsam, sie im Vorfeld gut zu beobachten und anhand der Beobachtungen auf mögliche Gruppenzugehörigkeiten zu schließen. Hat er gesehen, mit welchem Auto sie gekommen ist? Handelt es sich um einen Wagen mit ansprechendem Design, und ist die Dame passend dazu sehr modebewusst gekleidet? Dann besteht eine hohe Wahrscheinlichkeit, dass er mit Lifestyle-Themen bei ihr punkten kann. Ist sie jedoch eher sportlich gekleidet oder mit dem Rad gekommen? Dann ist sie eher der Gruppe der Sportlerinnen zuzuordnen, und der Single sollte sich am besten mit Sport auskennen. Man kann sich solche Informationen natürlich auch auf anderem Wege beschaffen, indem man zum Beispiel den Barkeeper fragt, ob er die Frau kennt, und was er über sie weiß. Auf welchem Wege man letztlich zu seinen Informationen kommt, ist irrelevant, es zählt nur, dass man sie bekommt und zu seinen Gunsten verwerten kann.

Diese noch recht banalen Erkenntnisse lassen weitere Vermutungen zu, beispielsweise hinsichtlich des bevorzugten Urlaubsortes. Jemand, der sich an Lifestyle-Themen orientiert, wird wahrscheinlich andere Vorlieben haben als eine passionierte Sportlerin, die sich vermutlich eher für einen Aktivurlaub entscheiden würde.

Anhand seiner Beobachtungen kann sich der Single-Mann nun Themen zurechtlegen, mit denen er das Gespräch beginnen kann. Beispielsweise könnte er sich neben die Frau an die Bar setzen und zum Barkeeper, für die Frau deutlich hörbar, sagen: «Was haben Sie denn für alkoholfreie Cocktails im Angebot? Ich will heute Abend noch eine Runde laufen/Rad fahren gehen!» Mit etwas Glück spricht die Frau den Mann von sich aus auf das gemeinsame Hobby laufen/Rad fahren an. Falls nicht, dann er zu ihr: «Sie sehen auch wie eine Sportlerin aus, laufen Sie auch?» Durch die gesammelten Vorfeldinfos hat er nicht nur einen Gesprächseinstieg gefunden, sondern kann auch ein längeres Gespräch mit ihr führen und sie dabei kennenlernen.

Aber was ist, wenn er zu ihrem Hobby nicht viel Eigenes beizutragen hat? Dann ist er gut beraten, vorher ein paar Minuten mit seinem Handy im Internet zu recherchieren und sich zumindest ein grobes Wissen in sein Kurzzeitgedächtnis zu laden. Denn die alles entscheidende Frage ist nicht die, ob er mit ihr dezidiert über einen längeren Zeitraum ein Fachgespräch führen kann, sondern allein die Frage, ob es ihm gelingt, das Eis mit den ersten

Sätzen des Gesprächs zu brechen und sich für sie interessant zu machen. Gelingt dies, ist das bereits die halbe Miete auf dem Weg zu seinem Erfolg.

Nehmen wir ein anderes Beispiel: Unser Single-Mann sieht auf dem Parkplatz eines Supermarkts eine Frau, die ihm gefällt. Diese schiebt gerade ihren Einkaufswagen zu ihrem Auto: ein älterer Mittelklassewagen, auf dessen Rücksitz sich ein Kindersitz befindet. Darüber hinaus ist die Frau eher preiswert, aber dennoch geschmackvoll gekleidet. Dies alles könnten Hinweise darauf sein, dass die Frau mit dem Einkaufswagen der Gruppe der alleinerziehenden Mütter angehört. Gelingt dem Mann ein unauffälliger Blick in ihren Einkaufswagen, so kann er, wenn er ein geschickter Beobachter ist, anhand der Lebensmittel und der eingekauften Menge darauf schließen, ob sie nicht doch für eine gesamte Familie, inklusive Ehemann, kocht.

Beide Beispiele zeigen aber auch, dass solche Indikatoren nur Vermutungen zulassen, die auch leicht zu Fehlschlüssen führen können. Je mehr Indikatoren jedoch in dieselbe Richtung weisen, desto wahrscheinlicher ist es, dass sich die Einschätzung als zutreffend erweist.

Anführer oder Mitläufer?
Die Rollenverteilung in Gruppen

Für die Entschlüsselung unseres Gesprächspartners ist dessen *Statusverhalten* in Gruppen ein weiteres wichtiges Puzzleteil. Es ist ein Gesetz der Kommunikation, dass zwei Gesprächspartner niemals den gleichen Status innehaben. Immer agiert einer von beiden aus einem höheren oder niedrigeren Status heraus. Dieses Prinzip gilt für das Berufsleben, wo der Status meist durch die Firmenhierarchie festgelegt ist, aber auch für das Privatleben:

Berater und Tröster sind im *Hochstatus*, Rat- oder Trostsuchende im *Tiefstatus*. In einem Verkaufsgespräch kommt es darauf an, welche Partei sich dringender handelseinig werden will. Je dringender ein Verkäufer verkaufen oder ein Käufer kaufen möchte, umso niedriger wird sein Status in einem Verkaufsgespräch sein, es sei denn, er schafft es, seine Wünsche und Absichten vor dem anderen verborgen zu halten.

Im Allgemeinen werden folgende Positionen bzw. Rollen in Gruppen unterschieden, die sich massiv auf das Statusverhalten des Einzelnen auswirken (wobei nicht immer alle Rollen besetzt sein müssen):

- **Der Anführer (Alpha-Typ)** leitet die Gruppe gemäß deren Zielsetzungen und führt die Auseinandersetzung mit dem Omega-Typ. Er ist in der Regel extrovertiert und vertritt die Gruppe nach außen. Solange die Gruppenmitglieder ihm folgen, ist er in seinem Handeln nahezu unbeschränkt.
- **Der Berater (Beta-Typ):** Nummer 2 der Hierarchie, welche typischerweise in einer Beraterfunktion zum Alpha-Typ steht. Zwischen Alpha- und Beta-Typ besteht oftmals eine Art Hassliebe. Einerseits braucht der Alpha-Typ den Beta-Typ, um die Gruppe zu führen; umgekehrt braucht der Beta-Typ den Alpha-Typ, um an der Macht über die Gruppe teilzuhaben. Die größte Bedrohung für den Machtanspruch des Alpha-Typs stellt allerdings gerade der Beta-Typ dar, der sich seinerseits (oftmals zu Recht) als fachlich kompetenter ansieht und sich daher früher oder später die Frage stellt, warum nicht er selbst der Gruppenleiter ist.
- **Der Mitläufer (Gamma-Typ):** Der Gamma-Typ ist der typische Mitläufer, der sich dem Alpha-Typ bereitwillig unterordnet und sich mit diesem identifiziert. Er erledigt die ihm aufgetragenen Anweisungen und unterstützt den Alpha-Typ in dessen Wirken. Der Gamma-Typ hat keinen eigenen

Führungsanspruch und fühlt sich am wohlsten, wenn ihm gesagt wird, was er tun soll.
- **Der Außenseiter (Omega-Typ):** Der Omega-Typ wird oftmals lediglich als störender Außenseiter in einer Gruppe wahrgenommen. Die Gruppe sieht ihre Ziele, ihre Außenwirkung oder Außenstehende durch die Augen des Alpha-Typs, allein schon deshalb, weil der größte Teil einer Gruppe aus Gamma-Typen besteht. Der Omega-Typ hat jedoch oftmals eine vom Alpha-Typ unabhängige Außensicht, d.h., seine Wahrnehmung von Gruppenzielen, Außenwirkung und von Außenstehenden unterscheidet sich grundlegend vom Großteil der Gruppe. Dadurch gefährdet er die Identifikation der Gruppenmitglieder mit ihrem Anführer, dessen Positionen und Handlungen sie ja unterstützen und sich diesen unterordnen. Andererseits ist der Omega-Typ aber in vielen Fällen eher ein Qualitätsindikator für die Gruppe, da er dazu anregt, bestehende Regeln und Sichtweisen der Gruppe zu hinterfragen.

Welche Rolle jemand in einer Gruppe einnimmt, lässt nicht nur Rückschlüsse auf seine Persönlichkeit zu, sondern verrät uns auch etwas darüber, wie er von anderen eingeschätzt wird: Erinnern Sie sich? Man kann eine Rolle nur ausfüllen, wenn man in ihr von den anderen Gruppenmitgliedern akzeptiert wird.

Beispiele von Gruppenzugehörigkeit und Charakter
Nicht nur die Rolle, die jemand innerhalb einer Gruppe ausfüllt, sagt etwas über den Charakter/die Ambitionen eines Menschen aus. Auch die reine Zugehörigkeit zu einer Gruppe selbst, ohne die Rolle desjenigen darin zu kennen, kann aufschlussreich sein: Wer z. B. einen sozialen Beruf ergreift, wird sich eher als Bauchmensch

beschreiben, der sich bei Entscheidungen primär von seiner Intuition und seinem Bauchgefühl leiten lässt. Ein IT-Spezialist wird sich im Regelfall eher als Kopfmensch einordnen.

Charakterzug/Eigenschaften	Gruppe
Auffällige Gekleidete	Gruppe der Selbstbewussten
Anführer und Funktionsträger	Gruppe der Selbstbewussten
Konfrontationscharakter	Gruppe der Selbstbewussten
Schachspieler	Gruppe der Kopfmenschen
Analytische Berufe	Gruppe der Kopfmenschen
IT- und Rechtsberufe	Gruppe der Kopfmenschen
Soziale Berufe	Gruppe der Bauchmenschen
Begeisterung für Psychologie	Gruppe der Bauchmenschen
Begeisterung für Esoterik	Gruppe der Bauchmenschen
Unangemessen Gekleidete	Gruppe der Provokateure und Selbstdarsteller
Fahrer optisch getunter Autos	Gruppe der Provokateure und Selbstdarsteller
Unangebrachtes Verhalten	Gruppe der Provokateure und Selbstdarsteller

Die Zugehörigkeit zu einzelnen Gruppen lässt also vorsichtige Rückschlüsse auf das zu erwartende Verhalten eines Menschen zu. Wenn ein Mensch in bestimmten Gruppen Führungsrollen für sich beansprucht, so ist es naheliegend, dass diese Eigenschaft zu seinem Charakter gehört und auch in anderen Zusammenhängen zum Tragen kommt, wie beispielsweise im Berufs- und Privatleben. Um sicherzugehen, müssen diese Rückschlüsse aber durch andere *Wahrnehmungsindikatoren* bestätigt werden. So wird zum Beispiel der Vorstandsposten eines Vereins manchmal durch jemanden besetzt, der ihn eigentlich gar nicht übernehmen wollte, aber sich von anderen Mitgliedern (die das auch nicht machen wollen, z. B. weil damit viel ehrenamtliche Arbeit verbunden ist) überreden ließ. In diesem Fall hat er vermutlich, anders als es sein Amt auf den ersten Blick vermuten lässt, keine großen Führungsansprüche und ist keine dominante Persönlichkeit. Es werden sich daher vermutlich kaum weitere Indikatoren finden lassen, die für eine typische Führungspersönlichkeit sprechen. Eine redundante Absicherung ist also immer gefragt.

Um eine Gruppe zu analysieren, müssen Sie den *Kernaspekt* erkennen, der die Gruppe mit ihren Mitgliedern verbindet. In einem größeren Verein beispielsweise liegt der gemeinsame Kern im Wunsch der Mitglieder nach sozialen Kontakten. Ein Einzelgänger wird kaum ein überzeugter Vereinsmeier und daher in Vereinen selten bis gar nicht zu finden sein. Wenn doch, dann hat dies meist einen speziellen Grund. Vielleicht möchte er aus persönlichen Gründen eine Kampfsportart erlernen oder eine bestimmte Frau kennenlernen, von der er weiß, dass sie in dem Verein aktiv ist. Er wird aber aufgrund seiner Charaktereigenschaften kaum in der Lage sein, sich im sozialen Gefüge eines Vereins einzugliedern und eine Rolle zu finden, mit der er und auch die anderen Gruppenmitglieder auf Dauer zurechtkommen.

Eine langjährige Vereinsmitgliedschaft legt daher zum Beispiel den Schluss nahe, dass die betreffende Person kein Omega-Typ, sondern einer der anderen Typen ist.

Da der Gruppenleiter in aller Regel auch der Alpha-Typ ist, bleiben insofern für die restlichen Mitglieder nicht viele Optionen übrig. Entweder sind sie Beta- oder Gamma-Typen. Diejenigen, die erfolgreich ein Amt innerhalb des Vereins und außerhalb der direkten Führungsfunktionen bekleiden, sind in aller Regel also Beta-Typen.

Ämter innerhalb eines Vereins, der naturgemäß im Schwerpunkt aus Gamma-Typ-Mitgliedern besteht, bieten den Individuen die Möglichkeit, direkt als Person aus der Gruppe hervorzustechen und eigene selbständige Entscheidungen zu treffen. Daher wird sich ein Gamma-Typ, der genau das eben nicht möchte, auch kaum für ein Vereinsamt bewerben.

Das gleiche Prinzip gilt für Berufsgruppen. Man könnte beispielsweise Beamte einerseits und Angehörige der freien Wirtschaft andererseits in einer Gruppe zusammenfassen. Aber erst durch eine zunehmende Differenzierung schärft sich das individuelle Bild von einer bestimmten Person. Beamter ist nicht gleich Beamter, denn Lehrer, Polizeibeamte und Verwaltungsbeamte unterscheiden sich in ihrer Persönlichkeit im Regelfall deutlich voneinander. Auch in der freien Wirtschaft gibt es große Unterschiede, z. B. zwischen Angestellten und Selbständigen. Ein angestellter Unternehmensberater muss andere Fähigkeiten mitbringen als ein selbständiger Unternehmensberater.

Aber auch der Stellenwert einer Gruppe nach außen hin verrät einiges über deren Mitglieder. Schüler ist nicht gleich Schüler: Ein Gymnasiast genießt in der Außenwahrnehmung einen anderen Stellenwert als ein Hauptschüler. Aber Vorsicht vor Stereotypen! So kann es gut sein, dass ein Handwerksmeister bei der Bewerberauswahl für eine Lehrstelle einen Hauptschüler einem Gymnasiasten vorzieht, weil er Letzterem nicht zutraut, körperlich hart und handwerklich geschickt zu arbeiten. Andererseits wird ein Hauptschüler in der Regel kaum eine Chance auf einen Ausbildungsplatz als Bankkaufmann haben, selbst wenn er eine Eins in Mathematik im Zeugnis stehen hätte.

Es kommt jenseits von Vorurteilen und Stereotypen also darauf an, die Fähigkeiten und Besonderheiten eines Menschen zu analysieren, die aufgrund seiner Gruppenzugehörigkeit faktisch naheliegen.

Für den Profi sind folgende Puzzlesteine für die Gesprächspartneranalyse besonders interessant:

1. Welchen sozialen Gruppen gehört eine Person an?
2. Welchen Stellenwert hat die jeweilige Gruppe in der Außenwahrnehmung?
3. Wie kam es zu der Mitgliedschaft in der Gruppe?
4. Warum gehört er genau diesen Gruppen an und keinen anderen?
5. Gibt es Gemeinsamkeiten zwischen den verschiedenen Gruppen?
6. Welchen Status hat er in der jeweiligen Gruppe inne?
7. Wenn er in verschiedenen Gruppen unterschiedliche Status hat, woran könnte das liegen?
8. Inwieweit identifiziert er sich mit den jeweiligen Gruppen?
9. Wie viel Einfluss nimmt die Gruppe auf sein Denken und Handeln?
10. Wie ist das Statusverhalten im aktuellen Gespräch?

Natürlich kann man nicht in oder vor jedem Gespräch alle Informationen über einen Gesprächspartner zusammentragen. Insofern stellt die Frageliste lediglich einen theoretischen Idealfall dar.

Übung

Analysieren Sie die Gruppen, die Sie aus Ihrem privaten und beruflichen Umfeld kennen, und unterscheiden Sie dabei zwischen informellen und formellen Gruppen. Stellen Sie sich dabei folgende Fragen:

- Warum ist eine Gruppe eine informelle bzw. formelle Gruppe?
- Wie unterscheiden sich in den jeweiligen Gruppen die Personen, welche die Schlüsselpositionen besetzen?
- Was macht die Gruppe besonders im Vergleich zu anderen Gruppen?
- Gibt es Mitglieder, die sowohl in einer formellen als auch in einer informellen Gruppe Mitglied sind, und wenn ja, wie unterscheiden sich deren Verhaltensweisen und Positionen in den verschiedenen Gruppen?
- Versuchen Sie, jede Person den Persönlichkeitstypen (Alpha, Beta, Gamma, Omega) zuzuordnen.

Wenn Sie die oben genannten Fragen intensiv bearbeiten, werden Sie eine Menge über die Funktionsweisen von Gruppen und über die Bedeutung des Verhaltens einzelner Menschen, die Gruppen zugehören, lernen. Da fast jeder Mensch einer Gruppe angehört, halten Sie einen weiteren wichtigen Puzzlestein in Händen, um andere Menschen zu durchschauen und richtig einzuschätzen.

Übung

Suchen Sie sich drei Personen aus Ihrem privaten Freundeskreis aus, und weisen Sie ihnen möglichst viele Gruppen zu. Versuchen Sie dabei, so gründlich wie möglich vorzugehen. Je mehr Gruppen Sie einer Person zuordnen können, desto genauer wird Ihr Bild von dieser Person. Versuchen Sie dann, die Gruppenzugehörigkeiten Ihrer Freunde weiter zu differenzieren. Prüfen Sie stets, ob sich aus einer Gruppe weitere Untergruppen ableiten lassen. Auto- oder Motorradfahrer sind beispielsweise Hauptgruppen, die bereits erste Hinweise für die Einschätzung von Charaktereigenschaften liefern. Ob jemand stets immer nur ein «vernünftiges» Auto fährt oder «Spaßautos» bevorzugt, lässt nicht nur auf seine finanziellen Möglichkeiten Rückschlüsse zu, sondern vor allem auch auf seine Persönlichkeit. Die Hinweise werden konkreter, wenn man weiter differenziert: sparsame Autos, Sportwagen, Cabrios oder Oldtimer. Fahrer von Rennmotorrädern, Choppern, Trikes und komfortbetonten Reisemotorrädern werden sicherlich auch typische Unterscheidungsmerkmale aufweisen. Wenn Sie alle wesentlichen Gruppen zugeordnet haben, besteht Ihre Aufgabe darin, diesen Gruppen bzw. ihren Mitgliedern typische faktenorientierte Charaktereigenschaften zuzuordnen, die sich aus der Gruppenzugehörigkeit ergeben. Die Tabelle auf Seite 53 liefert Ihnen hierzu beispielhaft einige Anregungen. Versuchen Sie, auch diesen Teil der Übung so ausführlich wie möglich zu absolvieren.

Notieren Sie nun in einer Liste alle Charaktereigenschaften, und vergleichen Sie diese mit den tatsächlichen Charaktereigenschaften, Ihrer Freunde. Entdecken Sie Neues, Überraschendes?

So analysieren Sie richtig

Nun möchte ich Ihnen anhand eines Beispiels zeigen, wie man bei der Gruppenanalyse vorgehen kann.

Alfred, Bernhard, Carl und Dora besitzen jeweils einen Ferrari. Aufgrund dieses Kernaspekts ordnen wir sie zunächst der Gruppe der Ferrari-Besitzer zu. Auf der Grundlage dieser Gruppenzugehörigkeit könnte man schon jetzt Schlussfolgerungen ziehen, aber dann würde man sich auf die Ebene der Vorurteile begeben, und diese Ebene hat nichts mit einer fundierten und seriösen Analyse von Menschen zu tun. Da selbstverständlich nicht alle Ferrari-Besitzer gleich sind, müssen wir hier also bereits anfangen zu differenzieren. Der Experte stellt sich drei Fragen:

1. In welchen anderen Gruppen sind die jeweiligen Hauptpersonen noch Mitglied?
2. Welche Untergruppen ergeben sich aus der Hauptgruppe?
3. Welche Schlussfolgerungen und Differenzierungen ergeben sich aus den ersten beiden Fragen?

Alfred ist zwar Ferrari-Besitzer, aber dieses Fahrzeug ist lediglich *ein* Exemplar seiner großen Oldtimersammlung. Er hat den Ferrari nicht gekauft, weil es ihm speziell auf die Marke ankam, sondern weil er unverhofft die Gelegenheit bekommen hat, ein seltenes Einzelstück zu erwerben. Daraus ergibt sich die Schlussfolgerung, dass Alfred vermutlich auch der Gruppe der Millionäre angehört. Hier lohnt es sich, weiterzufragen: Wer/was ist ein Millionär? Und sind alle Millionäre gleich? Auch hier müssen Sie wieder nach weiteren Untergruppen suchen und differenzieren, um ein genaueres Bild zu erhalten.

Im World Wealth Report werden Millionäre in Bezug auf ihr frei verfügbares Nettovermögen in drei Gruppen eingeteilt:

1. Einfache Millionäre mit einem Vermögen von 1–5 Millionen $

2. Mittlere Millionäre mit einem Vermögen von 5–30 Millionen $
3. Superreiche Millionäre mit einem Vermögen von über 30 Millionen $

Die große Mehrheit der Millionäre gehört dabei der ersten Kategorie an. Viele Ferrari-Fahrer finden sich in der ersten Gruppe. Wenn man diese genauer betrachtet, stellt man fest, dass Reichtum ein relativer Begriff ist. Wer sich in München in guter Lage ein schönes Haus mit großzügigem Garten kaufen möchte, muss dafür deutlich im siebenstelligen Bereich kalkulieren – ein Investment, das viele einfache Millionäre überfordern würde (zumal bei diesem Immobilienerwerb natürlich in Euro und nicht in US-Dollar gerechnet wird). Ein Angehöriger der ersten Gruppe kann sich sowohl ein schönes Haus in bezahlbarer Lage als auch einen Sportwagen leisten. Ein klassisches Millionärsleben, wie man es sich gemeinhin vorstellt, kann dieser Millionär aber nicht führen. Wir sehen also: Je weiter wir in Untergruppen differenzieren, desto klarer wird unser Bild von einer Person.

Zurück zu unserem Beispiel. Alfred freut sich über seinen Fahrzeugerwerb, würde aber nie auf die Idee kommen, das Auto zu fahren, wenn es nicht unbedingt sein muss, weil es mit jedem abgespulten Kilometer auf dem Tacho an Wert verliert. Alfred gehört deshalb zwar wie die anderen der Gruppe der Ferrari-*Besitzer* an, jedoch nicht der Ferrari-*Fahrer*.

Ganz anders Dora, die regelmäßig mit anderen Ferrari-Fahrern durch die italienischen Alpen und über die Pässe jagt. Da sie viele Jahre lang als Ausbilderin für Fahrsicherheitstrainings gearbeitet hat, ist sie aufgrund ihres Fahrkönnens in der Lage, mit den anderen Fahrern mitzuhalten, obwohl sie das älteste Fahrzeug der Gruppe besitzt. Als Frau ist sie eine Exotin in der von Männern dominierten Ferrari-Szene. Sie hat sich den Wagen angeschafft, um sich einen Kindheitstraum zu erfüllen. Hierfür hat sie viele

Jahre lang gespart. Sie hat einen gut bezahlten Job, gehört aber nicht zur Gruppe der Millionäre. Welche Untergruppe ergibt sich daraus? Richtig, Dora gehört der Gruppe der Ferrari-*Enthusiasten* an. Damit ist sie die Einzige in der Gruppe, auf die das zutrifft.

Wie verhält es sich mit Bernhard und Carl? Bernhard hat sich den Ferrari zugelegt, um sein Ego damit aufzuwerten. Er hatte zeitlebens Probleme, Frauen kennenzulernen, und lebt noch im Haus seiner Eltern, obwohl er schon Mitte fünfzig und Frührentner ist. Er hat sich den Wagen mit der Zahlung einer Versicherungsleistung finanziert. Als normaler frühpensionierter Handwerker hat er aber kaum das Geld, um ein solches Fahrzeug zu unterhalten, weshalb er ständig chronisch pleite ist. Während er bei gemeinsamen Ausfahrten den Lebemann spielt, muss er im Alltag jeden Euro zweimal umdrehen. Trotzdem ist er stets extravagant gekleidet, um noch mehr Aufmerksamkeit auf sich ziehen zu können. Er gehört damit ebenso wie Dora zu den Exoten in der Ferrari-Szene, allerdings im Gegensatz zu dieser, die den Wagen solide finanzieren kann und fest im Leben steht, auch zu einer unsympathischen Gruppe, nämlich derjenigen der *Angeber*. Von anderen Ferrari-Fahrern wird er gemieden, da sie seine selbstdarstellerischen Auftritte peinlich finden.

Carl gehört wie Alfred zu der Gruppe der Fahrzeugsammler, allerdings fährt er alle Autos regelmäßig mit Freude und Begeisterung. Es geht ihm ausschließlich um den Spaß beim Fahren, nicht um Werterhalt oder -steigerung. Ebenso wie Alfred ist er sehr vermögend und gehört wie Bernhard der Gruppe der Mittfünfziger an. Im Gegensatz zu diesem wohnt er aber nicht mehr bei seinen Eltern, sondern hat ihnen ein eigenes Haus gekauft.

Man könnte dieses Beispiel noch wesentlich ausführlicher darstellen und alle Personen bis ins Detail anhand ihrer Gruppenzugehörigkeiten analysieren, um so Stück für Stück ein genaueres Bild ihrer Charaktere zusammenzusetzen.

Wer erkannt hat, welches Potenzial darin liegt, Menschen anhand ihrer Gruppenzugehörigkeiten zu analysieren und sie mit deren Verhaltensweisen abzugleichen, der wird seine Mitmenschen fortan mit anderen Augen betrachten und hinterfragen.

Introvertierte und extrovertierte Menschen

Unser Grundverhalten kann im Regelfall in drei Kategorien unterteilt werden:
- introvertiertes Verhalten,
- normales Verhalten und
- extrovertiertes Verhalten.

Introvertierte Menschen sind eher ruhig, zurückhaltend und nach innen gewandt, extrovertierte Menschen dagegen eher kommunikativ, aktiv und nach außen gewandt. Das Verhalten der meisten Menschen befindet sich irgendwo im Spektrum zwischen diesen beiden Extremen. Das Gros von uns ist in der Lage, seine Verhaltensweisen der Situation anzupassen und sich entsprechend der Situation mal eher extrovertiert und mal eher introvertiert zu geben. Rein introvertierten und rein extrovertierten Persönlichkeiten ist dies jedoch nicht oder nur sehr eingeschränkt möglich, weil Introversion und Extraversion keine veränderlichen Persönlichkeitsmerkmale sind.

Um einen Gesprächspartner fundiert einschätzen zu können, ist es wichtig, auch mit den Extremen der Charakterausprägungen vertraut zu sein. Das ist deswegen elementar, um die Bandbreite dieser beiden am häufigsten vorkommenden Charaktermerkmale zu kennen. Mit diesem Wissen können Sie wie mit einem Kompass feststellen, wie stark diese Eigenschaft ausgeprägt ist. Das ist notwendig, um den Normalzustand Ihres Gesprächspartners richtig einzuschätzen. Denn was bei dem einen Gesprächspartner als auffällige Reaktion gelten muss, ist bei anderen noch immer im Bereich des Normalen. Entscheidend für ein taktisches Vorgehen ist also nicht die Frage, wie extrem die Reaktionen unseres Gesprächspartners bei bestimmten Fragen oder Themen ausfallen, allein schon, weil die Beurteilung, was extrem ist oder nicht, von jedem Menschen anders wahrgenommen und daher gar nicht objektiv beurteilt werden kann. Entscheidend ist vielmehr, inwieweit die Reaktion unseres Gesprächspartners von dessen (individuellem) Normalzustand abweicht. Doch aufgepasst: Ob jemand wirklich introvertiert oder extrovertiert ist, kann man nur dann mit Sicherheit sagen, wenn viele Einzelbeobachtungen diese Annahme bestätigen und man sich sicher ist, dass es sich bei dem Verhalten nicht nur um eine Momentaufnahme, sondern um einen Dauerzustand handelt.

Beide Typen schöpfen ihre Energie aus unterschiedlichen Quellen: der introvertierte Mensch primär aus der Auseinandersetzung und der Zeit mit sich selbst, der extrovertierte Mensch aus der Interaktion mit sozialen Gruppen, Freunden und seinen Mitmenschen.

Die moderne Hirnforschung hat die Gründe für die extremen Unterschiede zwischen introvertierten und extrovertierten Personen größtenteils geklärt: Introvertierte müssen ihr Gehirn vor Reizüberflutung schützen, da dieses selbst im Ruhezustand in bestimmten Bereichen eine höhere Aktivität aufweist. Das Gehirn extrovertierter Menschen reagiert hingegen weniger sensibel auf Reize. Da es in der Lage ist, mehr Informationen zu verarbeiten, braucht es ständig neuen Input. Außerdem sind bei extrovertierten Personen die Dopaminpfade deutlich überdurchschnittlich aktiv. Dopamin, im Volksmund als Glückshormon bezeichnet, löst euphorische Stimmungen aus. Dies führt bei extrovertierten Menschen oft dazu, dass diese ständig (unbewusst) neue Herausforderungen und Risiken suchen, um Dopaminschübe zu generieren.

Introvertierte Menschen, die eine Überstimulierung eher vermeiden müssen, bremsen sich aus Eigenschutz selbst aus. Daher ist eine geringe Euphorie- bzw. Begeisterungsfähigkeit eine typische Charaktereigenschaft introvertierter Menschen und der Hang zum Risiko und zu Herausforderungen typisch für Extrovertierte.

Der introvertierte Mensch wird sich über einen großen Lottogewinn sicherlich genauso freuen wie ein extrovertierter. Im Gegensatz zu diesem wird er aber eher nicht vor Freude schreiend, singend oder hüpfend durch die Gegend laufen.

Aber Vorsicht! Ein introvertierter Mensch ist nicht automatisch schüchtern, ein schüchterner Menschen nicht immer introvertiert. Zu oft werden beide Typen zusammen in einen Topf geworfen. Schüchterne Menschen haben Schwierigkeiten, mit fremden Menschen in Kontakt zu treten, und fühlen sich in solchen Situationen schnell unsicher, nervös und überfordert. Introvertierte Menschen kennen diese Probleme nicht. Im Vergleich zu extrovertierten Menschen ist lediglich ihr Bedürfnis nach sozialen Kontakten deutlich geringer ausgeprägt. Extrovertierte Menschen gehen gerne auf große Veranstaltungen oder Partys, introvertierte Menschen feiern dagegen lieber im engeren Freundeskreis oder bevorzugen zum Ausgehen Lokalitäten mit überschaubarem Personenkreis. Dies wird oftmals als mangelndes Interesse an Freundschaften fehlinterpretiert. Tatsächlich bevorzugt dieser Menschentyp schlicht eine andere Umgebung, wie beispielsweise eine Bibliothek, ein Museum, Waldspaziergänge, Bergtouren oder die eigene Wohnung.

Hinzu kommt, dass der Introvertierte zwar ebenso wie der extrovertierte Typ soziale Kontakte wünscht, diese aber bei weitem nicht in einem solch hohen Maße benötigt wie der extrovertierte

Mensch. Dieser hingegen schöpft seine Energie aus seinen Mitmenschen. Er ist deshalb gerne und bevorzugt in Gruppen und bei Gelegenheiten anzutreffen, bei denen er mit vielen anderen Menschen in Kontakt kommt. Hat der introvertierte Mensch längere Zeit keine Zeit für sich selbst, fühlt er sich leer, ausgelaugt und energielos.

Typisch für introvertierte Menschen ist außerdem, dass sie mehr Zeit benötigen, um sich an neue Menschen und Situationen zu gewöhnen. Sie fühlen sich in Gruppen, die größer als drei bis fünf Personen sind, in der Regel unwohl. Diese Gruppenstärke ist für sie im Regelfall der maximale gelegentliche Rahmen. Ein Großraumbüro als Arbeitsplatz ist daher für jeden introvertierten Menschen eine Zumutung, während der extrovertierte Mensch sich dort oftmals pudelwohl fühlt.

Ein solcher Arbeitsplatz wäre aber für den introvertierten Menschen auch deshalb problematisch, weil er u. a. voraussetzt, dass man sich den Kollegen gegenüber kommunikativ verhalten kann – das jedoch fällt dem introvertierten Menschen sehr schwer. Ganz im Gegenteil ist er eher beobachtend, vorsichtig und zurückhaltend im Umgang mit anderen Menschen und gibt kaum Persönliches von sich preis. Persönliche Einblicke in ihr Innenleben gewähren introvertierte Menschen nur wenigen ausgewählten Menschen oder oft auch niemandem. Deswegen finden sich introvertierte Menschen innerhalb von formellen Gruppen auch häufig in der Position des Omega-Typs wieder.

Nachfolgend möchte ich Sie für typische Eigenschaften und Gruppenzugehörigkeiten von extrovertierten und introvertierten Personen sensibilisieren, die Ihnen eine Zuordnung Ihres Gesprächspartners und damit dessen Einschätzung erleichtern werden.

Typische Gruppen, in denen sich ...	
... **Introvertierte wohlfühlen**	... **Extrovertierte wohlfühlen**
berufliche Fachgruppen in überschaubarem Rahmen	Vereine
Interessengruppen in überschaubarem Rahmen	Großveranstaltungen (Konzerte, Diskothek, Networking-Treffen)
kleine Treffen im Freundeskreis	große Freundeskreise

Typische Eigenschaften von ...	
... **Introvertierten**	... **Extrovertierten**
hohes Maß an Verantwortungsbewusstsein sowie Gewissenhaftigkeit	Aufgeschlossenheit
die Fähigkeit, gut und mit Problemlösungskompetenz zuzuhören	Abenteuerlust
Pünktlichkeit und Zuverlässigkeit	Kontaktfreude
Belesenheit	Geselligkeit
Introspektion und Empathie	Spontanität
vorausschauend und detailliert planend, vorsichtig handelnd	Dominanz
Bescheidenheit (das Innenleben hat Priorität, nicht externe Dinge)	schnelles Sprechtempo

quantitativ wenige Freunde mit hohem Qualitätsfaktor	gerne im Mittelpunkt stehend
Sensibilität	Neigung zur Selbstdarstellung
wenig kommunikativ (außer bei Fachthemen)	Neigung zum Risiko und zur Selbstüberschätzung
Aufmerksamkeitsscheu	hohe Begeisterungsfähigkeit und Enthusiasmus
gering ausgeprägte Fähigkeit zur Euphorie	Selbstbewusstsein
oftmals sehr direkt	
langsames Sprechtempo (da jedes Wort durchdacht wird)	
hoher Grad an Nachdenklichkeit	
mangelnde Spontanität	
Verschlossenheit	

So bringen Sie alles zusammen – zwei Beispiele aus der Praxis

Vor einigen Jahren kaufte ich einmal einen gebrauchten Oberklasse-Pkw eines ausländischen Herstellers in einer ungewöhnlichen Lackfarbe. Ausländische Oberklasse-Limousinen gelten auf dem deutschen Automobilmarkt in den meisten Fällen als schwer verkäuflich, vor allem, wenn sie eine auffällige Farbe haben. Kein Wunder also, dass der Pkw stark reduziert bei einer Online-Plattform angeboten wurde. Mir aber gefiel die Farbe, und so fuhr ich zu dem Autohändler aufs Land und schaute mir den Wagen an. Dabei entdeckte ich einen Hagelschaden am Dach, an Motorhaube und Kofferraumdeckel. Er war kaum zu sehen, de facto aber trotzdem wertmindernd.

Mir war klar, dass der Verkäufer den Schaden nicht ohne Not erwähnen würde. Dies wollte ich gezielt ausnutzen, um den Preis weiter runterzuhandeln.

Um mir eine gute Gesprächsstrategie zurechtlegen zu können, versuchte ich zunächst, mir ein besseres Bild von dem Autohändler zu machen. Es war ein Vertragshändler eines deutschen Volumenherstellers. In Bayern ist es üblich, dass viele Landmenschen ihrer Automarke sehr lange, oft ein Leben lang, treu bleiben. Die Wahrscheinlichkeit, dass sich jemand von der Stammkundschaft dieses Autohändlers für das ungewöhnliche Fahrzeug interessieren würde, war also gering. Da das Autohaus außerdem relativ versteckt lag, konnte der Autoverkäufer auch nicht damit rechnen, dass potenzielle Käufer zufällig vorbeikamen, wie das beispielsweise in der Stadt der Fall gewesen wäre.

Darüber hinaus sprach die Tatsache, dass das Auto bei dem Online-Autoportal bereits seit längerem angeboten wurde und schon zwei Preisnachlässe hinter sich hatte, nicht gerade für eine hohe Nachfrage.

Mit anderen Worten: Das Fahrzeug war schwer verkäuflich, und das, obwohl der Hagelschaden in dem Inserat gar nicht erwähnt worden war.

Nun nahm ich den Verkäufer selbst in den Blick: Er war Mitte vierzig, sympathisch und vertrauenserweckend, aber nur begrenzt souverän im Auftreten. Dem Namen nach war er auch kein Mitglied der Eigentümerfamilie dieses kleinen Autohaus- und Werkstattbetriebes, stammte aber aus der Gegend, wie ich an seinem Dialekt erkennen konnte. Wahrscheinlich war er aufgrund seiner Tätigkeit nie aus den heimatlichen Gefilden herausgekommen, größere andere Betriebe gab es meines Wissens in der Umgebung nicht. Also war es eher unwahrscheinlich, dass er in anderen Gegenden Erfahrungen gesammelt und an Weiterbildungsmaßnahmen oder Seminaren zu Verkaufsrhetorik teilgenommen hatte. Zudem hatte ich beobachtet, dass der Verkäufer mit den anderen Angestellten im Betrieb sehr familiär umging, und außerdem, wie er etwas aus seinem privaten Pkw holte – ein älteres Modell der Marke dieses Vertragshändlers.

Er war offensichtlich schon «ewig» bei diesem Betrieb tätig, womöglich, wie es auf dem Land durchaus nicht untypisch ist, seit Beginn seiner Ausbildungszeit.

Weder das Autohaus noch der Verkäufer machten auf mich einen besonders innovativen Eindruck. Ich ordnete das Autohaus der Gruppe der typischen kleinen ländlichen Familienbetriebe mit sehr starren Strukturen zu; der Verkäufer gehörte der Gruppe der typischen Landverkäufer an, die oftmals über eine einseitige berufliche Praxis und dementsprechend über eine gewisse Betriebsblindheit verfügen.

Diese und noch einige andere Beobachtungen wiesen in dieselbe Richtung, waren also redundant: Das Auto meiner Begierde war ein absoluter Exot im Hof des Händlers, weder die Stammkundschaft noch Online-Kunden interessierten sich für dieses Fahrzeug, und ich konnte außerdem davon ausgehen, dass der Verkäufer nicht über Expertenwissen und ein ausgeprägtes Verkaufsgeschick verfügte.

So entstand langsam ein Plan für meine Gesprächsstrategie: Ich wusste jetzt vor dem eigentlichen Verkaufsgespräch, dass ich mich währenddessen im Hochstatus befinden würde, also eine bessere Ausgangsposition besaß. Zur Erinnerung: Dafür ist die Frage ausschlaggebend, wer von beiden Parteien mehr Interesse daran hat, dass der Deal zustande kommt.

Und das war am Anfang keineswegs klar gewesen, denn ich

selbst wollte dieses Fahrzeug unbedingt erwerben: Einerseits war das Preis-Leistungs-Verhältnis bereits beim Ausgangspreis unschlagbar, und andererseits war ich gezielt auf der Suche nach einem Fahrzeug dieses Typs.

Dank meiner Gruppenanalyse, der ich sowohl den Betrieb, das Fahrzeug sowie den Verkäufer unterzog, war ich in der Lage, meinen Status zu verbessern und mein Verhalten sowie meine Forderungen entsprechend auszurichten: Ich hatte gute Gründe anzunehmen, dass der Verkäufer jedes halbwegs akzeptable Angebot annehmen würde, denn jeder Tag, an dem das Auto weiter auf dem Hof gestanden hätte, hätte den Kosten-Nutzen-Faktor für den Händler immer stärker ins Negative verschoben.

Bei der Eröffnung des Verkaufsgespräches versuchte der Verkäufer eine Art Vorwärtsverteidigung, pries den ungewöhnlichen Lack als besonders selten an, weshalb er sehr individuell und wertvoll sei. Ich entgegnete, dies sei das Einzige, was mich an dem ansonsten tollen Fahrzeug störe. Gleichzeitig gab ich ihm zu verstehen, dass er noch am selben Tag verkaufen könnte, wenn wir uns wegen der Farbe preislich einig würden.

Nach meinen Preisvorstellungen gefragt, fasste ich zusammen: Das Auto gefalle mir zwar, nicht aber dessen Farbe. Zweitens sei es aufgrund der Farbe später sicherlich nicht mehr weiterzuverkaufen, was drittens dazu führe, dass ich das Fahrzeug entgegen meiner Planung bis zum bitteren Ende fahren müsse und dann nur noch zum Schrottwert verkaufen könne. Er müsse mir deshalb 2000 Euro Rabatt geben. Der Verkäufer schluckte und sagte, es sei ihm leider nicht möglich, zu diesem Preis zu verkaufen, aber über 1500 Euro könne man reden. Daraufhin entgegnete ich, ich sei einverstanden, vorausgesetzt, das Fahrzeug sei technisch einwandfrei.

Im Gegensatz zu dem Verkäufer war ich über das Fahrzeug bestens informiert, denn ich hatte viele Testergebnisse gelesen und die Besonderheiten des Fahrzeuges im Internet recherchiert. Seine Schwachstellen waren mir bekannt: sehr teure Bremsen und Pixelprobleme im Monitor des Fahrzeugs. Dementsprechend prüfte ich die Bremsen und den Monitor und stellte fest, dass besagtes Pixelproblem vorlag und die hinteren Bremsscheiben ihrem Ende nah waren.

Nach der Probefahrt machte ich den Verkäufer auf beides aufmerksam und teilte ihm mit, dass ich kein Fahrzeug ohne einwandfreie Bremsen fahren würde. Er sagte mir spontan zu, die Bremsen neu zu machen – ansonsten sei er aber am Ende seines Verhandlungsspielraumes angekommen.

Ich bat ihn, beim Hersteller oder bei einem Vertragshändler des Objekts meiner Begierde nachzufragen, was ein neuer Monitor koste, damit ich abschätzen könne, was auf mich zukäme, falls der Monitor kaputtgehen sollte. Die Antwort kannte ich zwar bereits, dennoch zeigte ich mich vom Preis, der deutlich im vierstelligen Bereich angesiedelt war, schockiert, und vermittelte dem Verkäufer den Eindruck, drauf und dran zu sein, das Verkaufsgespräch abzubrechen.

Der Verkäufer bot mir an, dass er mir noch mal 500 Euro nachlassen könnte. Ich willigte ein, und der Verkäufer bat mich in sein Büro, als ich den Hagelschaden «entdeckte». Um es kurz zu machen: Wir einigten uns auf einen weiteren Preisabschlag von 1000 Euro. Kurz vor der Vertragsunterzeichnung machte ich dem Händler noch klar, dass ich grundsätzlich kein Fahrzeug ohne aktuelle TÜV-Plakette kaufen würde, denn nur so könne ich als Nichtmechaniker sichergehen, dass das Fahrzeug technisch in Ordnung sei. Schließlich unterzeichnete der Verkäufer den um 3000 Euro reduzierten Kaufvertrag inklusive der Zusatzvereinbarungen TÜV und neue Bremsen.

Obwohl ich eigentlich im Tiefstatus gewesen war, denn ich wollte dieses Auto ja unbedingt haben, konnte mich die Gruppenanalyse und die sich daran orientierende Gesprächstaktik in den Hochstatus versetzen.

Das nun folgende Beispiel aus meiner Praxis als Vernehmer zeigt ein weiteres Mal, wie hilfreich Gruppenzugehörigkeiten bei der Analyse von Menschen sein können.

Um in der «heißen Phase» der Vernehmung das Verhalten des Befragten mit seinem Normalzustand abgleichen zu können (siehe auch Seite 304), habe ich zur Auflockerung der Gesprächsatmosphäre jede Vernehmung mit einem vermeintlich harmlosen Smalltalk begonnen. Dabei ging es mir nicht nur darum, seine Reaktionen außerhalb von Stresssituationen kennenzulernen, sondern auch darum, Informationen zu Gruppenzugehörigkeiten, Charakterzügen und Verhaltensweisen zu erhalten sowie eine vertrauensvolle Gesprächsatmosphäre herzustellen. Diese Informationen waren zwar nicht direkt für die Vernehmung relevant, lieferten mir aber wertvolle Hinweise, um einschätzen zu können, wie sich der Vernommene im Gesprächsverlauf verhalten würde. Diese Einschätzung war wiederum wichtig für die Wahl meiner Gesprächstaktik.

Folgender Fall lag auf meinem Schreibtisch: Gegen einen Vermögensberater wurden mehrere Anzeigen wegen Betrugs erstattet. Seine Kunden hegten den Verdacht, dass der Vermögensberater ihr investiertes Geld zum Bestreiten seines eigenen Lebensunterhaltes verwendete, statt das investierte Kapital gewinnbringend zu verwalten und anzulegen. Im Rahmen der Vorermittlung galt es daher zunächst, diskret zu recherchieren, wie sich die Vermögensverhältnisse des Beraters überhaupt gestalteten. Alle Kunden, die Anzeige erstattet hatten, konnten nur Vermutungen vorbringen, aber keine Fakten. Somit war zwar ein Anfangsverdacht zur Aufnahme der polizeilichen Ermittlungen gegeben, für konkrete Maßnahmen – wie beispielsweise Durchsuchungsbeschlüsse der Wohn- und Geschäftsräume – hätte sich in diesem Stadium der Ermittlungen allerdings kein Richter bereit erklärt.

In den meisten Fällen müssen Ermittler sowieso ohne richterliche Durchsuchungsbeschlüsse und ähnliche Hilfsmittel zurechtkommen; oftmals gelingt dies, speziell bei Betrugsdelikten, nur über das Vernehmungsergebnis. Der erste Schritt lag für mich also darin, Fakten und Hinweise zu ermitteln, die für oder gegen einen Tatverdacht sprachen. Zunächst musste ich mir einen genaueren Überblick über die private und geschäftliche Vermögenslage des Beschuldigten verschaffen. Sollte sich dabei z. B. herausstellen, dass das Einkommen des Vermögensberaters niedriger als seine Lebenshaltungskosten wäre, stellte sich zwangsläufig die Frage, wie der Beschuldigte seinen Lebensstil finanzierte.

Nicht jeder Kunde macht sich die Mühe, sich im Vorfeld über die Person eines Vermögensberaters detailliert zu informieren. Für mich als Kriminalbeamter war seinerzeit aber genau das Teil meiner Aufgabenstellung. Der Vermögensverwalter hatte als Unternehmensform eine AG gewählt – mutmaßlich, um Eindruck bei potenziellen Kunden zu schinden, denn eine Aktiengesellschaft suggeriert Geschäftsvorgänge im großen Stil. Ich fragte unter anderem beim Bundesanzeiger an: In diesem Organ des deutschen Justizministeriums werden u. a. alle Handelsregistereintragungen sowie Jahresabschlüsse von AGs und GmbHs veröffentlicht. (Er ist übrigens jedem Bürger unter www.bundesanzeiger.de online frei zugänglich.) Meine Anfrage ergab ein niederschmetterndes Ergebnis: Ein Vorjahresabschluss mit tiefroten Zahlen – eine Insolvenz schien nur eine Frage der Zeit.

Es ist bei Unternehmern keine Seltenheit, mehrere Firmen zu betreiben und ein schwaches Unternehmen durch ein stärkeres Unternehmen quasi mitzutragen und abzusichern. Aber meine Recherchen ergaben keine weiteren Unternehmungen, aus denen der Tatverdächtige seinen Lebensunterhalt hätte bestreiten können. Da der im Bundesanzeiger veröffentlichte Jahresabschluss keine eindeutigen Rückschlüsse dahingehend zuließ, welches Gehalt an den Beschuldigten geflossen war, musste ich weitere Indizien sammeln, um ihn bei der Vernehmung in die Mangel nehmen und mit möglichst vielen Fakten konfrontieren zu können.

Eine erste Einschätzung war schnell vorgenommen. Der Tatverdächtige war nicht der, für den er sich ausgab – der solvente Vermögensberater mit gut laufenden Unternehmen –, und daher der Gruppe der Blender und Angeber zuzuordnen. Diese erste Zuordnung war aber noch nicht fundiert genug, als dass man sie als seriös hätte bezeichnen können. Vielleicht war der Tatverdächtige, ein gewisser Herr Schlitzer, in der Vergangenheit so erfolgreich gewesen, dass er ein großes Vermögen angehäuft hatte. In diesem Fall hätte Schlitzer seinen Lebensunterhalt von seinem Privatvermögen bestreiten können und es nicht nötig gehabt, auf das Geld von Anlegern zurückzugreifen. Ich musste also ermitteln, ob sich weitere Hinweise für die Zugehörigkeit zur Gruppe der Blender oder aber zu der der vermögenden Geschäftsleute finden ließen.

Laut seiner Homepage engagierte sich Schlitzer in verschiedenen Business-Clubs, die er auch namentlich nannte. Die Liste war beeindruckend lang. In einigen Clubs hatte er bestimmte Funktionen inne, die immer mit seiner Darstellung als Finanzexperte zu tun hatten.

Schlitzer unterhielt seiner Homepage zufolge exzellente Kontakte zu Entscheidern in der Businesswelt und fuhr laut eigener Aussage aus Überzeugung ausschließlich verschiedene Fahrzeuge der Marke Lamborghini. Nicht schlecht für jemand, der Vorstandsvorsitzender und Inhaber sämtlicher Aktien der eigenen Firma in Personalunion war, wie ich durch meine polizeilichen

Recherchen herausgefunden hatte! Wie dem auch sei: Dem ersten Anschein nach gehörte Schlitzer zur Gruppe der Sammler und Fahrer hochwertiger Sportwagen.

Er musste also zur Gruppe der Millionäre gehören, denn nur dann kann man sich Anschaffung und Unterhalt dieser Fahrzeuge leisten. Der Mann schien es nicht nötig zu haben, von Kleinanlegern Geld zur Bestreitung seines Lebensunterhalts verwenden zu müssen.

Höchste Zeit also für mich, die angeblichen Gruppenzugehörigkeiten näher zu überprüfen. Was dabei ins Auge fiel: Die meisten Business-Clubs, in denen Schlitzer Mitglied war, bestanden in erster Linie aus Freiberuflern und selbständigen Handwerkern, jedenfalls nicht aus Mitgliedern, die in der Lage gewesen wären, in größerem Stil Geld anzulegen. Diese Berufsgruppe passte weder zu den Kreisen, zu denen sich Schlitzer selbst zählte, noch zu der gesellschaftlichen Schicht, der Schlitzers Kunden angeblich angehörten. Ich rief unter einem Vorwand bei einigen der Clubs an und fragte nach, ob es stimme, dass Herr Schlitzer dort Mitglied sei, und wann man ihn am besten dort antreffen könne. Einige Clubs gaben bereitwillig Auskunft. Es war nicht schwer vorherzusehen, dass Schlitzer zu diesen Treffen nicht mit öffentlichen Verkehrsmitteln, sondern mit einem Lamborghini aus seinem Fuhrpark anreisen würde, allein schon aus Imagegründen. Allerdings hatte ich inzwischen in Erfahrung bringen können, dass es beim Kraftfahrzeugbundesamt keinerlei Eintrag auf seinen Namen gab, was mich sehr skeptisch machte.

Als ich herausgefunden hatte, wann Schlitzer einen der Clubs besuchen wollte, bat ich Kollegen von der örtlichen Polizeiinspektion, dort im Rahmen einer Streifenfahrt vorbeizufahren, um nach einem Lamborghini Ausschau zu halten.

Tatsächlich war bei drei Terminen ein weißer Lamborghini vor Ort. Wie sich bei einer Überprüfung herausstellte, handelte es sich allerdings lediglich um eine PS-schwache Replica, die auf einen Freund Schlitzers zugelassen war. Schlitzer hingegen hatte diverse Pfändungen am Hals. Er gehörte also weder zur Gruppe der Sportwagenbesitzer noch zu der der Millionäre und der erfolgreichen Unternehmer – dafür aber ganz klar zur Gruppe der Blender und der armen Schlucker.

Im Anschluss führte ich noch weitere Gruppenprüfungen durch, die das bisher entstandene Bild untermauerten.

Als ich Schlitzer bei der Vernehmung mit meinen Ermittlungsergebnissen konfrontierte und ihm die Aussichtslosigkeit, sich erfolgreich herauszureden, vor Augen führte, sagte er plötzlich: «Ich gebe alles zu. Wo soll ich unterschreiben?»

Wie sich letztlich herausstellte, beging Schlitzer in der Summe über sechzig Betrugsstraftaten und wurde zu einer zweijährigen Haftstrafe ohne Bewährung verurteilt. Sein umfangreiches Geständnis kam ihm bei der Strafbemessung zugute.

Übung

Wiederholen Sie die Übung von Seite 58, aber diesmal mit Arbeitskollegen, mit denen Sie *nicht* eng zusammenarbeiten. Versuchen Sie, den Schwierigkeitsgrad immer weiter zu steigern, bis hin zu Personen, die Sie kaum kennen und zu denen Sie sich Informationen über deren Gruppenzugehörigkeiten durch Beobachtung, Recherche und Nachfragen erarbeiten müssen. Wenn Sie diese Informationsbeschaffung konsequent genug befolgen, werden Sie feststellen, dass sich selbst bei Personen, die Sie kaum kennen, erstaunlich viele Zuordnungen durchführen lassen und Sie dadurch diese Personen deutlich besser einschätzen können, als dies zuvor möglich gewesen wäre.

🔑 Schlüssel 3:
AUFFÄLLIGKEITEN IM SPRACHMUSTER

Während des Kalten Krieges wurden Geheimagenten der ostdeutschen Staatssicherheit des Öfteren durch den westdeutschen Bundesnachrichtendienst enttarnt. Manchen der Agenten blieb dabei völlig schleierhaft, wie ihre Tarnung auffliegen konnte. In einigen Fällen stellte sich im Nachhinein heraus, dass den Agenten ihre unverwechselbaren sprachlichen Eigenheiten zum Verhängnis geworden waren.

Jeder Mensch besitzt einen individuellen *sprachlichen Fingerabdruck*: Die Art und Weise, wie wir bestimmte Wörter betonen oder Vokale und Konsonanten aussprechen, aber vor allem unser Wortschatz ist einmalig. In der Sprachwissenschaft werden diese individuellen sprachlichen Merkmale als *Idiosynkrasie* bezeichnet. Ein Stasi-Agent konnte sich noch so gut mit den Gepflogenheiten in Westdeutschland vertraut gemacht haben – sobald er in einem Gasthaus einen Broiler statt eines Brathähnchens bestellte, war es bereits um seine Unauffälligkeit geschehen, denn dieser Ausdruck war in Westdeutschland nicht gebräuchlich.

Unsere individuellen Sprachgewohnheiten lassen sich nur sehr schwer manipulieren. Wir rufen unsere Muttersprache automatisch ab – deshalb ist es uns so gut wie unmöglich, jedes Wort mit Bedacht zu wählen und auf alle Auffälligkeiten hin zu kontrollieren. Versuchen wir es trotzdem, bindet dieses Unterfangen so viel Gehirnkapazität, dass wir über einen längeren Zeitraum keinen normalen Gesprächsfluss aufrechterhalten können.

Die Unmöglichkeit, ohne individuellen sprachlichen Fingerabdruck zu kommunizieren, erlaubt es Ermittlern immer wieder, Erpresser und Entführer am Telefon zu identifizieren. Auch hierfür nutzen sie das Prinzip der Gruppenzuordnung, das wir aus dem vorangegangenen Kapitel kennen. Sie werten das individuelle Sprachmuster des Anrufers aus und können ihn so beispielsweise einer ethnischen Gruppe oder einer bestimmten Berufsgruppe zuordnen, je nachdem, welche Wörter er wie verwendet und ausspricht. In diesem Kapitel werde ich Ihnen zeigen, wie Sie anhand des Sprachmusters mehr über Ihren Gesprächspartner herausfinden können.

Berufsgruppen und persönliche Präferenzen erkennen

Während meiner rund fünfzehn Jahre bei der Polizei habe ich immer wieder verdeckt ermittelt. Es heißt, ein guter Polizist könne auch ein guter Krimineller sein – schließlich müsse er die Fähigkeit besitzen, sich in Kriminelle hineinzuversetzen und wie sie zu denken. Darüber hinaus kennt er alle wesentlichen Interna der Polizei und anderer Ermittlungsbehörden sowie deren Ermittlungsmethoden – diese Kenntnisse könnte er für kriminelle Machenschaften ausnutzen.

Lassen Sie uns einmal gemeinsam durchspielen, wie es wäre, würde ich die Seiten wechseln und in die Rolle eines Kriminellen schlüpfen.

Als Krimineller mit Polizeivergangenheit sitze ich in meiner Stammkneipe. Selbstverständlich trete ich möglichst seriös auf, um meine wahre Identität und meine wirklichen Absichten zu tarnen. Eine Frau betritt die Kneipe, setzt sich an die Bar, beobachtet mich eine Weile und entschließt sich, einen Flirt mit mir zu beginnen. Da ich jedoch ständig mit der Angst lebe, von der Polizei überwacht zu werden, und befürchte, dass es sich um eine verdeckte Ermittlerin handeln könnte, komme ich nicht umhin, sie einem kleinen Test zu unterziehen. Also lenke ich die Unterhaltung behutsam auf das Thema «innere Sicherheit» und andere Themen mit Polizeibezug. Um mir eine Meinung bilden zu können, achte ich dabei auf mehrere Indikatoren gleichzeitig: auf die Ausdrucksweise der Frau und insbesondere darauf, inwieweit sie bei diesen Themen auf welchem Niveau mitreden kann. In einem flüssigen Gespräch wird es ihr, siehe oben, nicht möglich sein, sich selbst andauernd zu kontrollieren und zu analysieren. Sollte sie also über Expertenwissen verfügen, so wird sie mir dies unweigerlich, wenn auch unfreiwillig, mitteilen. Nur Polizisten sprechen beispielsweise von einer «LZA» (Lichtzeichenanlage) anstatt von einer Ampel oder von einer «PI» statt von einer Polizeiinspektion. Weil sie, wenn sie eine Polizistin sein sollte, mit diesem Jargon über Jahre vertraut ist, wird sie nicht nach der Bedeutung der Kürzungen fragen, wenn ich sie verwende – ein erstes Indiz, dass es sich bei der Frau um eine verdeckte Ermittlerin handeln könnte.

Was lehrt uns dieses kurze Beispiel? Jeder Beruf verfügt über einen *Fachjargon*. Ärzte, Rechtsanwälte, Unternehmensberater, Handwerker, Fußballspieler (die Liste ließe sich endlos fortführen) – alle verwenden für ihren Berufsstand spezifische Begrifflichkeiten und Fachtermini; Beamte sprechen anders als Angehörige der freien Wirtschaft. In der Beamtensprache sind zum Beispiel neben bestimmten Fachbegriffen auch Nominalkonstruktionen üblich. Anstatt: «Ich warte darauf, dass meine Frau anruft» sagen sie «Ich warte auf den Anruf meiner Frau» oder «Weil du dich verspätest hast, kommen wir zu spät!» «Aufgrund deiner Verspätung werden wir zu spät kommen!»

Differenzieren wir weiter und unterteilen das Beamtentum

in Untergruppen: Polizisten sprechen anders als Lehrer, Lehrer sprechen anders als Finanzbeamte, Finanzbeamte anders als Mitarbeiter des Sozialamtes und so weiter. Wenn Ihnen bestimmte berufsspezifische Ausdrücke geläufig sind, können Sie ohne weiteres bereits während eines Smalltalks herausfinden, welcher Berufsgruppe Ihr Gegenüber mutmaßlich angehört, selbst, wenn er Ihnen dies eigentlich nicht verraten möchte. Falls Ihnen die Begriffe nicht geläufig sind, fragen Sie nach, und lassen Sie sie sich erklären. Auch diese Fachbegriffe können Sie wiederum Gruppen zuordnen. Wenn Sie zum Beispiel drei Fachbegriffe nicht verstanden haben, die alle aus der Medizin stammen, ist es naheliegend, dass Ihr Gesprächspartner speziell in diesem Bereich über detailliertes Wissen verfügt. Die Wahrscheinlichkeit, dass dies etwas mit seinem Beruf zu tun hat, ist hoch, aber nicht zwingend. Es könnte sich unter Umständen auch um ein Hobby handeln. Daher kann ich immer nur wiederholen, wie wichtig es ist, Erkenntnisse auf mehreren Wahrnehmungsebenen zu gewinnen und sich nicht auf einen einzelnen Indikator allein zu verlassen.

Durch dezidiertes Nachfragen können Sie Ihrem Gesprächspartner auch eine berufliche Untergruppe zuordnen. Somit wissen Sie immerhin schon, welchen Beruf Ihr Gegenüber ausübt. Natürlich könnte man auch direkt nach dem Beruf seines Gegenübers fragen, aber manchmal ist es hilfreich, dies eher unauffällig herauszufinden.

Dazu ein Beispiel: Ich hatte als junger Polizist eine Liaison mit einer Sozialarbeiterin. Meine Vermutung, dass sie Vorbehalte gegen Polizisten haben könnte, trog mich nicht. Ich lernte sie bei einer Party kennen und stellte nach einer Weile fest, dass sie auf Polizisten nicht gut zu sprechen war. Daher hielt ich es für klüger, meinen Beruf nicht zu erwähnen.

Nun kommt es für die weitere Gesprächsführung darauf an, welches Ziel Sie verfolgen. In unserem Beispiel vom Kapitelanfang würde ich wohl, wenn ich den Eindruck hätte, dass die Frau auf mich angesetzt worden wäre, versuchen, die Frau durch geschickt gestreute Fehlinformationen zu manipulieren. Beispielsweise könnte ich mich als Geschäftsmann ausgeben und ihr sagen, dass ich mich gerne mit ihr privat treffen würde und ich jeden Tag Zeit hätte außer übermorgen, denn da hätte ich eine wichtige berufliche Verabredung wegen eines größeren Geschäfts. Mir wäre natürlich klar, dass die verdeckt ermittelnde Polizistin daraufhin vermuten würde, dass es sich bei der beruflichen Verabredung um ein Treffen von Kriminellen handeln könnte. Mit ein paar scheinbar «unbedachten» Äußerungen könnte ich diesen Verdacht bei ihr erhärten und ihr en passant zu verstehen geben, dass ich übermorgen auch deshalb auf gar keinen Fall Zeit hätte, weil es bei dem Treffen um viel Geld gehe. Solche Behauptungen stellen Männer ja schnell mal auf, um Frauen zu beeindrucken. Sollte die Frau tatsächlich eine Ermittlerin sein, wird sie versuchen herauszubekommen, wo das Treffen stattfindet, zumindest wo ungefähr. Mit etwas Raffinesse lasse ich mir dann «versehentlich» das ein oder andere Detail aus der Nase ziehen, bis die Ermittlerin ihr Puzzle zusammensetzen kann. Vielleicht verabrede ich mich auch mit ihr um eine bestimmte Uhrzeit und sage ihr, dass ich zwar auf jeden Fall komme, aber nur kurz Zeit hätte. Da eine durchgehende Personenüberwachung über längere Zeiträume rechtlich und personell schwierig ist, geht sie vielleicht davon aus, dass es in diesem Fall ausreichend sei, wenn die Überwachungsmaßnahmen beginnen, sobald wir uns treffen. Ich erscheine aber nicht zu dem Treffen, sondern wickle meinen Deal in aller Ruhe an einem anderen Ort ab.

Es ergeben sich zahlreiche taktische Möglichkeiten, wenn Sie Ihren Gesprächspartner durchschauen, aber er Sie nicht oder er lediglich glaubt Sie zu durchschauen, während es sich tatsächlich genau umgekehrt verhält – wie in unserem Beispiel mit der

Ermittlerin. Bei einem echten Flirt hingegen würde ich von der Berufsgruppe erste Rückschlüsse auf Wertvorstellungen und Interessen meiner Gesprächspartnerin ziehen. Eine Polizistin hat sicherlich ein anderes Weltbild als eine Investmentbankerin und eine Vorstandsvorsitzende ein anderes Weltbild als eine Fließbandarbeiterin. Auch in der Freizeitgestaltung dürften sich Künstlerin, Handwerkerin und Stewardess voneinander unterscheiden. Übrigens: Die Vorgehensweise, um den Beruf einer Person herauszufinden, gilt natürlich auch, wenn es darum geht, persönliche Präferenzen, wie zum Beispiel Hobbys, aufzudecken.

So gehen Sie konkret vor:
- Achten Sie darauf, über welche Themen Ihr Gegenüber *bevorzugt* spricht. (Wir sprechen am liebsten über die Themen, in denen wir uns gut auskennen.)
- Achten Sie darauf, über welche Themen Ihr Gegenüber *leidenschaftlich* spricht.
- Achten Sie auf unübliche Wörter oder Fachbegriffe.
- Bei welchen Themen verwendet Ihr Gegenüber Fachbegriffe und bei welchen nicht?
- Versuchen Sie, diese Fachbegriffe einer Berufs- oder Interessensgruppe zuzuordnen.
- Lassen Sie sich gegebenenfalls einen Fachbegriff erklären.
- Lenken Sie das Gespräch in die Richtung, die Ihre Vermutung nahelegt.
- Achten Sie darauf, ob Ihr Gegenüber bei dem von Ihnen gewählten Thema sattelfest ist.
- Verwenden Sie gegebenenfalls eigene Fachbegriffe, um zu testen, ob Ihr Gegenüber diese versteht.
- Fragen Sie Ihr Gegenüber, über welche Themen er/sie gerne spricht. Fast jeder Mensch hat ein Lieblingsthema, und das hängt fast immer mit persönlichen Interessen (Hobby) oder Beruf zusammen.

Übung

Sie möchten beim Flirt (oder auch in einem normalen Gespräch) bestimmte Dinge über Ihr Gegenüber erfahren, ohne direkt danach zu fragen, z.B., ob Ihr Flirt Kinder hat bzw. dem Thema Kinder gegenüber aufgeschlossen ist. Sprechen Sie also Themen mit Kinderbezug an – wie Schule, Spielplätze, Kinderlärm – und prüfen Sie, inwieweit sich Ihr Gesprächspartner für die Thematik interessiert und inwiefern er mitreden kann. Wichtig ist hierbei, möglichst verschiedene Aspekte des Themas anzusprechen. Wenn Sie beispielsweise nur über Schule sprechen, dann könnte es sein, dass Ihr Gesprächspartner sattelfest ist, obwohl er keine Kinder hat, aber beispielsweise als Lehrer arbeitet. Daher sollten Sie im Gesprächsverlauf sowohl zwischen den Unterthemen variieren als auch auf den Fachjargon achten: Von «Praxiseinheiten» oder «außerschulischen Aktivitäten» spricht sicherlich weder ein ehemaliger Schüler noch jemand, der keinen pädagogischen Beruf hat. Bei Lehrern hingegen handelt es sich um üblichen Fachjargon.

Übung

Welche Fragen könnten Sie stellen, um folgende Informationen indirekt zu erhalten?
- Ist er/sie Handwerker/-in?
- Ist er/sie Lehrer/-in?
- Ist er/sie Student/-in?
- Welcher Partei steht er/sie nahe?
- Ist er/sie Single?

Bitte schreiben Sie zu jedem Punkt alle Fragen auf, die Ihnen spontan einfallen. Wichtig ist, dass Sie Ihren Gesprächspartner nicht direkt fragen und die Fragen nicht zu offensichtlich formulieren. Beispiel: «Bist du in der Schreinerbranche tätig?» wäre eine zu direkte Frage, stattdessen zum Beispiel: «Bist du eigentlich handwerklich geschickt?» und «Wer hat dir das beigebracht?» oder statt «Bist du Mechaniker bzw. schraubst du als Hobby an Autos herum?» lieber: «Kürzlich bin ich mit meinem Auto liegen geblieben, und der ADAC musste kommen, dabei war es bloß eine Kleinigkeit, nämlich ... Kennst du dich mit so etwas aus?» Wahrscheinlich müssen Sie sich langsam herantasten: Je mehr Fragen zu den gleichen Erkenntnissen führen, desto fundierter wird Ihre Einschätzung sein.

Charaktereigenschaften erkennen

Gehen wir davon aus, dass Sie Ihr Gegenüber einer Berufsgruppe zuordnen konnten. Dies ist natürlich nur ein erster Schritt, denn wahrscheinlich wollen Sie nicht nur wissen, womit er seine Brötchen verdient, sondern, viel wichtiger, darüber hinaus auch etwas über seinen Charakter erfahren. Nur so können Sie einschätzen, was Sie von ihm zu erwarten haben und was nicht.

In Kapitel 2 haben wir die Eigenschaften von introvertierten und extrovertierten Persönlichkeiten kennengelernt. Wir haben besprochen, dass extreme Ausprägungsgrade zwar nur bei ca. 5 Prozent der Bevölkerung vorkommen, man diese Ausnahmen aber unbedingt kennen sollte, um bei solchen Personen keine falschen Schlussfolgerungen zu ziehen. Schließlich begegnen wir diesen beiden Persönlichkeitstypen, wenn auch nicht täglich, doch häufig genug, als dass es klug wäre, sie zu ignorieren.

Die meisten Menschen verhalten sich je nach Situation eher extrovertiert oder introvertiert. Bislang haben wir nur die allgemeinen Verhaltensweisen introvertierter und extrovertierter Persönlichkeiten betrachtet, nun wollen wir ihr Kommunikationsverhalten entschlüsseln. Schauen wir uns also typische *Kommunikationsmuster* an, die auf unterschiedliche Charaktereigenschaften schließen lassen. Natürlich sind die nachfolgenden Beschreibungen solche des «reinen» Typus. Da es nicht nur «reine» Typen, sondern überwiegend solche gibt, die eine starke Ausprägung in die eine oder andere Richtung haben, sind die nachfolgenden Punkte zwar ein sehr guter Identifikationsindikator, sollten aber nicht zu dogmatisch betrachtet werden. Im Einzelfall kann es individuelle Abweichungen geben.

Typische Gesprächsmuster extrovertierter Persönlichkeiten:
- sehr kommunikativ,
- lassen sich gar nicht oder kaum unterbrechen,
- reden oft ohne Punkt und Komma,
- geben ausschweifende Antworten,
- sind häufig frech oder forsch,
- sind oftmals schlechte Zuhörer,
- sind sehr selbstsicher.

Typische Gesprächsmuster introvertierter Persönlichkeiten:
- sind gute Zuhörer (hören mehr zu, als sie reden),
- eher ruhig und eher zurückhaltend,
- wirken oft befangen oder gehemmt,
- lassen sich leicht unterbrechen,
- beantworten Fragen eher knapp, dafür aber treffend.

Typische Gesprächsmuster emotional labiler Persönlichkeiten:
- fühlen sich schnell beleidigt,
- legen jedes Wort auf die Goldwaage,
- sind sehr empfindlich und oft launisch,

- oft uneinsichtig gegenüber faktisch besseren Argumenten,
- sind häufig neidisch oder eifersüchtig.

Typische Gesprächsmuster stabiler und selbstbewusster Persönlichkeiten:
- kommunizieren ruhig, sicher und entspannt,
- gehen souverän mit Gegenargumenten um,
- wirken nicht neidisch,
- keine ausweichenden Antworten oder Versuche, abzulenken,
- ruhige Tonlage während des Gesprächs.

Sicherlich interessiert Sie auch, wie aufgeschlossen Ihr Gesprächspartner ist: Ist er der Richtige, um gemeinsam eine berufliche Herausforderung zu meistern oder einen interessanten Freizeitpartner abzugeben? Kommt er gar für eine Beziehung in Frage? Selbstverständlich gibt es auch Indikatoren, die im Hinblick auf diese Fragestellungen Rückschlüsse zulassen. Ein wesentlicher Faktor ist meiner Erfahrung nach die Intelligenz: Intelligente Menschen sind in der Lage, ihr eigenes Verhalten und die Entscheidungen, die sie im Leben treffen, zu analysieren, zu hinterfragen und gegebenenfalls die notwendigen Kursänderungen vorzunehmen – Einsicht ist der erste Weg zur Besserung, wie es so schön heißt. Das eigene Verhalten zu reflektieren und daraus logische Schlussfolgerungen für sich selbst und sein Leben abzuleiten, nennt man *Introspektion*.

Wenn jemand allerdings intelligent, z. B. aber gleichzeitig auch entscheidungsschwach oder chaotisch ist, kann ihm seine Intelligenz auch im Wege stehen; ein intelligenter Mensch ist nicht zwangsläufig aufgeschlossen. Daher ist es immer wichtig, die Person, für die man sich interessiert, möglichst umfassend zu betrachten.

Ist ein Mensch nicht oder nur zu geringer Introspektion fähig, sind ihm seine Möglichkeiten und wichtige Sinnzusammenhänge nicht bewusst. Solche Menschen neigen dazu, an Bewährtem festzuhalten, beispielsweise einer bestimmten beruflichen Tätigkeit. Routine gibt ihnen Sicherheit, ein Abweichen vom Bewährten führt bei ihnen bewusst oder unbewusst zur Angst, mit einer Situation zurechtkommen zu müssen, deren Tragweite sie nicht überblicken können. Dass sich aus einer solchen Haltung kaum eine Aufgeschlossenheit gegenüber Neuem entwickeln kann, liegt auf der Hand.

Es ist schwierig, während eines längeren Gesprächs nicht vorhandene Intelligenz vorzutäuschen. Der umgekehrte Fall ist hingegen deutlich einfacher. Erscheint Ihnen ein Gesprächspartner zwar intelligent, steht aber trotzdem Neuem ängstlich oder zurückhaltend gegenüber, dann können Sie in den meisten Fällen davon ausgehen, dass Ihr Gesprächspartner kein ausgeprägtes Selbstbewusstsein hat – es sei denn, er kann handfeste, nachvollziehbare Gründe für seine Denkweise vorbringen. In beiden Fällen sollten Sie sich gut überlegen, ob Sie Ihren Gesprächspartner zu etwas überreden möchten: Sowohl mangelnde intellektuelle Fähigkeiten als auch ein schwaches Selbstbewusstsein sind Faktoren, die den Erfolg eines Projektes verhindern. Können Sie dies jedoch aufgrund des Gesprächsverlaufes als Ursachen für eine Zurückhaltung ausschließen, lohnt es sich in der Regel, den Sachverhalt genauer zu hinterfragen.

Kritisch wird es allerdings, wenn jemand generell über Situationen oder die Lösung von Problemstellungen nicht gerne nachdenkt. Denn diese Antriebslosigkeit steht einer Öffnung gegenüber neuen Erfahrungen genauso entgegen wie mangelnde Kreativität und fehlende Phantasie. Wer neue Erfahrungen machen möchte, muss über eine gewisse geistige Flexibilität und Offenheit verfügen, sonst fehlt ihm in der Regel die Vorstellungskraft, wie er für seine persönliche Weiterentwicklung von der neuen Erfahrung profitieren kann oder einfach nur, wie viel Spaß sie ihm bereiten könnte. Aus einer solchen Perspektive bringt die Entscheidung für eine neue Erfahrung keinen Vorteil mit sich und gilt daher nicht als erstrebenswert.

Wenn Sie beispielsweise auf Partnersuche sind und im Leben gerne vieles erleben möchten, dann ist eine solche Person sicherlich nicht die beste Wahl für eine glückliche Partnerschaft.

Wir sehen also: Wenn man ein Gespräch zielgerichtet führt, kann man sowohl aus konkreten Aussagen als auch aus Zwischentönen eine ganze Reihe von Rückschlüssen ziehen.

Übung

- Überlegen Sie, welche Personen aus Ihrem *Freundes- und Bekanntenkreis* Sie in der Auflistung der verschiedenen Gesprächsmuster wiederfinden.
- Notieren Sie diese Personen auf einem Blatt Papier, und ordnen Sie ihnen einen Persönlichkeitstyp zu.
- Sofern Mischtypen auftreten – welche Seite ist am stärksten ausgeprägt?
- Überlegen Sie, welche Personen aus Ihrem *beruflichen Umfeld* sich in den oben genannten Gesprächsmustern wiederfinden.
- Schreiben Sie diese Personen auf, und ordnen Sie ihnen einen Persönlichkeitstyp zu.

Lügner entlarven

Lügner benutzen bestimmte Wörter auffällig häufig. Die Verwendung dieser Wörter ist natürlich kein Beweis, dass Ihr Gegenüber lügt, aber ein gutes Indiz. Deshalb möchte ich Ihnen nachfolgend einige der Wörter vorstellen, bei denen Sie hellhörig werden und die jeweiligen Aussagen besonders genau unter die Lupe nehmen sollten.

Wörter der Entpersonalisierung
Es gehört zu den gängigen und alltäglichen Kommunikationsmustern, regelmäßig Wörter mit Selbstbezug («ich», «mich», «mein» usw.) zu verwenden. Bleiben diese Wörter in längeren Gesprächssequenzen aus und werden durch Wörter der Entpersonalisierung («man», «es», siehe auch Seite 141 ff.) ersetzt, dann ist Vorsicht geboten.

Anstatt zu sagen: «Ich habe das nicht gemacht», weicht der Lügner auf Sätze aus wie: «So etwas macht man doch nicht.» Geschickte Lügner setzen zur Unterstreichung des Gesagten einen verächtlichen oder entsetzten Gesichtsausdruck auf, um die Lüge besonders glaubhaft erscheinen zu lassen. Wichtig ist für Sie in solchen Fällen, sich nicht lediglich auf Ihr Bauchgefühl zu verlassen, sondern klare Nachfragen zu stellen: «Haben Sie das gemacht, ja oder nein?» Denn beim viel gelobten Bauchgefühl bewertet unser Unterbewusstsein die emotionale Stimmigkeit in einer Situation, in diesem Fall den Einklang von Aussage und Körpersprache.

«Dann», «danach» und «als Nächstes»
Lügner stehen vor vielen kognitiven Problemstellungen (siehe auch Seite 262 ff.), die für sie kaum zu bewältigen sind. Daher sind sie darauf angewiesen, ihre Lügen so simpel wie möglich zu halten. Wahre Ereignisse hingegen lassen sich ohne Anstrengung detailliert berichten, sofern sie nicht zu lange zurückliegen. Wir müssen dazu – wie in einem Computer-Betriebssystem – nur ein

Fenster öffnen und ein anderes schließen, schließlich haben wir zu allen Ereignissen entsprechende Bilder abgespeichert. Ein Lügner kann nicht einfach ohne weiteres ein Fenster öffnen und die Informationen ablesen, er muss es zuvor konstruieren! Deshalb versucht ein geschickter Lügner stets, Teile seiner Aussage zu verstecken – sehr häufig mit den Wörtern «dann», «danach» oder «als Nächstes».

Er schildert einen Sachverhalt bis zu einem gewissen Grad wahrheitsgetreu und detailliert, lässt dann aber etwas aus, indem er die Erzählung mit einem dieser Wörter fortsetzt. Diese Form der Lüge nenne ich «Lüge durch Auslassung». Leider ist es nicht einfach, sie im Gesamtzusammenhang zu erkennen. Deshalb helfen Ihnen hier die im Folgenden genannten Signalwörter weiter. Halten Sie nach ihnen Ausschau, denn sie verraten den Lügner, der mit Hilfe einer Auslassung eine unwahre Gesamtaussage entwerfen möchte.

Gestatten Sie mir an dieser Stelle nochmals einen Hinweis auf das Bauchgefühl. Jemand, der im Gegensatz zu Ihnen nicht für diese Signalwörter sensibilisiert ist, wird vielleicht anhand einer solchen Schilderung den Eindruck gewinnen, der Lügner habe sehr ausführlich und detailliert berichtet und könne sich das schließlich nicht alles ausgedacht haben. Damit liegt das Bauchgefühl richtig, aber die Schlussfolgerung ist dennoch falsch.

Das soll kein Pauschalurteil gegen das Bauchgefühl sein. Ich empfehle lediglich eine andere Vorgehensweise und Prioritätensetzung. Lassen Sie immer *erst* die Fakten sprechen und *dann* Ihr Gefühl. So erzielen Sie in den meisten Fällen das bessere Ergebnis, auch bei der Entlarvung von Lügnern.

Als Kontertaktik empfehle ich Ihnen, einerseits *vertiefende Nachfragen* zu den Abschnitten zu stellen, in denen die Signalwörter häufig eingesetzt wurden. Wenn Sie einen Lügner entlarven wollen, gibt es außerdem hunderte sogenannter *Nebensächlichkeitsfragen*, die das Umfeld um den Kernsachverhalt betreffen (siehe auch Seite 265). Je mehr Fragen man einem Lügner stellt, die nur jemand richtig beantworten kann, der die Wahrheit sagt, desto größer wird die Wahrscheinlichkeit von Falschantworten und Widersprüchen und desto geringer die Wahrscheinlichkeit von Zufallstreffern, bei denen die geratene Antwort die richtige ist.

Eine wirksame Taktik ist es andererseits auch, den Lügner aufzufordern, den Sachverhalt *in umgekehrter Reihenfolge* zu schildern. Nehmen wir an, Sie haben einen Bekannten zu Ihrer Geburtstagsparty eingeladen. Er sagt Ihnen aber ab, weil er leider bereits zu einer Hochzeit eingeladen sei. Sie vermuten allerdings, dass es sich hierbei lediglich um eine Ausrede, eine sogenannte soziale Lüge, handeln könnte, wollen sich aber dessen sicher sein, um herauszufinden, woran Sie mit ihm sind.

Um das zu erreichen, können Sie ein paar Tage später in einem Gespräch mit Ihrem Bekannten bedauern, dass er nicht bei Ihrer Party war. Fragen Sie ihn, wie die Hochzeit denn gewesen sei. Sollte er gelogen haben, muss er sich nun spontan eine Geschichte zurechtlegen oder auf eine bereits konstruierte zurückgreifen.

Man weiß ja ungefähr, wie Hochzeiten im Allgemeinen ablaufen, und aus diesem Allgemeinwissen heraus muss Ihr Bekannter nun versuchen, einen nachvollziehbaren und glaubhaften Ablauf zu konstruieren. Um sich nicht zu widersprechen, muss er sich dabei an eine strukturierte, chronologische Erzählung halten, da er nicht auf echte, frische Bilder über das Ereignis zurückgreifen kann. Er wird deshalb Gedankensprünge vermeiden.

Sie aber könnten nun versuchen, ihn von «hinten» nach «vorne» zu befragen, indem Sie sich beispielsweise zunächst erkundigen, wie lange die Hochzeit gedauert hat, und dann mit Ihren

Fragen bis zum Beginn der Feier zurückgehen – oder gar hin und her springen.

Mit dieser Aufgabe überfordern Sie so gut wie jeden Lügner. Denn wenn Sie bei der Schilderung von wahren Ereignissen auf gespeicherte Bilder in Ihrem Gehirn zurückgreifen, sind Sie in der Lage, sprunghaft zu erzählen. Mit jedem Bild, an das Sie sich erinnern, verknüpft Ihr Gehirn neue Bilder, sodass weitere spontane Erinnerungen abgerufen werden. Der Lügner ist hingegen darauf angewiesen, Abläufe sehr strukturiert und chronologisch zu schildern, um sich nicht in einem Gewirr aus Lügen zu verstricken.

«(Ganz) ehrlich», «wirklich» und «echt»

Besonders verdächtig machen sich Lügner, wenn sie unnötige Beteuerungen in den Raum stellen. Eine alte Kriminalisten-Weisheit lautet: «Ertönen bei der Vernehmung hohe Schwüre, steht die Lüge vor der Türe.» In diesem Reim steckt eine Menge Wahrheit. Anstatt auf schlüssige Argumente zu setzen, versuchen Lügner häufig, ihren Beteuerungen mit den Wörtern «(ganz) ehrlich», «wirklich» und «echt» Nachdruck zu verleihen. Da sie in der Regel über keine Argumente verfügen, sind sie darauf angewiesen, dass man ihnen «einfach so» glaubt.

Geschickte Lügner versuchen, die Beteuerungen mit ihrer Körpersprache zu unterstreichen, beispielsweise durch Handgesten, etwa einen erhobenen Zeigefinger, um die Wichtigkeit einer Aussage zu betonen oder indem sie beide Handflächen zum Gesprächspartner zeigen, um zu signalisieren, dass er vorsichtig sein soll. Nachdrückliche Beteuerungen haben Personen, die die Wahrheit sagen, jedoch nicht nötig.

Seien Sie auch wachsam, wenn Ihr Gesprächspartner folgenden Satzanfang wählt: «Wenn Sie mal ganz ehrlich sind, ...» In diesem Fall dreht er nämlich den Spieß um und unterstellt Ihnen eine Flunkerei.

«Wahrscheinlich» und «schätzungsweise»

Mit Hilfe von Wörtern wie «wahrscheinlich» und «schätzungsweise» vermeidet ein Lügner, sich festzulegen. Er ist darauf angewiesen, sich immer ein Hintertürchen offenzuhalten. Ich habe sowohl bei meinen Vernehmungen als auch bei Gerichtsprozessen oft erlebt, wie geschickte Lügner versucht haben, auf diese Art Zeit zu gewinnen. So konnten sie erst einmal abwarten, was noch gegen sie vorgebracht wird, um dann ihre Strategie entsprechend abzustimmen. Wenn Ihr Gesprächspartner solche Wörter auffällig häufig verwendet, sollten Sie ihn durch konkrete Nachfragen dazu zwingen, sich bei den angesprochenen Punkten festzulegen. Sofern er die Wahrheit sagt oder keine glaubhaften Erinnerungslücken hat, sollte ihm das keine größeren Schwierigkeiten bereiten.

«Eigentlich», «meistens» und «fast immer/nie»

«Eigentlich war das keine Lüge, sondern nur eine Tatsachenkosmetik, denn eigentlich lüge ich nie.» Dies waren die Worte eines Betrügers, nachdem ich ihn in der Vernehmung mit seinen eigenen widersprüchlichen Aussagen konfrontiert hatte. Das Wort «eigentlich» lässt immer ein Hintertürchen offen. Gleiches gilt für «meistens» und «fast immer»/«fast nie», denn mit diesen Wörtern lässt man genügend Raum, um jederzeit eine Ausnahme rechtfertigen zu können. Auch hier bleibt das Hintertürchen offen.

Übung

Analysieren Sie den folgenden Ausschnitt aus dem Vernehmungsprotokoll eines mutmaßlichen Betrügers, dessen Sachverhalt ich aus Datenschutzgründen etwas verändert habe. Es handelt sich um einen sogenannten freien Bericht, bei dem der Beschuldigte zunächst den Sachverhalt aus seiner Sicht darstellt. Welche Passagen klingen für Sie verdächtig?

«Es ist richtig, dass ich dem Herrn Leichtglaub diesen gebrauchten Pkw verkauft habe. Ganz ehrlich, eigentlich wollte ich ihm den Pkw gar nicht verkaufen. Ich bin zwar Autohändler, aber den hätte ich gerne für mich selbst behalten, weil das wirklich ein tolles Auto war und man als Händler fast nie das bekommt, was die Dinger meist wert sind. Wenn man mal ein gutes Geschäft macht, kann man schon froh sein. Der Leichtglaub war schätzungsweise ein halbes Dutzend Mal bei mir und wollte das Auto unbedingt haben. Dann habe ich ihm das Ding halt verkauft. Man kann ja bei einem Gebrauchtwagen nicht in den Motor reinschauen. Man weiß doch, dass bei einem älteren Fahrzeug jederzeit etwas kaputtgehen kann. Das passiert schätzungsweise jeden Tag tausendfach bei gebrauchten Autos, da kann man nichts machen als Händler, das ist halt so. Dass der Tachostand nicht gestimmt hat, das ist echt neu für mich. Wirklich! Das müssen Sie mir glauben! Ich habe das Auto ja selbst auch gekauft. Wahrscheinlich hat der Herr Leichtglaub einfach Pech gehabt, dass nach der kurzen Zeit der Motor kaputtgegangen ist. Das Problem gab es eigentlich noch nie mit Kunden, die sind fast immer zufrieden. Wahrscheinlich kann ich in dem Fall sogar was mit der Kulanz machen, wenn der Leichtglaub seine Anzeige zurückzieht. Da muss ich mal mit meinem Geschäftspartner reden.»

Dem Autohändler konnten nach intensiven Ermittlungen fast zwei Dutzend Fälle von betrügerisch verkauften Pkw nachgewiesen werden. Sie werden erstaunt sein, wie präzise Sie selbst bereits die Aussage des Betrügers analysieren können. Welche sprachlichen Auffälligkeiten springen Ihnen ins Auge?

Im Übrigen ist die Zurücknahme einer Betrugsanzeige natürlich nicht möglich, auch wenn sich das viele Bürger und Beschuldigte vorstellen. Beim Betrug handelt es sich um ein sogenanntes Offizialdelikt, d. h., es wird von den staatlichen Ermittlungsbehörden grundsätzlich verfolgt – es sei denn, es handelt sich um einen geringfügigen Fall. Alle Angehörigen einer Strafverfolgungsbehörde haben bei Offizialdelikten eine Ermittlungsverpflichtung.

Statusverhalten erkennen

Die Art und Weise, wie sich jemand ausdrückt, lässt eine Menge Rückschlüsse darauf zu, wie jemand sich selbst sieht, welchen Charakter er hat oder welches Statusdenken.

Nehmen wir als Beispiel ein Lob: Werden wir gelobt, dann ist das grundsätzlich etwas Schönes, wir fühlen uns geschmeichelt – aber ist ein Lob per se positiv? Und können wir aus der Art, wie das Lob formuliert ist, vielleicht Rückschlüsse auf die echte Meinung, die Intention oder den Charakter eines Menschen ziehen?

Stellen wir uns folgende Situation vor: Sie sind befördert worden. Ihre ehemaligen Abteilungskollegen sind nun Ihre Mitarbeiter und Sie ihr Vorgesetzter. Sie haben einige gute Ideen, die Sie umsetzen möchten, und stellen sie Ihren Mitarbeitern vor. Einer Ihrer Mitarbeiter lobt Sie anschließend für Ihre Ideen. Grund zur Freude? Nicht unbedingt!

Selbstverständlich kann ein Mitarbeiter seinem Vorgesetzten mitteilen, dass er etwas gut findet. Lobt er ihn allerdings für seine

Arbeit, dann begeht er einen schweren Bruch der Etikette: Der Vorgesetzte hat das Recht, seinen Mitarbeiter zu loben; umgekehrt ist dies jedoch unangemessen. Grenzüberschreitend wird es spätestens dann, wenn ein Mitarbeiter seinen Chef lobt und ihm dabei anerkennend auf die Schulter klopft. Die Schlussfolgerung liegt auf der Hand: Der Mitarbeiter sieht sich selbst mindestens auf der gleichen Stufe wie sein Vorgesetzter, er ist sehr selbstbewusst und nicht bereit, dessen höhere Hierarchiestufe anzuerkennen.

In unserem Beispiel könnte ein solches Lob möglicherweise bedeuten, dass Ihr Kollege Ihnen die neue Position nicht gönnt oder Sie schlichtweg nicht als Chef anerkennt. Die Wahrscheinlichkeit ist hoch, dass Sie mit diesem Mitarbeiter noch Ärger haben werden.

Aber es geht hierbei nicht nur um die Frage, wer wen lobt, sondern auch darum, in welcher Art und Weise das Lob vorgebracht wird. Die Untertöne, die bei einem Lob mitschwingen, verraten oftmals etwas über die persönliche Meinung, die jemand vom Adressaten des Lobs hat.

Wirkt das Lob wirklich anerkennend – oder doch eher gönnerhaft? Ist Letzteres der Fall, sieht sich der Lobende wahrscheinlich in einem höheren Status.

Schränkt er sein Lob ein, können Sie davon ausgehen, dass er Sie bzw. Ihre Leistung nicht vollständig anerkennt. Ein typisches Beispiel ist hier ein Satz wie «Das haben Sie gar nicht schlecht gemacht!» statt «Tolle Leistung!».

Etwas «gut» zu machen und etwas «nicht schlecht» zu machen, mag rein logisch betrachtet dasselbe sein, doch die Wirkung ist eine andere. Lassen Sie sich auch die folgenden Sätze einmal auf der Zunge zergehen:

- «Das haben Sie besser gemacht, als ich erwartet hätte.»
- «Das machen Sie schon ganz gut.»

Hier kann man nur von einem vergifteten Lob sprechen: Obwohl es zunächst positiv klingt, birgt es doch auch eine Kritik, denn der Sprecher gibt sich erstaunt über die Leistung des anderen. Das soll suggerieren, dass der Betreffende sonst keine gute Arbeit macht oder der Lobende sonst keine besonders hohe Meinung von ihm hat.

«Ich», «wir» und «du» und «Sie»

Bitte lesen Sie sich den folgenden Dialog durch und überlegen Sie, welcher Diskussionsteilnehmer der Vorgesetzte und welcher der Mitarbeiter ist.

Herr Müller: «Wir sollten unbedingt das Projekt vorantreiben.»
Herr Meyer: «Ich gebe Ihnen recht. Ich bin auch der Meinung, dass das Projekt Priorität haben sollte.»
Herr Müller: «Vor allem sollten wir auch die Compliance-Abteilung in die Planungsphase miteinbeziehen.»
Herr Meyer: «Ich stimme Ihnen zu. Ich bin derselben Meinung, außerdem will ich, dass wir dabei wie folgt vorgehen ...»

Was meinen Sie, wer von beiden ist der Vorgesetzte? Herr Müller oder Herr Meyer? Obwohl Herr Müller derjenige ist, der zuerst sagt, was gemacht werden sollte, und Herr Meyer derjenige ist, der immer zustimmt, handelt es sich ganz eindeutig bei Herrn Meyer um den Vorgesetzten. Denn er sendet *Ich-Botschaften* aus, während Herr Müller *Wir-Botschaften* verbreitet. Wir-Botschaften zeigen, dass sich der Sprecher als Teil einer Gruppe identifiziert, der Sender von Ich-Botschaften ist hingegen derjenige, der die Führung beansprucht. Wenn der eine Gesprächspartner den anderen duzt, obwohl er von diesem selbst gesiezt wird, ist das ein weiteres Indiz für seinen Hochstatus, weil er den anderen durch das «Du» auf eine geringere Statusstufe stellt. Der Gesprächspartner, der beim «Sie» bleibt, akzeptiert dies dadurch. Hier muss man allerdings auch den Kontext berücksichtigen: Treffen zwei Menschen erstmals aufeinander, könnte ein solches Verhalten auch bedeuten, dass der geduzte Gesprächspartner den anderen Gesprächspartner nicht duzen *möchte*, zum Beispiel aufgrund fehlender Sympathie. In diesem Fall würde es sich beim Beibehalten des Siezens um ein Verhalten handeln, das Souveränität, aber auch Arroganz zum Ausdruck bringen kann.

Haben die beiden Gesprächspartner regelmäßig miteinander zu tun, dann wird es in der Regel so sein, dass derjenige, der nicht geduzt werden möchte, dies entsprechend kommuniziert. Lässt er sich also dauerhaft duzen und siezt selbst, dann ist dies ein ganz klares Indiz dafür, dass er seinen eigenen Status unterhalb seines Gesprächspartners einordnet. Typischerweise kann man das bei folgenden Konstellationen beobachten:

- Erwachsene – Kinder/Jugendliche
- Lehrer – Schüler
- familiärer Chef – Mitarbeiter

Sicherlich kommen Ihnen an dieser Stelle unsere Gruppeneinteilungen aus Kapitel 2 in den Sinn. Aber es gibt noch weitere interessante Aspekte die Ich- und Wir-Form betreffend, z. B. die damit in Zusammenhang stehenden Emotionen.

Ein wichtiger Teil meiner heutigen Arbeit besteht aus Vorträgen für Unternehmen, besonders im Rahmen von Tagungen. Als guter Redner weiß ich, welches Potenzial Wir-Botschaften besitzen. Sie erinnern sich? Unser Gehirn schüttet das Glückshormon Dopamin aus, wenn wir uns als Teil einer Gruppe wahrnehmen. Wenn ich also mein Publikum bei einem Vortrag mit Wir-Botschaften anspreche, erzeuge ich damit automatisch positive Gefühle bei meinen Zuhörern. Ein Redner, der nur in der Ich-Form spricht, mag faktisch mit dem, was er sagt, recht haben; das

Publikum für sich zu gewinnen, wird ihm auf diese Weise jedoch nur schwer gelingen.

Menschen, die ihre eigene Meinung als besonders wichtig ansehen, verfallen gerne in Monologe. Ein Dialog lebt ja gerade von der Kontroverse, also davon, sich auch andere Meinungen anzuhören, darüber nachzudenken und sie zu bewerten. Monologisierende Redner interessieren sich jedoch meist nicht für die Meinung anderer, sondern ausschließlich für ihre eigene. Sie tun sich daher auch mit Sprechpausen schwer, denn sie gehen nicht davon aus, dass andere einen für sie wertvollen Beitrag leisten könnten – und wenn doch, wollen sie ihn lieber nicht hören.

Dieses Prinzip können Sie im Übrigen gut bei politischen Diskussionsrunden im Fernsehen beobachten. Keiner der Politiker ist wirklich an der Meinung der anderen interessiert, geschweige denn aufgeschlossen genug, deren Gedanken als Anreiz für eigene Erkenntnisse zu sehen. Es ist daher recht amüsant, wie sich diese Damen und Herren oft nach Kräften darum bemühen, Monologe ohne Punkt und Komma zu halten, um andere gar nicht erst zu Wort kommen zu lassen.

Streng genommen ist das jedoch alles andere als lustig, sondern sollte uns eher skeptisch machen. Ist jemand für ein hohes politisches Amt und die damit verbundene Macht und Verantwortung geeignet, wenn er gegenüber Andersdenkenden komplett verschlossen ist? Niemand ist allwissend, und wir können von jedem Menschen irgendetwas lernen. Etwas mehr Demut und Offenheit, gerade gegenüber gegenteiligen Meinungen und Positionen, würde vielen Politikern und Spitzenfunktionären daher nicht nur guttun, es wäre geradezu angemessen. Natürlich muss man hier auch politisches Kalkül berücksichtigen: Vielleicht gibt sich ein Politiker aus parteipolitischen Gründen uneinsichtig, ist aber in Wirklichkeit aufgeschlossen. Ob ein Politiker umdenkt oder auch andere Meinungen annimmt, kann man dann an zukünftigen Äußerungen oder Handlungsweisen erkennen.

Anhand der Ich-Form können Sie übrigens auch einen sehr unangenehmen Zeitgenossen entlarven – den Aufdringlichen. Dieser schiebt, bevorzugt ungebeten, seine Person, Fähigkeiten oder Ideen gerne in den Vordergrund und präsentiert Lösungen für Probleme, nach denen er nicht gefragt wurde. Typische Formulierungen sind: «Ich könnte hier ...» oder «Ich würde hier ...».

«Aber» und «trotzdem»

Die Wörter «aber» und «trotzdem» werden besonders gerne von Menschen verwendet, die auf ihren Positionen verharren oder die Meinungen anderer nicht anerkennen möchten, da sie die Bedeutung ihrer eigenen Auffassung über die anderer Menschen stellen. Mit dem Wort «aber» kann man sehr gut Einwand erheben oder andere Meinungen wie mit einem Beil regelrecht zerstückeln:

- «Aber ist es nicht so, dass ...?»
- «Aber muss man nicht auch erwähnen, dass ...?»
- «Aber können Sie sich in diesem Punkt überhaupt hundertprozentig sicher sein?»

Umgekehrt können Sie mit der Aber-Taktik ein Gespräch so weit steuern, dass Ihr Gegenüber früher oder später immer wieder an einen Punkt kommt, wo er Zugeständnisse machen muss. Um einen der Beispielsätze aufzugreifen: «Aber können Sie sich hundertprozentig sicher sein, dass ...?» ist ein sehr wirksamer Einwand, den man nie gänzlich entkräften kann, weil es weder im Berufs- noch im Privatleben hundertprozentige Sicherheit gibt.

Aber Vorsicht! Manipulative Redner picken sich gerne solche Einschränkungen heraus, reißen sie aus dem Zusammenhang und präsentieren sie in einem neuen Licht: «Sie haben aber ja gesagt, dass Sie nicht sicher sind, ob ...» Das Wort «aber» kann sehr effektiv sein, denn mit seiner Hilfe kann ein geschickter Rhetoriker sein Opfer und dessen Argumente wie eine Zwiebel Schicht für Schicht auseinandernehmen.

Das Wort «trotzdem» ist ebenfalls sehr beliebt bei manipulativen Rhetorikern. Sie können trotz größter Anstrengung gar nicht so argumentieren, dass nicht stets ein Einwand möglich wäre. Man kann mit Hilfe von «trotzdem» fast jede Tatsache ins Wanken bringen und die eigene Meinung retten, selbst wenn sie bereits widerlegt worden ist. Beispiele gefällig?

- «Der Sicherheitsgurt hat schon viele Leben gerettet.» – «Trotzdem gab es schon Leute, die nur überlebt haben, weil sie nicht angeschnallt waren.»
- «Rauchen ist gesundheitsschädlich.» – «Trotzdem gibt es Raucher, die ohne Krankheiten sehr alt geworden sind.»
- «Impfungen schützen vor schrecklichen Krankheiten.» – «Trotzdem ist es vorgekommen, dass Menschen gerade durch eine Impfung schwer erkrankt sind.»

«Ja»

Welche Gedankengänge stecken hinter den folgenden Sätzen?
- «Das ist ja das Problem.»
- «Jetzt haben Sie es ja doch verstanden.»

Man könnte das «Ja» in den Beispielsätzen weglassen, ohne deren grundsätzliche Bedeutung zu verändern. Das würde die Aussagen aber abschwächen. «Das ist das Problem» wäre neutral gehalten. Mit dem eingebauten «Ja» kann man seinen direkten Gesprächspartner hingegen vor anderen Gesprächsteilnehmern als schwer von Begriff darstellen, vor allem, wenn man es besonders betont. Der zweite Beispielssatz wird durch das «Ja» sogar noch eine ganze Stufe härter: Hier lautet die Botschaft im Grunde, dass der Sprecher gleichzeitig überrascht und erfreut darüber ist, dass sein Gesprächspartner es nun endlich verstanden hat.

«Nicht» in Kombination mit «ich»/«mir»/«mich»

Verbindet man die Wörter «nicht» und «ich» (oder «mir»/«mich»), kann man damit sehr scharfe Sätze bilden. Solche Sätze fallen sowohl im Angriffsmodus als auch dann, wenn die eigene geistige Überlegenheit deutlich gemacht werden soll:
- «Das lasse ich mir nicht von Ihnen bieten!»
- «Das können Sie mir nicht erzählen.»

«Nicht» in Kombination mit «ja»

Wenn jemand eine Position, Meinung oder Argumentation besonders vehement ablehnt, kombiniert er sehr wahrscheinlich das Wort «nicht» mit dem Wort «ja»:
- «Das stimmt ja nicht!»
- «Das glauben Sie ja selbst nicht!»

«Nicht» in Kombination mit «ganz»

Möchte Ihr Gesprächspartner seine Ablehnung hingegen abschwächen, verwendet er anstelle von «ja» das Wort «ganz»:
- «Das stimmt nicht ganz.»
- «Da kann ich nicht ganz zustimmen.»

«Bereits»/«schon»

Mit den Adverbien «bereits» oder «schon» vermittelt Ihnen Ihr Gesprächspartner, dass er nicht bereit ist, sich länger mit Ihnen und Ihrem Thema auseinanderzusetzen:
- «Ich habe Ihnen doch schon erklärt, dass ...»
- «Wie ich bereits gesagt habe ...»
- «Ich habe Ihnen bereits die Möglichkeit zur Stellungnahme gegeben.»

Übung

Herr Ehrlich und Herr Schwätzer diskutieren im Rahmen eines Meetings über die Einführung eines neuen Produktes zur Ergänzung der Produktpalette. Analysieren Sie das folgende Gespräch auf sprachliche Auffälligkeiten.

Herr Schwätzer: «Meine Damen und Herren, mein Kollege Herr Ehrlich wird Ihnen nun kurz und präzise schildern, worum es bei seinem Vorschlag genau geht.»

Herr Ehrlich: «Na ja, ganz so knapp wird es nicht werden, denn es handelt sich ja immerhin um ...»

(Herr Ehrlich wird von Herrn Schwätzer unterbrochen.)

Herr Schwätzer: «Sie haben uns ja schon im Vorfeld eine Präsentation geschickt. Kommen Sie nun bitte zum Punkt.»

Herr Ehrlich: «Ich habe Ihnen doch bereits erklärt, dass das Produkt trotz der Präsentation erklärungsbedürftig ist. Zudem verbitte ich mir, dauernd unterbrochen zu werden. Ich bin ja nicht Ihr Lehrjunge!»

Herr Schwätzer: «Da kann ich nicht ganz zustimmen, denn Ihre Präsentation sagt alles aus. Da haben Sie gar nicht mal so schlecht gearbeitet. Bitte kommen Sie jetzt zum Wesentlichen.»

Herr Ehrlich: «Ich stimme Ihnen zu, auch ich bin mit meiner Präsentation ganz zufrieden. Dass aber meine Präsentation alles aussagt, stimmt ja nicht ganz. Sie soll vielmehr als Einstieg in die heutige Diskussion dienen. Das ist aber kein Problem. Sie können es ja nicht wissen, denn dieses Gebiet entspricht ja nicht Ihrer Expertise.»

(Herr Ehrlich wird erneut von Herrn Schwätzer unterbrochen.)

Herr Schwätzer: «Ich empfinde das als absolute Frechheit von Ihnen. Das muss ich mir nicht bieten lassen! Ich bin länger in der Abteilung als Sie und habe auch mehr Erfahrung bei der Neueinführung von Produkten. Auch wenn Ihre Präsentation gut gemacht ist, ist sie trotzdem nicht praktikabel und daher nicht umsetzbar.»

Haben Sie erkannt, um welche Menschentypen es sich bei Herrn Schwätzer und Herrn Ehrlich handelt? Beide beanspruchen jeweils für sich einen Hochstatus. Das Gespräch wird vermutlich nach wenigen Sätzen in einem hitzigen Schlagabtausch enden, bei dem keiner freiwillig nachgeben wird.

Gesprächspartner beeinflussen

Wichtig ist aber nicht nur, seine Gesprächspartner richtig wahrzunehmen und zu analysieren, sondern dies auch bei sich selbst zu tun: Ihr Motto muss lauten, den Gesprächspartner so gut wie möglich zu durchschauen und gleichzeitig selbst dafür zu sorgen, sympathisch zu wirken, aber nicht einschätzbar zu sein. Befassen wir uns daher auch einmal mit einem Perspektivwechsel.

Versetzen Sie sich bitte in folgende Situation: Sie schlendern eines Abends in einem Kneipenviertel gemütlich die Straße entlang, als Sie plötzlich von einem alkoholisierten Fremden angesprochen werden: «Was willst du hier, Freundchen?» – Wie würden Sie darauf spontan antworten?

Versuchen wir, die Situation zu analysieren. Wir haben gelernt, dass es nicht darauf ankommt, *was* jemand sagt, sondern *welche Absicht* hinter dem Gesagten steckt. In unserem Beispiel besteht die Absicht des Unruhestifters darin, herauszufinden, ob Sie ein Opfer- oder ein Tätertyp sind. Denn, erinnern wir uns: *Täter wollen Opfer und keine Täter als Gegner.*

Das Schlimmste, was Sie nun tun können, wäre, sich zu rechtfertigen, etwa indem Sie den Grund Ihrer Anwesenheit erklären. Denn dadurch nehmen Sie eine unterwürfige Haltung ein und überlassen Ihrem Gegner die Gesprächsführung. In der Folge wird Ihr Widersacher Selbstvertrauen gewinnen – Sie werden Ihres dagegen einbüßen. Selbst die besten Rhetoriker hätten Mühe, sich dann noch aus der Affäre zu ziehen. Aber wieso? Weil es Ihrem Gegenüber natürlich gar nicht darum ging, den Grund Ihrer Anwesenheit zu erfahren, sondern einzig um Krawall. Mit seiner Frage wollte er klären, ob Sie ein williges Opfer sind oder ein gefährlicher Gegner werden könnten.

Wie können Sie dieser brenzligen Situation entkommen, ohne verprügelt zu werden oder selbst Gewalt anwenden zu müssen? Natürlich gibt es für solche Situationen keine Musterlösung, und auch einen hundertprozentigen Schutz vor einem tätlichen Angriff gibt es nicht. Aber es gibt Verhaltensweisen, die deutlich öfter erfolgreich sind, als dass sie scheitern.

Da es dem Angreifer offensichtlich nicht um Vernunft oder

Argumente geht, sondern nur um die Frage, ob er ein leichtes Opfer in Ihnen findet, gebe ich Ihnen folgenden Rat: Nehmen Sie Haltung an, und bauen Sie Körperspannung auf. Sehen Sie Ihrem Widersacher mit festem Blick in die Augen und entgegnen mit tiefer, ruhiger Stimme: «Erstens geht dich das nichts an, zweitens bin ich nicht dein Freund, und drittens stehe ich nicht auf solche Spielchen.» Dann gehen Sie ruhigen Schrittes weiter.

Eine andere Methode wäre, den Aggressor zu ignorieren und einfach weiterzugehen, aber ähnlich wie die persönliche Ansprache kann das Ignorieren auch provozierend wirken, weil Sie dem anderen zu verstehen geben, dass er es in Ihren Augen nicht wert ist, dass Sie sich mit ihm beschäftigen. Für solche Fälle gibt es keine Ideallösung – auch die von mir vorgeschlagene Variante kann schiefgehen. Fakt ist aber, dass Sie nach innen stark sein und nach außen stark wirken müssen, wenn Sie aus dieser Nummer unbeschadet wieder rauskommen möchten.

Ich habe solche und ähnliche Situationen zuhauf erlebt – und diese Taktik hat bei mir bislang immer funktioniert.

Menschen zu beeinflussen, ist eine Kunst, die situationsspezifische Strategien, Aussagen und Wörter beinhaltet. Daher möchte ich Ihnen nun erläutern, wie Sie mit Hilfe Ihrer Wortwahl andere Menschen beeinflussen können.

«Wir»

Mit diesem Pronomen bilden wir künstlich eine gemeinsame Gruppe mit unseren Gesprächspartnern und machen uns dadurch sympathisch. Wie Sie ja bereits wissen, bedeutete die Gruppe in der Urzeit Schutz und damit Zufriedenheit. Weil unser Gehirn Dopamin freisetzt, wenn wir uns einer Gruppe zugehörig fühlen, benutzen geschickte Redner dieses Wort sehr häufig, um eine Verbindung zum Publikum herzustellen.

Der eigene Name

Unser Name ist ein wesentlicher Bestandteil unserer eigenen Identität. Daher reagieren wir positiv, wenn wir mit unserem Namen angesprochen werden. In Bewerbungsgesprächen kommt man schneller auf eine gemeinsame Basis mit dem Personalverantwortlichen und bleibt ihm auch besser in Erinnerung, als wenn man nur in der Sie-Form kommuniziert. Darüber hinaus tun sich Gesprächspartner auch deutlich schwerer, persönliche Bitten abzulehnen, wenn sie mit ihrem Namen angesprochen werden. Durch die Anrede mit Namen lassen sich wesentlich schneller Verbindlichkeit und eine persönliche Beziehungsebene herstellen.

«Schnell» und «sofort»

«Kannst du mir bitte schnell helfen?» Die meisten Menschen tun sich schwer, diese Form der Bitte abzulehnen. Ohne den Zusatz «bitte» fiele es schon leichter, die Frage zu verneinen. Das Wörtchen «schnell» ist hier allerdings der springende Punkt, denn es signalisiert eine gewisse Dringlichkeit, suggeriert aber gleichzeitig nur eine kurze Dauer. Anderen einen Gefallen zu tun, gibt uns ein positives Gefühl und verschafft uns mittel- bis langfristig Vorteile, weil wir darauf hoffen können, dass uns auch einmal geholfen wird, wenn wir Unterstützung benötigen.

Das Wort «sofort» hat eine ähnliche Wirkung: Nehmen Sie das folgende Beispiel: «Möchten Sie 500 Euro sofort oder 550 Euro in einem Jahr?» Wie würden Sie entscheiden? Die meisten Menschen würden die 500 Euro sofort nehmen, obwohl eine sicherere Verzinsung von 10 Prozent im Jahr mit kaum einer anderen Anlageform realistisch erreichbar ist.

«Nicht müssen»

Der Zwang, etwas tun zu müssen, führt zu einer inneren Abwehrhaltung: Niemand lässt sich gerne vorschreiben, was er zu tun hat. Aber etwas *nicht* zu müssen, bedeutet Handlungs- und Entscheidungsfreiheit und setzt einen positiven Reiz. Viele Verkäufer wenden die Nicht-müssen-Taktik an. Sie stellen das Produkt vor, das sie verkaufen möchten, und bewerben es schwärmerisch mit all seinen Vorteilen. Dann erklären sie dem Kunden, er müsse dieses Produkt, auch wenn es von hervorragender Qualität sei, natürlich nicht erwerben. Es gäbe auch ein billigeres, das zwar nicht so hochwertig sei, aber sehr wohl seinen Zweck erfülle. Und weil der Kunde sich nicht vorschreiben lassen möchte, was er tun soll, wählt er dann häufig das bessere, und damit das teurere Produkt.

«Billig» und «günstig»/«kostenlos» und «umsonst»

«Meine Schulausbildung war kostenlos und deine umsonst.» – «Ich bin günstig gekleidet, du dagegen billig.» Sätze wie diese bringen auf den Punkt, dass auch Synonyme je nach Kontext völlig unterschiedliche Bedeutungen entfalten können. Welche Möglichkeiten wir im täglichen Leben haben und wie uns andere Menschen sehen, hängt zu einem bestimmten Teil von unseren finanziellen Möglichkeiten ab. Deshalb benutzen wir häufig Wörter, die einer Sache einen Wert zuschreiben, und sollten uns im Klaren darüber sein, wie sie auf andere wirken bzw. welche Wirkung wir damit erzielen können.

«Weil»

Unser Gehirn ist darauf programmiert, die Abläufe unseres Alltags auf Stimmigkeit zu überprüfen. Das Bindewort «weil» bietet uns für nahezu jedes Ereignis eine Begründung an, die unser

Gehirn gerne akzeptiert, auch wenn sich durch die Begründung nichts ändert. Wer viel mit öffentlichen Verkehrsmitteln unterwegs ist, weiß aus Erfahrung, wie häufig Verspätungen vorkommen. Trotzdem fällt es uns wesentlich leichter, eine Verspätung zu akzeptieren, wenn uns der Grund dafür erklärt wird. «Achtung, Gleis 7: Der IC nach Frankfurt über Dortmund, Essen, Düsseldorf und Köln, ursprüngliche Abfahrtszeit 18.23 Uhr, hat heute voraussichtlich eine Verspätung von dreißig Minuten, *weil* Äste auf den Schienen liegen ...» Sie kennen solche Lautsprecheransagen? Finden Sie nicht auch, dass die Erklärung für die Verspätung uns ein wenig milder stimmt, obwohl sich an ihrer Dauer dadurch rein gar nichts ändert?

Möchten Sie einmal ein freches Experiment wagen? Versuchen Sie sich an einer Supermarktkasse vorzudrängeln. Fragen Sie die Leute höflich, ob sie Sie schnell vorlassen würden, weil Sie es sehr eilig hätten. In vielen Fällen werden Sie damit durchkommen, obwohl Sie weder begründet noch bewiesen haben, warum – und dass – Sie es eilig haben.

«Ja»

Es fällt uns relativ schwer, gleichzeitig «nein» zu denken und «ja» zu sagen. Umgekehrt gilt das Gleiche. Gute Rhetoriker und Verkaufsprofis wissen das und arbeiten mit der sogenannten Kommunikationspyramide: Sie beginnen zunächst am Boden mit Fragen, die so gestellt werden, dass eine Zustimmung so gut wie sicher ist (weil sie allgemeingültige Aussagen beinhalten), und arbeiten sich dann immer weiter in Richtung der Spitze vor. Haben Sie die Spitze der Pyramide erreicht, sind wir bereits so in einem Ja-Sage-Modus verhaftet, dass es uns, vor allem bei spontanen Fragen, schwerfällt, «nein» zu sagen. Beispiel aus der Praxis eines Staubsaugerverkäufers: «Sicher legen Sie Wert auf eine saubere

Wohnung, stimmt's?» Darauf kann man schlecht mit Nein antworten, oder? Also geht es weiter: «Sie als ordentliche Hausfrau saugen doch sicherlich regelmäßig Ihre Wohnung?» Auch hier wird man eher nicht mit Nein antworten. Es folgt: «Sehen Sie, wie viel Schmutz ich mit dem Staubsauger unseres Herstellers noch bei Ihnen aus dem Teppich bekommen habe, obwohl Sie regelmäßig saugen?» Etc.

«Bloß», «nur», «oder» und «auch»

Das Wort «bloß» können Sie verwenden, um Verantwortung abzuschieben, etwas zu verharmlosen oder abzuwerten: «Ich bin bloß für die Auftragsannahme zuständig.» – «Das ist bloß, weil der Motor kalt ist.»

Mit den Wörtern «oder» und «auch» bieten Sie Alternativen an. Besonders wirkungsvoll ist es aber, das Wort «bloß» mit «oder» und «auch» zu verbinden. Denn in diesem Fall können Sie eine vorangegangene Abwertung mit der Alternative einer reizvollen Aufwertung verbinden: «Möchten Sie bloß das Handy oder auch eine attraktive Schutzhülle dazu?» «Fragen Sie mich nur aus Höflichkeit, wie es mir geht, oder möchten Sie es wirklich wissen?» «Chef, loben Sie mich nur so oft, um mich bei Laune zu halten, oder sind Sie auch bereit, meine Leistungen finanziell zu honorieren?» Eine bekannte Fastfood-Kette arbeitet übrigens auch mit diesem Trick aus der Verkaufspsychologie. Egal was man bestellt, es kommt folgende Frage: «Wollen Sie auch XY dazu?»

Bitten, nett und lieb sein

Das Zauberwort «bitte» öffnet bekanntermaßen manche Tür. Denn hier gilt die alte Weisheit, dass es stets so aus dem Wald zurückhallt, wie man hineingerufen hat. Den meisten Menschen ist es sehr unangenehm, eine freundlich vorgetragene Bitte auszuschlagen, vorausgesetzt, sie verfügen über eine halbwegs zivilisierte Kinderstube. Schließlich will man nicht als unhöflich gelten.

Wenn Sie darüber hinaus Ihre Bitte mit «Seien Sie doch bitte so lieb, und ...» oder «Seien Sie doch so nett, und ...» einleiten, begeben Sie sich auf die emotionale Ebene. Denn diesen Fragen ablehnend zu begegnen, hieße, das Gegenteil von lieb und nett zu sein. Und wer möchte schon als unfreundlich und egoistisch gelten? Wenn Sie jemanden gut kennen, können Sie die zweite Variante in vielen Situationen problemlos einsetzen. Gegenüber Ihrem Vorgesetzten ist es ratsam, eine herkömmliche Bitte zu verwenden.

Ein gewiefter Vorgesetzter wiederum greift gegenüber seinen Mitarbeitern durchaus zur Alternative. Dadurch wirkt er deutlich sympathischer, als wenn er schlichtweg etwas anordnet. Einer Bitte des Vorgesetzten kann sich ein Mitarbeiter ohnehin nur schwerlich entziehen, einer derart formulierten Anweisung wird er allerdings viel motivierter Folge leisten: Schließlich war der Vorgesetzte nett zu ihm, da möchte er ihn nicht enttäuschen.

Übung
Formulieren Sie die folgenden Sätze möglichst erfolgversprechend um.

Zum Nachbarn:
«Sie müssen mir helfen, ein paar Kisten aus dem Keller zu holen.»
«Kommen Sie mal her!»

Als Vorgesetzter zum Mitarbeiter:
«Erledigen Sie das!»
«Bis 14 Uhr brauche ich die Aufstellung.»

> **Zur Ehefrau:**
> «Koch doch mal wieder Pasta mit Pesto-Soße.»
> «Massier mich mal! Ich bin etwas verspannt.»

So wirken Reizwörter

Bestimmte Wörter oder Aussagen lösen besondere Gedanken und Reaktionen aus, weil unser Gehirn Wörter mit Bildern verknüpft. Diese Verknüpfungen sind höchst individuell. Das Verb «kämpfen» assoziiert ein Soldat möglicherweise mit dem Tod, ein Gewerkschaftler wahrscheinlich eher mit Streik und ein Firmeninhaber vielleicht damit, sein Unternehmen vor der Insolvenz zu retten. Was verbinden Sie mit dem Verb «rauchen»? Genuss, Entspannung und Geselligkeit oder eher Gestank, Geldverschwendung und Lungenkrebs?

Reizwörter ermöglichen Manipulation, sowohl auf aktive wie auch auf passive Weise. Viele Unternehmen setzen sie bei der Produktwerbung ein, manche sogar mit besonders großem Erfolg. Sie denken bei «Tempo» automatisch an ein Papiertaschentuch und bei «Tesa» an ein Klebeband? Willkommen im Club der manipulierten Menschen! Machen Sie sich nichts daraus, Ihnen geht es wie den allermeisten. Oder wann haben Sie zuletzt gehört, dass jemand nach einem Klebestreifen statt nach einem Tesa gefragt wurde?

Damit Sie nicht Gefahr laufen, mit Reizwörtern manipuliert zu werden, sind folgende drei Faktoren von entscheidender Bedeutung für Sie:

1. Eine Sensibilisierung für die Reizwort-Thematik.
2. Die Fähigkeit, verführerisch gut klingende Aussagen auf Reizwörter hin zu analysieren.

3. Aussagen, die Reizwörter enthalten, konkret zu hinterfragen.

Nehmen wir an, Sie möchten einen persönlichen Termin mit einem potenziellen Kunden ausmachen. In Variante A antwortet dieser: «Ich kann Ihnen erst nächste Woche einen Termin anbieten.» Variante B lautet hingegen: «Ich kann Ihnen bereits nächste Woche einen Termin anbieten.» Welche Wirkung würde jeder dieser Sätze bei Ihnen auslösen? Obwohl der Zeitpunkt, also eine Woche später, in beiden Varianten derselbe ist, vermittelt Variante A eher Desinteresse und Ablehnung, Variante B hingegen signalisiert Offenheit, Interesse und Entgegenkommen.

Umgekehrt können Sie sich die Wirkung von Reizwörtern auch zunutze machen: Wenn Sie beispielsweise selbständig sind und eine Kundenanfrage nicht annehmen möchten, dann haben Sie die Möglichkeit, die Anfrage auf elegante Art und Weise und ohne negative Färbung abzulehnen, indem Sie Wörter wie «erst» oder «frühestens» bewusst miteinfließen lassen:

- «Es tut mir sehr leid, aber ich bin zurzeit so stark ausgelastet, dass ich frühestens Mitte nächsten Jahres neue Aufträge annehmen kann.»
- «Wie teuer das wird, kann ich Ihnen leider auch erst im kommenden Jahr sagen, da ich noch nicht absehen kann, inwieweit ich meine Preise dann den Marktentwicklungen anpassen muss.»

Es gibt aber auch Fälle, da sind Umformulierungen nicht nur einzelner Wörter, sondern ganzer Sätze empfehlenswert:

- Vermeiden Sie Aussagen dieser Art: «Sie müssen das so und so machen.»
- Formulieren Sie stattdessen: «Sie können das so und so machen.»/«Ich empfehle Ihnen, es so und so zu machen.»

Mit den beiden Alternativsätzen richten Sie den Fokus weg von einer Verpflichtung (= negatives Gefühl) und hin zur Kompetenz Ihres Gesprächspartners (= positives Gefühl) bzw. Ihrer eigenen Kompetenz (in Form einer hilfreichen Empfehlung).

Seien Sie sich bitte stets bewusst, dass Sie grundsätzlich gar nichts *müssen*, sondern nur *können* oder *werden*. Denken Sie nur einmal an Ihre eigene Schulzeit zurück. Für den kommenden Schultag haben Sie noch Hausaufgaben zu erledigen. Welche der folgenden beiden Formulierungen wirkt positiver?

1. «Ich muss heute noch meine Hausaufgaben machen.»
2. «Ich werde heute noch meine Hausaufgaben machen.»

Der erste Satz klingt nach Druck, Belastung und Frustration, während der zweite Satz voller Tatendrang und Leistungsvermögen steckt.

Wenn Sie Ihren Kollegen mitteilen, dass Sie einen Arbeitsauftrag des Chefs erledigen *müssen*, so signalisieren Sie ihnen und nicht zuletzt auch sich selbst, dass Sie fremdbestimmt sind. Ersetzen Sie hingegen das Verb «müssen» durch «werden», so signalisieren Sie viel mehr Eigeninitiative.

Reizwörter werden oft als Hinhalte-Taktik missbraucht, beispielsweise von Vorgesetzten. Versetzen wir uns gemeinsam in die Perspektive eines Mitarbeiters, der im persönlichen Entwicklungsgespräch seinen Vorgesetzten fragt, wann er mit einer Beförderung rechnen könne. Einerseits hat der Mitarbeiter ein interessantes Stellenangebot über eine vergleichbare Position erhalten, andererseits möchte er am liebsten im Unternehmen bleiben, weil ihm Betriebsklima, Kollegen und Standort sehr zusagen. Der Vorgesetzte antwortet: «Ich bin sehr mit Ihrer Arbeit zufrieden. Arbeiten Sie weiterhin so fleißig, und haben Sie etwas Geduld, dann werden Sie relativ schnell befördert werden.» Der

Mitarbeiter verlässt das Gespräch mit einem guten Gefühl und ist dennoch über den Tisch gezogen worden.

Warum? Er hat dem Wörtchen «relativ» zu wenig Bedeutung beigemessen. Und auch «etwas» ist ein zeitlich schwammiger Begriff, der aber in diesem Beispiel einen ähnlichen Effekt wie das Wort «schnell» auslöst. Hierbei handelt es sich schlichtweg um Manipulation. «Relativ schnell» ist eine Aussage ohne Wert, da mit ihr kein konkreter Zeitraum festgehalten wird. Im Gegenteil, das Wort «relativ» erlaubt sogar eine fast unbegrenzte Ausdehnung dieses Zeitraumes. Das Gleiche gilt für das Wort «etwas».

Gefahr geht auch von der Reizwortkombination «ja, aber ...» aus, denn diese bringt Widerstand zum Ausdruck. Möchten Sie etwas einwenden, dann lege ich Ihnen eine andere Formulierung ans Herz. Wie finden Sie diese beiden Alternativen?

- «Was halten Sie von folgender Überlegung: ...?»
- «Könnten Sie sich auch vorstellen ...?»

Wenn Sie mit jemandem harmonisch kommunizieren und Sie diese angenehme Gesprächsführung beibehalten möchten, dann sollten Sie Vorwürfe und Rechtfertigungen an die Adresse Ihres Gesprächspartners vermeiden. Hat also Ihr Gesprächspartner etwas falsch verstanden, sollten Sie ihn nicht direkt darauf hinweisen, weil dies einem Vorwurf gleicht. Verwenden Sie stattdessen die viel elegantere Lösung: «Entschuldigen Sie bitte, ich habe mich nicht eindeutig genug ausgedrückt.»

Auch Warum-Fragen sind dann eher unangebracht, da sie Ihren Gesprächspartner in eine Rechtfertigungsposition versetzen, die bei einer harmonischen Kommunikation vermieden werden sollte.

> **Übung**
> Formulieren Sie die folgenden Sätze bitte jeweils um, und zwar so, dass Sie die gegenteilige Wirkung der Sätze erreichen.
> 1. «Dafür habe ich erst nächste Woche Zeit.»
> 2. «Wie teuer mein Angebot wird, hängt davon ab, welche Menge Sie bestellen.»
> 3. «Für ein Date habe ich spätestens übernächste Woche Zeit.»
> 4. «Das Investment für die Beteiligung beträgt ...»
> 5. «Sie müssen das anders machen.»
> 6. «Du musst mitfahren.»

Diese Technik hat im Übrigen noch eine ganz andere Tragweite. Sie erlaubt Ihnen einen Perspektivenwechsel, mit dem Sie auch Ihr persönliches Glück und Wohlbefinden beeinflussen können. Mit positiven Reizwörtern können Sie viele Aspekte Ihres eigenen Lebens positiver wahrnehmen.

Beispiele

Arbeiten gehen	vs.	Geld verdienen gehen
Das schaffe ich heute nicht mehr!	vs.	Das mache ich morgen!
Das war nicht schlecht!	vs.	Das habe ich gut gemacht!
Ich muss!	vs.	Ich darf, ich will oder ich werde!
Geld ausgeben!	vs.	Geld investieren!

Gekonnt eingesetzte Wörter und Formulierungen besitzen eine unheimliche Macht und gestatten uns gleichzeitig einen Blick in das Innenleben des Sprechers. Anhand seiner Wortwahl und seines Satzbaus können wir eine Menge über ihn in Erfahrung bringen.

Killerphrasen und Co

Wir haben uns bis hierher mit allgemeinen Gesprächsmustern beschäftigt – unterziehen wir sie nun einer genaueren Untersuchung, denn die Verwendung bestimmter Wörter steht häufig auch für bestimmte Absichten.

Im Folgenden möchte ich Ihnen zeigen, welche Wörter in welchen Kontexten welche Wirkungen entfalten und welche Rückschlüsse sich daraus ergeben können.

Im ersten Kapitel dieses Buches haben wir uns im Zusammenhang mit dem Angriffsinstinkt bereits mit den Wörtern «typisch», «immer» und «nie» befasst (siehe Seite 18 f.). Schauen wir uns nun die Wirkungsweise weiterer Wörter an, die im Regelfall zum Angriff verwendet werden.

Nicht
- «Das können Sie nicht mit mir machen.»
- «Das lasse ich mir nicht von Ihnen bieten.»
- «Das können Sie mir nicht erzählen.»
- «Begreifen Sie das denn nicht?»

Doch
- «Das müssen Sie doch verstehen.»
- «Jetzt seien Sie doch mal vernünftig.»
- «Nun seien Sie doch nicht so.»
- «Das ist es doch, was Sie wirklich wollen.»

Auch
- «Das müssen doch auch Sie verstehen.»
- «Verstehen Sie das auch nicht?»
- «Können Sie das etwa auch nicht?»
- «Auch Sie müssen verstehen, dass das so nicht geht.»

Müssen
- «Das müssen Sie schon verstehen.»
- «Das müssen Sie schon zugeben.»
- «Sie müssen schon entschuldigen.»
- «Auch Sie müssen doch nicht immer aus der Reihe tanzen.»

Oder, dann, sonst
- «Lassen Sie meine Frau in Ruhe, oder ...»
- «Wenn Sie nicht sofort meine Frau in Ruhe lassen, dann ...»
- «Lassen Sie meine Frau in Ruhe, sonst ...»

Haben Sie es bemerkt? Wenn man die Wörter kombiniert, wirken sie als Verstärker der eigentlichen Aussage. Nicht unbedeutend ist in diesem Zusammenhang übrigens die Reihenfolge, in welcher Sie bestimmte Wörter verwenden: Wortreihenfolgen können selbst beim Gebrauch identischer Wörter zu völlig unterschiedlichen Aussagen und Wirkungen führen. Lassen Sie bitte die folgenden Sätze auf sich wirken:
1. «Sie müssen auch verstehen, dass ...»
2. «Auch Sie müssen verstehen, dass ...»

Was fällt Ihnen auf? Richtig, der erste Satz klingt zwar ein wenig fordernd, bewegt sich jedoch noch im neutralen Rahmen unter Einhaltung der gebräuchlichen Höflichkeitsregeln. Der Sprecher möchte damit um Verständnis für seine Sicht der Dinge bitten und wird diese anschließend erläutern.

Die Aussage des zweiten Satzes verändert sich durch das Voranstellen des Wortes «auch» hingegen völlig. Das «auch» könnte man hier durch ein «selbst» ersetzen: «Selbst Sie müssen verstehen, dass ...» In dieser Aussage ist ein Wort verborgen: Der Sprecher sagt: «Auch Sie müssen verstehen, dass ...», meint aber: «Auch Sie (Idiot) müssen verstehen, dass ...» Während also der erste Satz – abgesehen von der leichten Befehlsform – neutral, sogar eher zugewandt ist, enthält der zweite Satz eine *implizite Wertung*, und zwar eine negative.

Vielleicht kennen Sie es bereits aus eigener Erfahrung: Manchmal empfinden wir Aussagen anderer als Unverschämtheit oder Beleidigung, ohne genau sagen zu können, weshalb. In solchen Situationen ist uns die implizite Wertung einer Aussage noch nicht bewusst. Erst wenn wir sie erkannt haben, können wir angemessen darauf reagieren, beispielsweise indem wir den Inhalt der Aussage in den Sachteil und den Beziehungsteil zerlegen und dann den Angriff auf der Beziehungsebene zurückweisen.

Direkte Drohungen beinhalten nicht selten die Wörter «oder», «dann» und «sonst». Meist werden diese Signalwörter besonders betont, damit sie die beabsichtigte psychologische Wirkung entfalten. Die Konsequenzen werden offengehalten bzw. der Phantasie des Betroffenen überlassen. Ängstliche Personen neigen nicht selten dazu, sich die aus ihrer Perspektive schlimmste Konsequenz vorzustellen, was dem Sprecher nur zugutekommen kann.

Formulierungen dieser Art, also solche mit einem offenen Ende (da der Satz mit einem Wort wie «sonst» oder einem «oder» endet und nicht die angedrohten Konsequenzen konkret benennt), können dem Wahrnehmungsexperten jedoch auch interessante Rückschlüsse hinsichtlich der Persönlichkeit und inneren Haltung des Sprechers ermöglichen, nämlich dass dieser
- sich bezüglich der Konsequenzen nicht festlegen möchte oder

- sich selbst noch nicht im Klaren darüber ist, welche Maßnahmen er ergreifen will oder kann.

Solche Psychospielchen habe ich als Polizist immer wieder spielen müssen und dabei auch viel von der Gegenseite gelernt. Bei Schlägern zum Beispiel entfalten Drohungen mit offenem Ausgang meist keine große Wirkung. Denn sie sind Experten, wenn es darum geht, die Kampfbereitschaft ihres Gegenübers einzuschätzen – und wenn jemand keine Konsequenzen benennt, gilt er als unsicher und wenig kämpferisch. Durch die konkrete Benennung signalisiert er seinem Gegenüber aber seine Bereitschaft, die Drohung auch in die Tat umzusetzen.

Ich habe jedenfalls während meines Polizeidienstes die Erfahrung gemacht, dass ein entschlossener Angreifer seine Drohung meist 1:1 in die Tat umsetzen wird. Wenn beispielsweise ein Randalierer drohte, mir mit der Faust ins Gesicht zu schlagen, so griff er mich äußerst selten mit einem Fußtritt – oder gar nicht – an. Denn es ist nicht leicht, gleichzeitig an eine Sache zu denken und eine ganz andere zu tun.

Umgekehrt lautet also die Empfehlung für Sie in einer solchen Situation: Drohen Sie konkret! «Lass meine Frau in Ruhe, oder ich schlag dir ins Gesicht!» Sagen Sie den Satz ferner ruhig, aber sehr bestimmt, und unterstreichen Sie ihn mit einem fixierenden Blick, gefolgt von einer Redepause. Dann weiß der Schläger in der Regel, dass er die Drohung sehr ernst nehmen muss. Er wird nur dann die Konfrontation riskieren, wenn er sich selbst absolut überlegen fühlt.

Um eines möchte ich Sie an dieser Stelle bitten: Verstehen Sie diese Ansage bitte nicht als Universallösung in vergleichbaren Situationen! Dafür spielen viel zu viele andere Faktoren ebenfalls eine Rolle. Beispielsweise, ob der Täter allein oder mit einer Horde Kumpels unterwegs ist, die ihm sofort beispringen würde, ob er sich Ihnen überlegen fühlt, weil er eine Waffe bei sich trägt, oder ob es für ihn wichtig ist, nicht sein Gesicht vor seiner Freundin oder dem Kumpel zu verlieren.

Sie können die Erkenntnisse aus solchen Extremsituationen für Konflikte in Ihrem Privat- oder Berufsleben nutzen. Wenn etwa Ihr Vorgesetzter in einem Meeting eine konkrete Drohung anstatt einer nur angedeuteten äußert, dann legt er sich damit unter Anwesenheit von Zeugen fest. Er wird dieser Drohung Taten folgen lassen müssen, alleine schon, um sein Gesicht zu wahren, wenn Sie nicht einzulenken bereit sind. Auch hier handelt es sich letztlich schlichtweg um den Angriffsinstinkt auf emotionaler Ebene, und es gilt, wie Sie bereits in Kapitel 1 gelernt haben, das Gespräch auf die Sachebene zurückzuholen.

Killerphrasen und Totschlagargumente

Besonders gefährlich ist der Angriffsinstinkt, wenn er in Form von Killerphrasen zur Anwendung kommt. Wie der Name bereits verrät, dienen Killerphrasen dazu, alle anderen Meinungen zu «killen», also im Keim zu ersticken. Ein wesentliches Merkmal von Killerphrasen ist ihre fehlende sachliche Grundlage. Killerphrasen sind Scheinargumente ohne faktisches Fundament. Wer sie verwendet, möchte sich keiner sachlichen Diskussion aussetzen (was dem sensibilisierten Beobachter nebenbei wertvolle Rückschlüsse auf die Persönlichkeit und die Argumentationsstärke seines Gesprächspartners ermöglicht.)

Der Angriffsinstinkt manifestiert sich nicht immer nur in einer Vorwärtsverteidigung, er kann auch dazu dienen, das eigene «Revier» bzw. die eigene Machtposition von vornherein, also präventiv, zu verteidigen. Mit einer Killerphrase soll vermieden werden, dass weitere Fragen zu einem bestimmten Aspekt folgen bzw. weiter über ihn diskutiert wird.

Lassen Sie mich dies veranschaulichen: Die Polizeiausbildung sieht unter anderem ein mehrwöchiges Berufspraktikum vor, in dem die angehenden Polizeibeamten «Straßenerfahrung» sammeln und mit erfahrenen Kollegen der Schutzpolizei auf Streife gehen sollen. Während meines eigenen Berufspraktikums bearbeitete ich einen Fall, zu dem ich eine Anzeige erstellen sollte. Mein Einweisungsbeamter bat mich, die Anzeige fünfmal zu kopieren. Als ich ihn fragte, wofür die Kopien seien und warum er so viele bräuchte, erhielt ich lediglich zur Antwort, dass man dies immer schon so gemacht habe. Er wusste es offensichtlich selbst nicht und hatte die Kopien wohl jedes Mal in dieser Form zur Bearbeitung weitergeleitet, ohne je den konkreten Zweck hinterfragt zu haben. Meine Rückfrage war für ihn insofern bedrohlich, als dass er einem Praktikanten gegenüber diese Wissenslücke hätte eingestehen müssen. Obwohl ich immer scherzhaft sage, dass es sich bei den Aussagen «... weil es immer schon so war» und «... weil wir es noch nie so gemacht haben» um die goldenen Sätze der bayerischen Alltagsrhetorik handelt, ist dieses Phänomen weit verbreitet.

Eine besondere Variante der Killerphrase ist das Totschlagargument. Es zeichnet sich durch die Absicht aus, jegliche Gegenargumentation auf einen Schlag im Keim zu ersticken. Der manipulativ Handelnde verweist dazu oftmals auf ein gesellschaftliches Tabu, die scheinbare Alternativlosigkeit, den Sachverhalt anders, als von ihm vorgetragen, zu beurteilen – oder er behauptet einfach, dass jeder vernünftige, intelligente, charakterlich und moralisch gefestigte Mensch nichts anderes guten Gewissens behaupten könne. Das Kalkül hierbei: Wer sich nun nicht die Argumentation des Gegenübers zu eigen macht, «beweist» damit, dass er nicht intelligent oder moralisch integer ist und sein Argument sowie seine Person als solche schon allein deshalb nicht ernstgenommen werden können. Da es viel Mut erfordert, trotzdem dagegen zu argumentieren, verzichten viele Menschen darauf, und das Kalkül geht auf.

Killerphrasen und Totschlagargumente werden im alltäglichen Sprachgebrauch oft synonym verwendet, obwohl es zwei verschiedene rhetorische Mittel sind. Die Killerphrase fegt das Argument des Gesprächspartners vom Tisch, ohne den Eindruck einer Begründung zu vermitteln, z. B. «Das ist Unsinn!» oder «Das ist halt so!». Ein Totschlagargument hingegen, wie sich aus dem Namen bereits ableiten lässt, erweckt (oberflächlich) den Eindruck, das Argument des Gesprächspartners zu widerlegen und dadurch zu beweisen, dass es nicht praktikabel umsetzbar ist, z. B. «Daran sind schon ganz andere gescheitert» oder «Das ist unserer Zielgruppe nicht vermittelbar!».

Killerphrasen sind besonders wirkungsvoll, wenn Dritte anwesend sind. So alt wie die Menschheit selbst ist das Bedürfnis, Teil einer Gruppe zu sein. Dieses Bedürfnis war in der Urzeit überlebenswichtig und ist bis zum heutigen Tage vorhanden (siehe Seite 38 f.). Deshalb meiden wir Verhaltensweisen, Aussagen oder Diskussionen, die die Gefahr bergen, das eigene Ansehen innerhalb der Gruppe zu verletzen. Wir wollen nicht riskieren, ausgeschlossen zu werden. Mitunter ist auch der klassische Herdentrieb am Werk: Die Gruppenmitglieder orientieren sich aneinander, und jeder Einzelne kommt zu dem Schluss: Wenn alle anderen es auch so sehen, dann muss da ja was dran sein. So setzt sich am Ende womöglich eine Einzelmeinung durch, obwohl sie gar nicht der tatsächlichen Mehrheitsmeinung entspricht.

Killerphrasen sind somit ein gefährliches Manipulationsinstrument, das sich hervorragend eignet, seine Gegner zu beeinflussen und mundtot zu machen. Grund genug also, sich mit dem Thema eingehender zu beschäftigen, um sich gegen diese Gefahr zu wappnen.

Bevor wir uns näher mit dem Phänomen der Killerphrasen beschäftigen, sollten wir uns erst einmal bewusst machen, *warum* Gesprächspartner sie benutzen – und wie wir dadurch unseren Gesprächspartner ein Stück weiter entschlüsseln können.

Im Grunde genommen verbergen sich vier Gesprächstaktiken hinter Angriffs-Killerphrasen/Totschlagargumenten:

1. Angriff auf die Kompetenz

Das Perfide an vielen Killerphrasen ist, dass sie nicht selten auf den ersten Blick überzeugend klingen und ein geschickter Rhetoriker durch seinen Redefluss dafür sorgen kann, dass der Betroffene, dem der Angriff gilt, nicht oder zumindest nicht gleich zu Wort kommt. Folglich bleibt der Kompetenzangriff zunächst ohne Widerspruch im Raum stehen, und die Einwände oder die Verteidigung der angegriffenen Person gehen unter.

Besonders gefährlich wird es, wenn während eines Gesprächsverlaufes viele Killerphrasen/Totschlagargument-Angriffe erfolgen. Kein Mensch kann sich in längeren Gesprächsverläufen alle Zusammenhänge und Details genau merken, weswegen am Ende nur ein Eindruck oder ein Gefühl bei den Zuhörern verbleibt: dass das Opfer sich (vermeintlich) mehrfach blamiert und wenig Kompetenz gezeigt hat. Beispiele:

- «Dafür sind Sie noch zu jung.» (= Sie sind zu unerfahren.)
- «Dieses Problem haben schon fähigere Leute nicht lösen können.»
- «Das ist doch Blödsinn.»
- «Das weiß doch jedes Kind.» (= Sie aber anscheinend nicht.)
- «Dafür gibt es Fachleute.» (= Sie sind keiner.)
- «Aus meiner Sicht sehen Sie das falsch.» (= Ich weiß mehr als Sie.)

2. Infragestellen des Realitätssinns

Wer den Realitätssinn des Gegenübers in Frage stellt, will ihn als Phantasten abstempeln. Selbstverständlich möchte kein anderer Gesprächsteilnehmer dieser Gruppe zugeordnet werden, weshalb das Opfer der Killerphrase/des Totschlagarguments sofort in eine Außenseiterposition manövriert wird, wenn es nicht umgehend widerspricht. Beispiele:

- «Kein vernünftiger Mensch wird ernsthaft etwas anderes behaupten.»
- «Das ist juristisch nicht machbar.»
- «Das ist in unserem Unternehmen nicht durchsetzbar.»
- «Das ist schon vor 30 Jahren widerlegt worden.»
- «Das ist völlig unrealistisch.»

3. Lügen unterstellen

Wer sein Gegenüber der Lüge bezichtigt, kämpft mit harten Bandagen. Man braucht schon sehr viel innere Stärke, Gelassenheit und Souveränität, um hierauf sachlich zu reagieren. Das weiß auch der Manipulator und nutzt diese Tatsache für sich aus. Beispiele:

- «An Ihrer Stelle würde ich das auch behaupten.»
- «Jedes Kind weiß doch, dass das nicht stimmt.»
- «Es ist schon dreist, so etwas zu behaupten.»
- «Wenn Sie mal ganz ehrlich sind, ...»
- «Ich lasse mich nicht gerne anlügen.»

4. Angriff auf die Integrität des Gegenübers

Wer auf die Integrität seines Gesprächspartners abzielt, will dessen Würde und Absichten auf emotionaler Ebene durch den Dreck ziehen. Schnell breitet sich bei anderen Gesprächsteilnehmern das Gefühl aus, mit so jemandem nichts zu tun haben zu wollen, geschweige denn, seine Vorschläge oder Ideen besprechen oder gutheißen zu wollen. Selbst wenn andere Gesprächsteilnehmer die Taktik des Angreifers durchschauen, so bringen die meisten erfahrungsgemäß nicht den Mut auf, sich dagegenzustellen, meist aus Angst, ebenfalls in die Opferrolle gedrängt zu werden. Beispiele:

- «Klar, dass Sie dagegen sind, Sie würden ja davon dann weniger profitieren.»
- «Klar, dass Sie dafür sind, schließlich profitieren Sie davon ja am meisten.»
- «Sie enttäuschen mich.»
- «Von Ihnen hätte ich Besseres (mehr) erwartet.»
- «Ist das der Dank für mein Entgegenkommen?»
- «Es ist typisch, dass Sie als Frau da nicht objektiv sind.»

Mit diesen schmutzigen Methoden wird das Ziel verfolgt, jemanden argumentativ kaltzustellen, ihn als nicht gesellschaftsfähig oder unglaubwürdig hinzustellen. Ist es einem Angreifer erst einmal gelungen, die restlichen Gesprächsteilnehmer hinter sich zu bringen, hat er gewonnen. Die Anwesenden übertragen ihre Gefühle auch auf alle anderen Argumente und Vorschläge, die das Opfer vorbringt – hier kommt der *Horn-Effekt* zum Tragen (siehe auch Seite 192). Nicht selten führt das Ganze sogar dazu, dass das Ansehen und die Glaubwürdigkeit des Opfers dauerhaft geschädigt werden – aus genau solchen Gründen mussten schon viele Arbeitnehmer ihren Arbeitgeber wechseln.

So erkennen Sie Killerphrasen und Totschlagargumente
- Der Diskussionsverlauf wird durch Ihren Gesprächspartner manipuliert, da Sie Argumente und Gedankengänge nicht zu Ende führen können.
- Ihr Gesprächspartner geht auf Ihre Argumente nicht ein, sondern schmettert sie mit Scheinargumenten ab.

- Ihr Gesprächspartner greift dem Diskussionsergebnis vor und führt die Diskussion somit ad absurdum.
- Ihr Gesprächspartner greift statt Ihrer Argumente Ihre Kompetenz oder Integrität an.

Zum besseren Verständnis hier noch einmal eine beispielhafte Aufzählung, aus welchen Gründen Menschen Killerphrasen und Totschlagargumente einsetzen:

Killerphrasen und Totschlagargumente werden immer dann eingesetzt, wenn der Gesprächspartner ...

1. ... **selbst über keine fundierten Argumente verfügt, die er für überzeugend hält:**
   - «Das ist eben so.»
   - «Das ist alternativlos.»
   - «Das ist unserer Zielgruppe nicht vermittelbar.»
   - «Da stimmt die Geschäftsführung niemals zu.»
   - «Das kann man bei uns nicht durchsetzen.»
   - «Das ist so nicht darstellbar.»
   - «Das widerspricht unseren Prinzipien.»
   - «Sie stellen sich das viel zu einfach vor.»
   - «Das ist Wahnsinn.»
   - «Wie dem auch sei, Tatsache ist ...»

2. ... **einen kreativen Kommunikationsprozess verhindern will, weil dieser seine eigenen Interessen gefährden würde:**
   - «Das geht ja gar nicht.»
   - «Das hat doch keinen Sinn.»
   - «Das wäre ja noch schöner.»
   - «Das ist doch bloße Theorie.»

- «Haben Sie keine anderen Sorgen?»
- «Das ist lächerlich.»
- «Darüber brauchen wir gar nicht erst zu reden.»
- «Das gehört nicht hierher.»
- «Das geht uns nichts an.»
- «Dafür gibt es Fachleute.»

3. ... aus Zeitgründen eine Diskussion sofort und ohne Widerspruch zu seinen Gunsten beenden möchte:
- «Das besprechen wir ein andermal.»
- «Darauf komme ich später zurück.»
- «Das würde den Rahmen sprengen.»
- «Interessanter Gedankengang, das sollten wir mal bei passender Gelegenheit besprechen.»
- «Das dauert an dieser Stelle hier zu lange.»
- «Da müssen wir alle noch einmal drüber schlafen.»
- «Kommen Sie nächstes Jahr noch mal auf mich zu.»
- «Wir müssen jetzt endlich mal zum Punkt kommen.»
- «Wir haben jetzt keine Zeit mehr für langes Gerede.»
- «Wir haben genug zu tun! Dafür haben wir jetzt nicht auch noch Zeit.»

4. ... einen Gesprächsteilnehmer für gefährlich hält und ihn diskreditieren möchte, damit er ihm nicht mehr gefährlich werden kann:
- «Da hätten Sie vorher mal besser zuhören sollen.»
- «Das weiß doch jeder Idiot.»
- «Typisch Müller!»
- «Das ist Blödsinn.»
- «Das mag in der Theorie praktisch erscheinen, in der Praxis ist es aber nicht durchsetzbar.»
- «Um das zu beurteilen, fehlt Ihnen das Fachwissen.»

- «Durch Ihren Einwand beweisen Sie nur, dass Sie nicht verstehen, worum es hier geht.»
- «An Ihrer Stelle würde ich das auch behaupten.»
- «Wenn wir das so machen würden, bekämen wir große Probleme. Aber das scheint Ihnen ja egal zu sein.»
- «Ich fürchte, dass Sie Ihrer Aufgabe nicht gewachsen sind.»

5. ... eine Diskussion zur Machtdemonstration nützen möchte:
   - «Wie oft muss ich das noch sagen? Das läuft so nicht.»
   - «Dieser Punkt ist nicht verhandelbar.»
   - «Sie scheinen ein Problem mit Autoritäten zu haben.»
   - «Bin ich der Chef oder Sie?»
   - «Worauf es ankommt, weiß ich selbst, danke.»
   - «Das gehört nicht hierher.»
   - «Das ist pures Geschwätz.»
   - «Ich möchte es aber so.»

6. ... eine Diskussion zur Kompetenzdemonstration nützen möchte, ohne jedoch diesbezüglich fundierte Argumente zu haben:
   - «Ich weiß schon, wie das endet.»
   - «Das brauchen Sie mir nicht zu sagen.»
   - «Das haben doch schon zahlreiche wissenschaftliche Studien widerlegt.»
   - «Wie der berühmte Professor Schmitt bereits zu sagen pflegte: ...»
   - «Das ist schon allein aus juristischer Sicht nicht machbar.»
   - «Das sind Erfahrungswerte.»
   - «Dazu müssten Sie die Geschichte unseres Unternehmens kennen.»
   - «Ideen haben wir selber mehr als genug.»
   - «Die Frage stellt sich so nicht, sondern ...»

7. ... Angst vor Entscheidungen oder Veränderungen hat, die er dadurch verhindern möchte:
- «Das haben wir schon immer so gemacht.»
- «Das haben wir noch nie so gemacht.»
- «Da könnte ja jeder kommen.»
- «Das sollten wir lieber lassen, bevor wir uns die Finger verbrennen.»
- «Das funktioniert doch gut, das brauchen wir nicht ändern.»
- «Daran sind schon ganz andere gescheitert.»
- «Wenn das ginge, hätte es längst schon jemand anderes gemacht.»
- «Sind Sie sich hundertprozentig sicher?»
- «Das haben wir doch alles schon einmal ausprobiert ...»

Übung

Schauen Sie sich im Fernsehen bewusst politische Talkshows an, und achten Sie darauf, wie oft dort Killerphrasen und Totschlagargumente zum Einsatz kommen. Notieren Sie sich jede Killerphrase und jedes Totschlagargument, das Sie identifizieren können. Sie werden erstaunt sein! Analysieren Sie dabei aber auch die Erwiderungen auf die Killerphrasen/Totschlagargumente. Inwieweit sind diese geglückt formuliert?

Übung

Achten Sie bei Meetings oder anderen Gelegenheiten, bei denen hart diskutiert wird, auf den Einsatz von Killerphrasen und Totschlagargumenten. Analysieren Sie, warum und auf welche Weise diese zum Einsatz kommen.

So wehren Sie Killerphrasen und Totschlagargumente ab

Nachdem Sie nun ausreichend für Angriffswörter, Angriffs-Killerphrasen und Totschlagargumente sensibilisiert sind, ist es Zeit für den nächsten Schritt: Wie genau können Sie sich gegen solch perfide Methoden zur Wehr setzen?

Im Folgenden stelle ich Ihnen konkrete Kontertaktiken vor, mit denen Sie die meisten Killerphrasen parieren können. Es gibt freilich noch viele weitere Varianten – mit den hier aufgeführten werden Sie sich aber in fast allen Gesprächssituationen helfen können. Entscheidend, wenn jemand Killerphrasen verwendet: Lassen Sie diese nicht ohne Widerspruch stehen, sondern reagieren Sie sofort darauf. Vergessen Sie Ihre anerzogene Höflichkeit, den Gesprächspartner ausreden zu lassen. Bei jemandem, der Sie mit Hilfe von Killerphrasen und Totschlagargumenten manipulieren möchte, ist (übertriebene) Höflichkeit nicht angebracht.

Sollten Sie sich in einer Situation befinden, in der keines der unten vorgeschlagenen Beispiele passt, so ist dies kein Beinbruch.

> Vergegenwärtigen Sie sich Folgendes: Das Grundprinzip, um Killerphrasen und Totschlagargumente ins Leere laufen zu lassen, besteht darin, den Gegner durch eine konkrete Frage bzw. Argumentation zu einer konkreten Stellungnahme zu zwingen oder vor ihm (und anderen Anwesenden) Killerphrasen und Totschlagargumente durch sachliche oder humorvolle Bemerkungen als solche zu identifizieren und damit wirkungslos zu machen.

Da Killerphrasen und Totschlagargumente keine wirklichen Argumente sind, können sie weder objektiv bestätigt noch widerlegt werden. Eine konkrete Stellungnahme oder Behauptung hingegen ist objektiv nachprüfbar und somit auch angreifbar: Behalten Sie bitte stets im Hinterkopf: Bleiben Sie *immer* sachlich, egal, wie sehr der Angriff unter die Gürtellinie gehen mag. Nur so bleiben Sie souverän.

Kontertaktik 1: Warum-Frage/Gegenfragetaktik

Die Warum-Frage ist simpel, schnell und effektiv. Es ist manchmal nicht ganz einfach, längere Einwände zu platzieren, insbesondere, wenn Ihr Gegenüber ein guter Rhetoriker ist. Beobachten Sie einmal gezielt Politiker im Rahmen von Talkshows: Viele sind Meister darin, andere nicht zu Wort kommen zu lassen. Ein «Warum?» hingegen ist schnell in den Raum gerufen und fordert eine Erklärung. Das schmeckt dem Angreifer gar nicht, denn sobald er seine Killerphrase/sein Totschlagargument genauer erklären muss, bröckelt seine «Argumentation» schnell, und er wird angreifbar. Darüber hinaus muss er in vielen Fällen seine Aussage relativieren, um nicht selbst dumm dazustehen. Wechseln Sie durch eine Warum-Frage vom Tiefstatus in den Hochstatus, um Ihren Widersacher dazu zu zwingen, sich zu rechtfertigen. Beispiel: «Typisch Frau!» – «Warum typisch Frau?» oder «Was soll daran typisch sein?». Durch Gegenfragen bringen Sie Ihren Widersacher dazu, sich sowohl rechtfertigen als auch Argumente liefern zu müssen. Sie gewinnen wertvolle Zeit zum Nachdenken und zur Analyse des Gesagten.

Kontertaktik 2: Aufforderung zur Begründung

«Können Sie das näher begründen?» Diese Aufforderung kann der Angreifer kaum ablehnen, sonst würde er inkompetent oder böswillig erscheinen. Er muss also notgedrungen bejahen. Mit einer solchen Aufforderung drängen Sie den Angreifer in eine schwierige Situation, denn seine Killerphrase/sein Totschlagargument hält einer genaueren Betrachtungsweise nicht stand. Um sich einigermaßen aus dieser Notsituation zu befreien, muss der Angreifer auf die Schnelle eine Begründung konstruieren, die zwangsläufig nicht sonderlich durchdacht sein kann. Diese dann argumentatorisch aus den Angeln zu heben, sollte keine größere Herausforderung darstellen.

Manche Angreifer versuchen, sich mit der Aussage aus der Affäre zu ziehen, dafür sei an dieser Stelle keine Zeit. Dies kontern Sie bitte umgehend mit einer Warum-Frage. Damit bleiben Sie am Ball, übernehmen die Gesprächsführung, bringen den Angreifer in eine Rechtfertigungsposition und halten alle Trümpfe in der Hand, um den Sachverhalt richtigzustellen. So gehen Sie als Sieger aus diesem Schlagabtausch hervor.

Kontertaktik 3: Forderung nach Quellennachweis
Viele Killerphrasen und Totschlagargumente bestehen aus nichts weiter als bloßen Annahmen oder Behauptungen, die keiner genaueren sachlichen Überprüfung standhalten. Wenn Sie den Angreifer fragen, worauf genau er seine Annahme stützt, zwingen Sie ihn damit, seine Aussage zu konkretisieren. Aber Vorsicht: Eine häufig angewandte Manipulationstaktik besteht darin, Statistiken, Gerichtsurteile oder Aussagen von Wissenschaftlern oder anderer anerkannter Persönlichkeiten lediglich vorzuschieben. Dabei bleibt jedoch die Frage offen, unter welchen Umständen bestimmte Aussagen, Statistiken, Untersuchungen, Gerichtsurteile oder Entscheidungen zustande gekommen und inwieweit diese auf die aktuelle Situation übertragbar sind. In der Vergangenheit hat sich so mancher zitierter Wissenschaftler oder Fachmann als nicht existent herausgestellt. Aber wer kann das schon auf die Schnelle während eines Gesprächs überprüfen?

Was Sie hingegen kurzerhand überprüfen können, ist, ob der Angreifer harte, nachvollziehbare Fakten liefern kann und ob die Quelle für die aktuelle Situation überhaupt relevant ist.

Eine ebenfalls weit verbreitete Taktik ist das Heranziehen eines angeblichen Zahlenbeweises oder von Studien, die vermeintlich den Standpunkt des Angreifers stützen: «Repräsentative Umfragen haben ergeben, dass 80 Prozent aller ...» Auch hier stellen Sie bitte die Frage nach den exakten Quellen: «Auf welche Umfragen beziehen Sie sich genau?» oder: «Wie wurde dieser Zahlenwert ermittelt?» Im Übrigen sei hier am Rande erwähnt, dass die wenigsten Studien wirklich repräsentativ sind, alleine schon mangels genügend geeigneter Teilnehmer.

Kontertaktik 4: Umformung
Bei dieser sehr effektiven Strategie geht es darum, das in der Killerphrase/dem Totschlagargument enthaltene Scheinargument umzudrehen und positiv zu wenden. Erkennen Sie auch hier die Parallelen zwischen einem verbalen Schlagabtausch und einem physischen Kampf? Kluge Kampfkunststile wie das Acht Pattern Wing Chun, Judo oder Aikido setzen nicht Kraft gegen Kraft, sondern verwenden die Kraft des Angreifers gegen ihn selbst. Genau das sollen Sie lernen. Schauen Sie sich die folgende Tabelle an, um ein Gefühl dafür zu bekommen, was damit gemeint ist, ein Angriffsargument zu einem hochwirksamen Verteidigungsargument umzuformen.

Angriffsargument	Umformung
«Sie sind zu jung.»	«Gerade weil ich so jung bin, ...»
«Wenn Sie mal ganz ehrlich sind, ...»	«Gerade weil ich ehrlich bin, ...»

«Ich lasse mich nicht gerne anlügen.»	«Ich auch nicht, und deswegen ...» oder: «Dann sind wir schon zu zweit.»
«Darauf kommen wir noch zurück.»	«Schön, dass Sie bereit sind, zu dem Thema Stellung zu beziehen. Ich möchte Sie bitten, dies jetzt zu tun.»

Kontertaktik 5: Einforderung von Neutralität

Viele Killerphrasen und Totschlagargumente sollen eine einseitige Betrachtungsweise fördern, zum Beispiel durch die Scheinargumente, der Betroffene sei zu jung oder ein Vorschlag sei früher schon in die Tat umgesetzt worden und gescheitert. Solchen Scheinargumenten fehlt die Differenzierung. Es wird nicht erläutert, wofür der Betroffene zu jung sein soll, warum der Vorschlag gescheitert ist und inwieweit die aktuellen Voraussetzungen vielleicht andere sind als die damaligen.

Mit der Einforderung von Neutralität («Was spricht Ihrer Meinung nach dafür und was genau dagegen?») zwingen Sie den Angreifer zu differenzieren, und zeigen Sie ihm und allen anderen Zuhörern auf, dass es nicht nur Schwarz und Weiß, sondern eine Menge Grautöne dazwischen gibt. Nennt der Angreifer im Zugzwang daraufhin Argumente, wird aus seinem unsachlichen Monolog ein zielführender, sachlicher Dialog.

Kontertaktik 6: Abbruch

Wie Sie wissen, bezwecken Killerphrasen, Sie emotional zu treffen und zu brüskieren. Sollte es Ihnen einmal nicht gelingen, die Diskussion auf die Sachebene zurückzuführen, beispielsweise, weil der Angreifer sehr aufbrausend reagiert (oder er Sie mit dem Gesagten wirklich wütend gemacht oder verletzt hat), brechen Sie das Gespräch ab. Ignoriert der Angreifer Sie, hilft Ihnen Beharrlichkeit weiter, und wenn das bedeutet, wie in einer Endlosschleife zu wiederholen, das Gespräch abbrechen zu wollen: «Ich muss die Diskussion unterbrechen, weil ich den Eindruck habe, dass es nicht mehr um die Sache geht.» Lässt der Angreifer Sie nicht zu Wort kommen, dann rufen Sie immer wieder mit fester und ruhiger Stimme «Stopp». Erfolgt auch darauf keine Reaktion, so stehen Sie einfach auf und verlassen Sie den Raum.

Kontertaktik 7: Sofortüberprüfung
Um einen Angreifer in die Schranken zu weisen, ist es in jedem Fall erforderlich, ihm sofort den Wind aus den Segeln zu nehmen. Eine effektive Methode hierfür ist die Sofortüberprüfung. Dabei gehen Sie folgendermaßen vor: Greifen Sie die Behauptung des Angreifers auf und überprüfen Sie umgehend argumentativ deren Wahrheitsgehalt. Beispielsweise: «Alle Vögel können fliegen» oder «Alle Politiker lügen» sind Pauschalisierungen, die auf den ersten Blick nachvollziehbar zu sein scheinen, aber einer näheren Überprüfung nicht standhalten. Auch als Beweise herangezogene Gerichtsurteile, wissenschaftliche Studien oder gemachte Lebenserfahrungen mögen in vielen Fällen zwar zutreffen, passen aber nicht zwangsläufig auf den Gegenstand Ihres aktuellen Gesprächsthemas. Auf der Grundlage einer differenzierten Betrachtung des Scheinargumentes können Sie sofort und wirkungsvoll deutlich machen, dass die Behauptung des Angreifers nicht haltbar ist. Je nachdem, ob Sie möchten, dass der Angreifer sein Gesicht wahren kann oder nicht, können Sie von Annahmen oder Unterstellungen sprechen: «Schauen wir, ob Ihre Annahmen (Unterstellungen) einer Überprüfung standhalten.»

Kontertaktik 8: Konfrontation
Wenn die Angriffe gegen Sie besonders heftig sind, ist die Taktik der Konfrontation gut geeignet, um den Angreifer zum Schwei-

gen zu bringen. Konfrontieren Sie ihn einfach mit seiner Taktik, indem Sie sie benennen. So machen Sie zudem den anderen Zuhörern kurz, aber auf den Punkt gebracht, klar, welches Spiel gespielt wird. Idealerweise bringen Sie sie dabei auf Ihre Seite, zum Beispiel so: «Ihre Taktik ist für uns alle einfach zu durchschauen. Ich bin mir sicher, jedem hier ist klar, dass ...»

Kontertaktik 9: Vertiefung
Fordern Sie mit dieser Taktik den Angreifer auf, seine Bedenken zu konkretisieren. Dabei können Sie sowohl die gesamte Killerphrase/das Totschlagargument als auch einzelne Wörter daraus zum Teil Ihrer Strategie machen. Beispiel:
Angreifer: «Stellen Sie sich den enormen Aufwand vor, Sie Phantast.»
Sie: «Warum wäre denn der Aufwand so groß?»/«Was verstehen Sie unter enorm?»/«Welcher Aufwand?»

Haben Sie es bemerkt? In diesem Beispiel ignorieren Sie den emotionalen Angriff in Form des Wortes «Phantast» und haken rein auf der Sachebene nach!

Kontertaktik 10: Erklärungen einfordern
Wenn der Manipulator versuchen sollte, lehrerhaft oder besserwisserisch aufzutreten, und Ihnen erklären möchte, warum etwas nicht geht, dann nehmen Sie ihn als Lehrer beim Wort. Beispiel:
Angreifer: «Dazu müssten Sie über XY besser Bescheid wissen!»
Sie: «Erklären Sie mir bitte XY.» (Oder auch in Kombination mit der Begründungseinforderung: «Wo genau sehen Sie bei XY Probleme?»)

> **Übung**
>
> Lassen Sie sich von einem Übungspartner mit Angriffs-Killerphrasen konfrontieren (siehe Seite 124 ff.). Gehen Sie dabei in der folgenden Reihenfolge vor:
> 1. Versuchen Sie, in Ruhe gegen jede Killerphrase eine Kontertaktik anzuwenden.
> 2. Notieren Sie sich zu jeder Killerphrase die Technik, die Sie angewandt haben.
> 3. Bewerten Sie Ihre Verteidigung und prüfen Sie, ob andere Techniken vielleicht noch besser gepasst hätten.
> 4. Überlegen Sie, wie das Gespräch bei den jeweiligen Killerphrasen weitergehen könnte und wie Sie dann weiter vorgehen würden.
> 5. Werten Sie die Art und Weise der Angriffe aus!

Nachfolgend finden Sie noch einmal konkrete Fragen, wie Sie die auf den Seiten 124 ff. vorgestellten Killerphrasen-Typen kontern können:

Der Geht-nicht-Killerphrasen-Typ:
- «Warum nicht?»
- «Wo genau sehen Sie Probleme?»
- «Was spricht denn in unserem Fall konkret dagegen?»

Der Das-ist-falsch-Killerphrasen-Typ:
- «Warum ist das falsch?»
- «Was genau ist daran falsch?»
- «Wie wäre die korrekte Vorgehensweise?»

Der Das-ist-abwegig-daher-Diskussion-beendet-Killerphrasen-Typ:
- Bestehen Sie höflich darauf, ausreden zu dürfen.
- Bestehen Sie höflich darauf, nicht unterbrochen zu werden.
- Bestehen Sie höflich darauf, Gehör zu finden.

Der Dafür-haben-wir-keine-Zeit-Diskussion-beendet-Killerphrasen-Typ:
- «Sie haben recht! Lassen Sie uns die Diskussion morgen in Ruhe weiterführen.»
- «Warum haben wir dafür keine Zeit?»
- «Was nützt eine Diskussion, ohne die Zeit zu haben, wirklich zu diskutieren?»

Der Kompetenzdemonstrations-Killerphrasen-Typ:
- «Und gerade weil Sie so kompetent sind, wissen Sie sicher, dass ...»
- «Können Sie Ihren Einwand bezogen auf unseren Fall präzisieren?»
- «Interessantes Argument, aber sicher sind Sie auch der Meinung, dass ...»

Der Machtdemonstrations-Killerphrasen-Typ:
- «Wie kommen Sie zu dieser Auffassung/Meinung?»
- «Ihre Autorität steht außer Frage. Aber warum greifen Sie mich persönlich an, statt mit mir sachlich zu diskutieren?»
- «Wenn Sie alle Informationen vorliegen hätten, würden Sie sicherlich anders entscheiden.»

Der Diskreditierungs-Killerphrasen-Typ:
- «Was macht Sie da so sicher?»
- «Warum so unsachlich, Herr Kollege?»

- «Was halten Sie davon, wenn wir ab jetzt wieder sachlich diskutieren?»

Der Vertagungs-Killerphrasen-Typ:
- «Was spricht konkret dagegen, das jetzt zu besprechen?»
- «Warum genau können Sie das nicht jetzt entscheiden?»
- «Warum genau sollten wir diesen Punkt vertagen?»

Der Angst- und Abschreckungs-Killerphrasen-Typ:
- «Weil dieses Problem so gar nicht besteht.»
- «Weil Sie ein Problem sehen, das es so gar nicht gibt. Vielmehr ist es so ...»
- «Weil das Risiko viel geringer ist, als Sie es darstellen. Fakt ist, dass ...»

Übung
Diskutieren Sie mit einem Freund über ein beliebiges Thema. Versuchen Sie, die Argumentation Ihres Freundes mit Hilfe von Killerphrasen auszuhebeln. Anschließend tauschen Sie die Rollen. Nun sollen Sie möglichst schnell Gegenargumente finden. Versuchen Sie, die Übung mit verschiedenen Themen zu wiederholen, unter der Prämisse, dass der Angegriffene stets spontan antworten muss.

So begegnen Sie Ausflüchten

Der Vorstandsvorsitzende eines großen internationalen Konzerns wird im Rahmen einer Pressekonferenz zum abgelaufenen Geschäftsjahr befragt. Leider war es nicht besonders erfolgreich.

Was meinen Sie? Wie wahrscheinlich ist es, dass der Vorstandsvorsitzende die volle Verantwortung übernimmt und eigene Fehler unumwunden eingesteht? Und würden Sie das an seiner Stelle tun?

Die meisten Menschen neigen dazu, vor unangenehmen Konsequenzen zu fliehen. In unserem Fall würde ein klares, freiwilliges Schuldeingeständnis unserem Vorstandsvorsitzenden womöglich einen gewissen Respekt bescheren, gleichzeitig aber auch der Anfang seines Karriereendes sein. Kein Wunder, dass er wahrscheinlich versucht wird, sich aus der Verantwortung zu stehlen.

Wäre er ehrlich, müsste er Folgendes zugeben:

«*Ich habe zu spät erkannt, dass sich der Markt verändert hat. Zwischenzeitlich habe ich aber meinen Fehler behoben und die Unternehmensstrategie auf die neuen Gegebenheiten ausgerichtet. Außerdem habe ich die Eurokrise unterschätzt, die sich nachhaltig und leider negativ auf das Geschäftsergebnis ausgewirkt hat. Ich hoffe aber, dass das Problem nun behoben ist und das nächste Geschäftsjahr besser wird.*»

Tatsächlich aber sagt er:

«*Man hat damals nicht voraussehen können, dass sich der Markt derart rapide verändern und die Eurokrise sich so verschärfen würde, zumal zahlreiche namhafte Experten sehr optimistisch in ihren Prognosen waren. Niemand hätte die negative Auswirkung der Krise auf das Geschäftsergebnis verhindern können. Das wäre nicht realistisch. Ich habe aber schnellstmöglich das Ruder herumgerissen und die Unternehmensstrategie den sich veränderten Marktumständen angepasst. Wir alle blicken nun sehr zuversichtlich auf das neue Geschäftsjahr.*»

Wenn Sie die beiden Aussagen getrennt voneinander betrachten: Welchem Vorstandsvorsitzenden würden Sie als Hauptaktionär eher die Geschäftsführung für das kommende Geschäftsjahr überlassen? Ich vermute, dem zweiten. Dieser wirkt nämlich durchaus ehrlich, aber gleichzeitig auch sehr dynamisch und vermittelt den Aktionären den Eindruck, dass er als starke Führungskraft die Dinge wieder geraderücken kann.

Der erste wirkt wie ein Verlierer und der zweite wie ein Sieger – und doch ist es gerade Letzterer, der uns manipuliert und um die Wahrheit betrogen hat. Aber wie konnte ihm das gelingen?

Betrachten wir seine Aussage genauer. Achten Sie bitte auf die fett markierten Wörter:

*«**Man** hat damals **nicht** voraussehen können, dass sich der Markt derart rapide verändern und die Eurokrise sich so verschärfen würde, zumal **zahlreiche namhafte Experten** sehr optimistisch in ihren Prognosen waren. **Niemand** hätte die negative Auswirkung der Krise auf das Geschäftsergebnis verhindern können. Das wäre **nicht realistisch**. Ich habe aber schnellstmöglich das Ruder herumgerissen und die Unternehmensstrategie den sich veränderten Marktumständen angepasst. **Wir alle** blicken nun sehr zuversichtlich auf das neue Geschäftsjahr.»*

Haben Sie den Trick durchschaut? Es befinden sich nicht nur einige geschickte Fluchtwörter in dem Text, sondern auch eine Killerphrase, und zwar in Form einer sehr vagen und nicht bewiesenen Behauptung, die als Beweis missbraucht wird. Genau das geschieht hier. Denn wie zahlreich und namhaft waren denn die Experten wirklich, die hier als Beweis vorgebracht werden? Gab es sie überhaupt? Und gab es nicht auch zahlreiche namhafte Experten, die das genaue Gegenteil behaupteten?

Manche Wörter können ihre enorme Wirkung nur deshalb entfalten, weil wir dem Gesprächsfluss nicht immer hundertprozentig folgen können. Unser Gehirn hat während eines Gesprächs zeitlich gar nicht die Möglichkeit, jedes einzelne Detail einer Aussage auf seine Stimmigkeit hin zu überprüfen. Wenn man für bestimmte Signalwörter und Gesprächstaktiken nicht sensibilisiert ist, findet nur eine automatische und oberflächliche Plausibilitätsprüfung in unserem Gehirn statt.

Ist man aber, wie Sie nun, dafür sensibilisiert, ändert sich automatisch der Wahrnehmungsfokus unseres limbischen Systems (siehe auch Seite 312 f.), und unser Gehirn nimmt derlei Signalwörter bewusst wahr. Eine solche Sensibilisierung ist nicht nur ein effektiver Schutz vor Manipulation, sondern ein wertvolles Werkzeug, um Gesprächspartner zu durchschauen und deren wahre Absichten zu entschlüsseln.

Machen wir uns nun gemeinsam an die Analyse der Wörter, die es unserem Vorstandsvorsitzenden erlauben, sich elegant aus seiner Verantwortung zu stehlen:

- «man»: Hier spricht man von *Entpersonalisierung*. Anstatt eine Aussage oder einen Umstand sich selbst zuzuordnen und damit die Verantwortung dafür zu übernehmen, wälzt er die Verantwortung auf das nicht greifbare, unpersönliche «man» ab.
- «niemand»/«keiner»: Hiermit verhält es sich ähnlich. Es handelt sich bei der Verwendung dieser Wörter ebenfalls um eine Entpersonalisierung, allerdings mit dem kleinen Unterschied, dass sie gleichzeitig einen *Absolutheitsanspruch* miteinschließen. Denn wenn «niemand» oder «keiner» etwas kann oder weiß, dann kann man dem Betreffenden diesbezüglich keinen Vorwurf machen, schließlich kennt das Wort «niemand» keine Ausnahmen. Wie also sollte man dann einen Vorwurf begründen können?
- «wir», «alle», «jeder» und «zahlreiche»: Diese Manipulationswörter stellen die Gegenstrategie zu «niemand»/«keiner» dar. Anstatt alle auszuschließen, werden hier alle ins Boot geholt. Sie erinnern sich an das menschliche Bedürf-

nis, einer Gruppe anzugehören? Wer möchte schon gerne ein Außenseiter sein? Wenn alle sich freuen, dann freuen wir uns auch, oder?

Nehmen wir an, unser Vorstandsvorsitzender wollte nicht die gesamte Verantwortung von sich weisen, sondern nur einen Teil davon. In diesem Fall wird er das Wörtchen «wir» verwenden: Anstatt «man» haben «wir» etwas zu spät erkannt. Er nimmt damit zwar einen Teil der Schuld auf sich, aber eben nur einen Teil, denn er verkündet gleichzeitig, dass auch alle übrigen Vorstandsmitglieder zu spät reagiert haben. Somit wird die Verantwortung auf alle Schultern gleichmäßig verteilt, obwohl doch eigentlich der Vorsitzende des Vorstandes aufgrund seines Amtes den Hauptanteil der Verantwortung tragen müsste.

Übrigens, wenn «jeder» etwas Bestimmtes weiß, sollten Sie es dann nicht auch wissen? Würden Sie gerne zugeben, etwas nicht zu wissen, was – angeblich – *jeder* weiß? Auch mit dem Wort «jeder» hat sich schon so mancher ohne Widerspruch aus der Verantwortung stehlen können. Etwas schwächer hingegen ist die Wirkung des Wortes «viele». Das, was viele können, kann nicht jeder, aber doch die Mehrheit.

- **«nicht»:** Das Wort «nicht» ist uns ja bereits als Taktik des Angriffsinstinkts bekannt. Es kann aber auch zur Flucht verwendet werden: Dann wird etwas als «nicht möglich» oder «nicht realistisch» bezeichnet. Bei näherer Betrachtung ist diese Aussage aber lediglich eine Worthülse ohne Beweiskraft, solange eine Begründung ausbleibt. Dieses Wort findet auf Debatten und in politischen Auseinandersetzungen viele dankbare Anwender, schließlich ermöglicht es plausibel klingende Behauptungen ohne Beweise.
- **«vielleicht»:** Das Wort «vielleicht» ist ein typisches Fluchtwort. Mit seiner Hilfe gelingt es, sich vor einer konkreten

Aussage zu drücken: Wer «vielleicht» sagt, will sich nicht festlegen.

> **Übung**
> Mit den oben genannten Fluchtwörtern können Sie sich aus der Verantwortung stehlen. Versuchen Sie nun selbst einmal, Fluchtsätze zu konstruieren. Betrachten Sie vorab folgende Beispiele, in denen der Sprecher eine klare Positionierung scheut und nicht das sagt, was er meint.
>
> | Gesagt | Gemeint |
> | --- | --- |
> | «Das kann man verstehen.» | «... muss man aber nicht.» |
> | «Das sehen sicher viele Leute so.» | «Ich aber nicht!» |
> | «Man sollte nichts überstürzen.» | «Ich muss erst darüber nachdenken.» |
> | «Da kann man nichts dagegen tun.» | «Ich kann nichts dagegen tun.» |

Sie sind nun sensibilisiert für die Signalwörter, anhand derer Sie erkennen können, wann Ihr Gesprächspartner die Flucht aus einer bestimmten Situation oder Verantwortung wagen möchte. Sicherlich stellen Sie sich die Frage, wie Sie diese Erkenntnisse zu Ihrem persönlichen Vorteil nutzen können. Ob Sie einen Betrüger oder Lügner mit Ihrem Wissen direkt konfrontieren oder ihn im Ungewissen über Ihre Entschlüsselung lassen, ist immer abhängig vom Einzelfall.

Generell gilt aber folgende Faustregel: Je intelligenter der Lügner ist, desto besser ist es im Regelfall, Ihre Erkenntnisse für sich zu behalten und im weiteren Gesprächsverlauf zusätzliche Informationen zu sammeln, die Ihre Erkenntnisse untermauern oder gar beweisen. Konfrontieren Sie den Gesprächspartner also erst zu einem taktisch klugen Zeitpunkt damit. Ein weniger intelligenter Lügner lässt sich dagegen oft leicht beeindrucken, sobald man ihm zu verstehen gibt, dass er einem nichts vormachen kann, und dies untermauert, indem man ihn auf den durchschauten Bluff hinweist.

Wichtig ist für Sie letztlich nur eins, nämlich die Aussagen Ihres Gesprächspartners stets so präzise wie möglich bewerten zu können.

Schauen wir nun im nächsten Schritt, wie der Fluchtinstinkt in Form von Flucht-Killerphrasen in Erscheinung treten kann.

Flucht-Killerphrasen und Totschlagargumente

Derjenige, der Flucht-Killerphrasen und Totschlagargumente verwendet, will entweder nicht zu seiner Verantwortung, der aktuellen Situation oder seinen wahren Absichten stehen oder möchte sich mit einem bestimmten Thema erst gar nicht befassen. Dementsprechend versucht er, es für unangebracht und unnötig zu erklären oder gänzlich davon abzulenken.

Diese Taktiken stecken hinter Flucht-Killerphrasen/Totschlagargumenten:

- **Verstecken hinter vermeintlichen Fakten, Zahlen und Statistiken**
    - «Das geht nicht, dazu gibt es Gerichtsurteile.»
    - «Umfragen haben ergeben, dass 35 Prozent aller …»
    - «Die Statistik beweist aber das Gegenteil.»

- **Verstecken hinter Autoritäten**
    - «Das genehmigt der Chef nie.»
    - «Das ist in unserem Unternehmen nicht durchsetzbar.»
    - «Da hätte Herr Maier sicher was dagegen.»
    - «Laut Professor Huber geht das nicht.»

- **Flucht mittels Zeit und Ort**
  - «Darüber sprechen wir später noch.»
  - «Das kann man dann immer noch besprechen.»
  - «Das ist hier nicht der richtige Rahmen.»
  - «Dafür haben wir jetzt keine Zeit.»

- **Flucht mit dem Verweis auf vermeintliche Sinnlosigkeit**
  - «Das ist grundsätzlich richtig, aber bei uns nicht anwendbar.»
  - «Das haben wir bereits versucht.»
  - «Das wird nie funktionieren.»
  - «Der Aufwand ist viel zu groß.»

- **Flucht, indem Fakten/Realitäten nicht anerkannt werden**
  - «So schlimm ist das (sicher) nicht.»
  - «Das wird schon (wieder).»

- **Flucht, indem die Sinnhaftigkeit bezweifelt wird**
  - «Nein!»
  - «Diese Frage stellt sich so nicht. Vielmehr verhält es sich so: ...»
  - «Das ist die falsche Frage, wichtiger wäre ...»
  - «Das liegt nicht in unserem Verantwortungsbereich.»

- **Flucht, indem konkrete Entscheidungen verweigert werden**
  - «Wir müssen nichts ändern, es funktioniert doch gut, wie es ist.»
  - «Das entscheiden wir später gemeinsam.»
  - «Das wäre jetzt verfrüht.»

- **Flucht durch falsche Behauptungen**
  - «Das ist längst widerlegt.»

- «Das ist so nicht durchführbar.»
- «Dieser Vorschlag ist lächerlich.»
- «Das Risiko ist viel zu groß.»

- **Flucht durch vermeintliche Logik/Begründung**
  - «Wir haben das immer schon so gemacht.»
  - «Das haben wir noch nie gemacht.»
  - «Da könnte ja jeder kommen.»
  - «Gute Idee, aber nicht für uns.»

- **Flucht durch vorgetäuschte Einigkeit**
  - «Es ist unbestritten, dass ...»
  - «Alle sind sich einig, dass ...»
  - «Es weiß doch jeder, dass ...»
  - «Niemand wird ernsthaft bezweifeln wollen, dass ...»
  - «Jedem ist klar, dass ...»

Was kann man gegen Flucht-Killerphrasen tun? Im Grunde gelten dieselben Regeln wie bei den Angriff-Killerphrasen:

- Nehmen Sie niemals eine Killerphrase unwidersprochen hin, denn jede unwidersprochene Killerphrase führt zu einem Imageverlust.
- Rechtfertigen Sie sich nicht. Wer sich rechtfertigt, befindet sich im Tiefstatus – und das sollten nicht Sie sein. Wer fragt, der führt!
- Reagieren Sie immer sachlich, nie emotional.
- Sprechen Sie langsam, ruhig und nach Möglichkeit mit tiefer Stimme. So wirken Ihre Sachargumente besonders souverän.

Übung
Üben Sie mit einem Freund oder Ihrem Partner die Abwehr von Flucht-Killerphrasen ein. Wählen Sie zunächst ein Thema aus, über das Sie diskutieren möchten. Mit Ihrem Partner könnten Sie zum Beispiel über eine Neueinrichtung Ihrer Wohnung sprechen oder über eine Änderung der Urlaubspläne. Ihren Freund könnten Sie versuchen zu überzeugen, die Arbeitsstelle zu wechseln. Es gibt kein falsches Thema, wichtig ist nur, dass es erstens genügend Stoff für eine Diskussion bietet und es sich zweitens nicht um ein Thema handelt, das tatsächlich zwischen Ihnen besprochen werden sollte oder bei einem der Beteiligten starke Emotionen auslösen wird. Schließlich geht es hier um den Übungseffekt.
Wiederholen Sie die Übung beliebig oft, mindestens jedoch mit drei unterschiedlichen Themen, damit Sie herausfinden, mit welchen Gesprächsmustern und Abwehrstrategien Sie am besten klarkommen. Ideal wäre es natürlich, wenn Sie einen kleinen Gesprächszirkel gründen würden, bei dem alle versuchen, sich gegenseitig rhetorisch an die Wand zu fahren.
Hierbei geht es um mehr als nur um simple Kommunikation: Mit ein bisschen Übung können sie mit Hilfe der hier beschriebenen Taktiken Gesprächspartner sowohl kommunikativ in die Ecke treiben als auch deren Angriffe ins Leere laufen lassen.

Fazit
Belassen Sie es nicht bei Ihrem theoretischen Wissen. Es kommt darauf an, es täglich in der Praxis anzuwenden. Halten Sie jederzeit Augen und Ohren offen, versuchen Sie, Lügen oder Ausflüchte zu erkennen, probieren Sie spielerisch, Ihren Bekannten

Gruppen zuzuordnen, in Gesprächen das Statusverhalten anderer zu analysieren, oder spielen Sie mit Reizwörtern.

Es ist sehr faszinierend, einen Gesprächspartner auf der verbalen Ebene genauer unter die Lupe zu nehmen, aber denken Sie daran, dass es sich dabei lediglich um eine von vielen Wahrnehmungsebenen handelt. Es ist die *Kombination der Erkenntnisse mehrerer Wahrnehmungsebenen*, die Sie in die Lage versetzen, Ihren Gesprächspartner wie ein offenes Buch zu lesen.

Bislang haben wir uns mit Ur-Instinkten, Gruppenanalysen und der Macht und Bedeutung von Wörtern und Formulierungen beschäftigt. Im nächsten Kapitel werden wir die Frage behandeln, wie wir Gesprächspartner mit unseren verschiedenen Sinnesorganen möglichst umfassend wahrnehmen und analysieren können.

Schlüssel 4:
DAS GEHEIMNIS UNSERER SINNESWAHRNEHMUNGEN

Um Ihren Gesprächspartner zu durchschauen, ist es unerlässlich, über eine ausgeprägte *Wahrnehmungsfähigkeit* zu verfügen. Ich werde Ihnen in diesem Kapitel zeigen, worauf Sie achten müssen, welche *Wahrnehmungsfallen* drohen und wie Sie diese umgehen können. Damit Sie Ihre Wahrnehmungsfähigkeit steigern können, müssen Sie wissen, welche Faktoren sie trüben und welche sie fördern.

Wahrnehmung findet auf vielen Ebenen gleichzeitig statt. Die meisten denken in diesem Zusammenhang vorrangig an die Körpersprache und deren Entschlüsselung, doch sie ist nur eine von vielen visuellen Wahrnehmungsmöglichkeiten: So können wir auf der visuellen Ebene zum Beispiel wahrnehmen, welchen Ort unser Gesprächspartner für das Gespräch gewählt hat, wie er gekleidet ist, in welcher körperlichen Verfassung er sich befindet, welche Manieren er an den Tag legt und gegebenenfalls auch, ob er (sucht)krank ist.

Allerdings verfügen wir nicht nur über unsere Augen, sondern noch über vier weitere Sinnesorgane: Nasen, Ohren, Haut, Mund. (Der Mund spielt allerdings nur eine untergeordnete Rolle, denn üblicherweise begrüßen wir unsere Gesprächspartner nicht per Zungenkuss, es soll hier daher nur der Vollständigkeit halber erwähnt sein).

Auditive Wahrnehmung – was verraten Anklopfen, Stimmlage, Tonfall und Sprechgeschwindigkeit?

In meinen Seminaren frage ich meine Teilnehmer gerne, ab welchem Punkt für sie die Wahrnehmung eines Gesprächspartners beginnt. Die Antworten gleichen sich verblüffend oft und scheinen auch naheliegend zu sein: Die Wahrnehmung beginne, sobald man den Gesprächspartner sehe. In manchen Fällen trifft das zu – in vielen Fällen allerdings nicht, denn wenn Sie sich zum Beispiel bereits vor dem Gespräch über Ihren Gesprächspartner erkundigt oder Informationen eingeholt haben, dann haben Sie sich schon ein erstes Bild von ihm gemacht.

Ein anderes Beispiel: Sie bekleiden eine berufliche Führungsposition und haben einen Ihrer Mitarbeiter zu sich ins Büro gebeten. Dieser klopft nun zur vereinbarten Zeit an Ihre Bürotür. Durch sein Anklopfen nehmen Sie Ihren Mitarbeiter bereits wahr, bevor Sie ihn sehen, oder? Sie können sogar erste Schlussfolgerungen aus der Art seines Klopfens anstellen. Handelt es sich um ein gewöhnliches Klopfen, ein lautes Klopfen, ein zögerliches oder ein leises Klopfen? Oder betritt der Mitarbeiter sogar einfach Ihr Büro, ohne überhaupt anzuklopfen? Anhand eines scheinbar banalen Klopfgeräuschs können Sie bereits erste Rückschlüsse hinsichtlich des *Statusverhaltens* Ihres Mitarbeiters ziehen.

Dieses Beispiel erlaubt bereits eine erste Differenzierung der verschiedenen Wahrnehmungsebenen. Die erste Ebene ist die *Grundwahrnehmung*, hier also die Wahrnehmung und Interpretation der Art und Stärke des Klopfgeräuschs. Die Schlussfolgerungen daraus werden Ihnen vielleicht etwas simpel erscheinen. Vor dem Hintergrund jedoch, dass sich die meisten Menschen über die Interpretation von Klopfgeräuschen überhaupt keine Gedanken machen, gewinnen sie an Bedeutung.

Ein lautes Klopfen kann – je nach Kontext – darauf hindeuten, dass sich der Anklopfende entweder selbst einen hohen Status beimisst, er über ein großes Selbstbewusstsein verfügt oder schlichtweg kein Gespür dafür hat, sich angemessen zu verhalten. Natürlich sind auch hier Ausnahmen denkbar: Ein starkes Klopfen kann auch schlicht mit einer allgemeinen Verärgerung im Zusammenhang stehen. Die möglichen Gründe für eine solche Verärgerung können Sie spätestens im Gespräch selbst klären. Je nachdem, ob solche Gründe im Vorfeld vorliegen oder nicht, müssen Sie das Verhalten des Mitarbeiters unterschiedlich interpretieren.

Ein zögerliches, leises Klopfen lässt auf Unschlüssigkeit oder Ängstlichkeit schließen: Der Mitarbeiter möchte aus Angst oder Unsicherheit am liebsten vermeiden, überhaupt Ihr Büro zu betreten. Ein bewusster Bruch mit der Etikette kommt für eine zurückhaltende, schüchterne oder ängstliche Person in aller Regel nicht in Frage. Gehen Sie also der Zurückhaltung des Mitarbeiters auf den Grund: Erwartet er ein unangenehmes Gespräch? Oder scheint er sich generell unwohl zu fühlen, wenn er Ihnen oder anderen Autoritäten gegenübertritt?

Hat der Mitarbeiter gar nicht angeklopft, bleiben mehrere Interpretationsmöglichkeiten. Selbst wenn Ihre Bürotür offen stand, wäre es trotzdem eine Frage der Höflichkeit, auch an die offene Bürotür zu klopfen. Verhält sich der Mitarbeiter generell so, oder handelt es sich um einen Einzelfall? Im ersten Fall liegen drei Schlussfolgerungen nahe:

1. Er hat keine oder eine schlechte Kinderstube genossen.
2. Er lässt Ihnen gegenüber den nötigen Respekt vermissen.
3. Er akzeptiert Ihren Status nicht (oder betrachtet sich im Verhältnis zu Ihnen als gleich- oder sogar höherrangig).

Handelt es sich jedoch um einen Einzelfall (sprich, der Mitarbeiter verhält sich normalerweise höflich), sollten Sie sich fragen, warum er von seinem Normalverhalten abweicht. Eine denkbare Erklärung wäre z. B., dass der Mitarbeiter zwar generell Ihren Status anerkennt, Ihnen aber in der aktuellen Situation die Respektsbekundung verweigert – sei es, weil er vorübergehend wütend auf Sie ist, sei es, weil er abgelenkt war oder schlichtweg vergessen hat zu klopfen.

Auf dem Weg zur Entschlüsselung eines Gesprächspartners helfen Ihnen weder Allgemeinplätze noch Dogmen weiter, sondern nur eine individuelle Betrachtung des jeweiligen Einzelfalls. Für diesen aber gilt immer: Interessant, weil am aufschlussreichsten, sind die *Abweichungen* vom Normalverhalten. Sie verdienen es, genauer unter die Lupe genommen zu werden. So kann sich ein Mitarbeiter, der sich normalerweise einen niedrigeren Status als Ihnen zuschreibt, im Einzelfall darüber hinwegsetzen, z. B. weil er mit einer Bewertung in seinem Zwischenzeugnis nicht einverstanden ist.

Gehen wir einen Schritt weiter. Hat der Mitarbeiter nun Ihr Büro betreten, erfolgt in der Regel als Nächstes die persönliche Begrüßung. In diesem Augenblick sollten Sie besonderes Augenmerk auf die Analyse seiner Stimme legen. Folgende Punkte bedürfen der näheren Betrachtung:

- *Sprechgeschwindigkeit* (generelle Sprechgeschwindigkeit)
- *Stimmhöhe* (hoch/tief)
- *Lautstärke* (generelle Lautstärke)
- *spezielle Lautstärke* (falls die Lautstärke während des Sprechens variiert, dann Häufigkeit)
- *Sprechpausen* (Häufigkeit)
- *Sprechfluss* (Häufigkeit, in der der Sprecher stockt oder den Faden verliert)

Spricht Ihr Gegenüber mit einer festen, ruhigen Stimme, vielleicht sogar in einer tiefen Tonlage und sehr langsam? Spricht er hastig? Ist seine Stimme eher hoch? Oder ist sie leise und kaum hörbar?

Eine ruhige und feste Stimme lässt tendenziell eher auf eine selbstbewusste Haltung schließen und kann zudem ein Statushinweis sein. Besonders Personen mit hohem Status oder solche, die glauben, einen solchen zu besitzen, sprechen sehr tief und langsam. Der psychologische Hintergrund dieser Sprechweise ist folgender: Eine langsame Sprechgeschwindigkeit ermöglicht dem Sprecher viele Pausen. Der langsame Sprecher nimmt sich also die Zeit, die er für seine Aussagen benötigt, und lässt sich durch niemanden aus der Ruhe bringen. Er setzt damit als selbstverständlich voraus, dass ihm dieses Privileg von den anderen Anwesenden zugestanden wird und es keiner wagen wird, ihn zu unterbrechen.

Jemand, der hingegen befürchtet, unterbrochen zu werden und seine Gedanken dadurch nicht zu Ende führen zu können, spricht auffällig schnell, um niemandem die Möglichkeit zu bieten, einzuhaken. Aber auch Nervosität kann eine Ursache für eine schnelle und angespannte Sprechweise sein, zudem ändert sich dann die Klangfarbe der Stimme, sie wird heller.

Woran liegt das? Auch hier ist die Ursache im Wesentlichen physiologischer Art. Unser Körper schüttet, wie wir bereits gelernt haben, unter großer Anspannung Stresshormone aus; Blutdruck und Puls steigen, die Atmung wird hektischer und flacher. Dies erhöht wiederum die Anspannung des gesamten Körpers, wodurch die Stimme in Mitleidenschaft gezogen wird.

Eine ruhige, tiefe und sonore Stimmlage ist nur bei innerer Sicherheit und Ruhe möglich. Eine hektische oder ängstliche Haltung kann dagegen nicht verborgen werden, wenn das Gegenüber weiß, worauf es achten muss. Aber Vorsicht! Auch in diesem

Fall gilt: Gleichen Sie den Einzelfall mit dem Normalverhalten des Sprechers ab. Spricht Ihr Gegenüber vielleicht generell schnell und hektisch? Hat er von Natur aus eine eher hohe Stimme? Etc.

Die Sprechgeschwindigkeit liefert über die Gefühlslage hinaus weitere wertvolle Hinweise, etwa im Hinblick darauf, wie sicher sich der Sprecher des Gesagten ist. Wer schnell spricht, hat kaum Zeit, über das Gesagte nachzudenken. Kopfarbeit und eine hohe Sprechgeschwindigkeit vertragen sich nicht. Beides zugleich ist, wie Sie inzwischen wissen, aus kognitiven Gründen nicht möglich.

Beobachten Sie einen Redner längere Zeit, können Sie also aus einem harmonischen Redefluss schließen, dass er sein Thema beherrscht. (Das unterscheidet übrigens auch einen gelegentlichen Redner von einem professionellen Redner: Der gelegentliche Redner benötigt immer wieder einen Blick auf sein Skript oder seine PowerPoint-Folie zur Orientierung. Nach außen hin stellt er den Einsatz solcher PowerPoint-Folien als Qualitätsmerkmal seiner Rede dar, in Wahrheit ist sie genau das Gegenteil. Ein Redner, der wirklich hundertprozentig in seinem Thema zu Hause ist, benötigt keine Hilfsmittel, um die Zuhörer zu begeistern.)

Wechseln wir die Beispielsituation: Sie möchten einen Kollegen zu einem komplexen Vorgang im Unternehmen befragen und gleichzeitig die Glaubhaftigkeit seiner Aussagen überprüfen. Wie wir weiter oben festgehalten haben, schließen sich eine hohe Sprechgeschwindigkeit und gleichzeitiges Nachdenken gegenseitig aus. Wenn Ihr Gesprächspartner also zu einem komplexen Thema ausführlich Stellung nimmt, ist eine schnelle und flüssige Sprechweise ein Indikator für seine Glaubwürdigkeit. Zur Konstruktion unwahrer Aussagen benötigte er schließlich Bedenkzeit. Sollte er hingegen ein auswendig gelerntes Lügenkonstrukt herunterbeten, würde dies durch eine ungewöhnlich exakte Struktur auffallen, die sehr anfällig für Ablenkungen ist.

Eine durchgängig perfekte Chronologie ist für die spontane und freie Rede absolut unüblich, da hier die Nachdenkzeit fehlt, alles in der richtigen zeitlichen Reihenfolge zu berichten (siehe auch Seite 265, 303).

So weit, so gut. Nehmen wir an, Ihr Gesprächspartner habe seit Beginn der Unterhaltung stets langsam gesprochen. Plötzlich jedoch, bei einer bestimmten Fragestellung oder einem bestimmten Thema, fängt er an, schneller zu reden. Möglicherweise entsprechen seine Aussagen dann nicht mehr der Wahrheit, denn in einem solchen Fall ist die schnellere Sprechgeschwindigkeit nicht mehr mit einer vorhandenen *Grundnervosität* zu erklären, sondern vielmehr mit einer jäh einsetzenden Anspannung.

Man sollte allerdings auch das schnelle Sprechen differenziert betrachten und unterscheiden, ob es sich eher um ein entspanntes schnelles, vielleicht sogar leidenschaftlich schnelles Sprechen handelt, weil demjenigen z. B. das Thema besonders am Herzen liegt, oder aber um ein hektisches, getriebenes schnelles Sprechen.

Es gibt Fälle, in denen schnelles Sprechen ein Hinweis auf ein Lügenkonstrukt sein kann, ohne dass der Sprecher sonderlich nervös wirkt. Dies ist dann der Fall, wenn Ihr Gesprächspartner ungewöhnlich schnell auf eine Frage antwortet. Wird uns eine Frage gestellt, ist eine gewisse Reaktionszeit vonnöten, um die Frage zu verstehen und passend zu beantworten. Fehlt diese Reaktionszeit, und die Antworten des Gesprächspartners erfolgen wie aus der Pistole geschossen, sollten bei Ihnen die Alarmglocken schrillen: Dann ist die Wahrscheinlichkeit relativ hoch, dass Ihr Gesprächspartner lediglich einstudierte Antworten abspult.

Auch hier ist aber wieder die Abweichung vom Normalverhalten der wertvollste Indikator: Antwortet Ihr Gesprächspartner generell so schnell auf Fragen oder nur in dieser speziellen Gesprächssituation?

Übung

Versuchen Sie, in einem kurzen Zeitraum möglichst viele unterschiedliche Redner zu beobachten, sei es auf Wissensforen, Messen, Meetings oder im privaten Bereich (etwa auf Hochzeiten, Geburtstagen oder anderen feierlichen Anlässen). Optimal wäre es, wenn es sich hierbei nicht um eine homogene Gruppe von Rednern handeln würde, beispielsweise Profis, Laien oder Halbprofis, sondern um eine Mischung aus diesen Gruppen. Analysieren Sie jeden Redner möglichst gründlich vor Beginn seiner Rede, und notieren Sie sein verbales Normalverhalten. Zur schnellen und präzisen Beurteilung verwenden Sie am besten das Schulnotensystem. Beispielsweise würde dann eine Eins für einen sehr schnellen Redner stehen und eine Sechs für einen sehr langsamen. Bewerten Sie bitte nach dem gleichen Prinzip auch alle nachfolgenden Punkte: *Sprechgeschwindigkeit*, *Stimmhöhe* (hoch/tief), *Lautstärke* (generelle Lautstärke), *spezielle Lautstärke* (falls die Lautstärke während des Sprechens variiert, dann Häufigkeit), *Sprechpausen* (Häufigkeit) und *Sprechfluss* (Häufigkeit, in der der Sprecher stockt oder den Faden verliert).

Halten Sie diese Liste in zwei Ausfertigungen parat, und verdecken Sie die bereits ausgefüllte Liste Ihrer Normalzustandsanalyse, damit Sie beim Ausfüllen der zweiten Liste nicht versehentlich beeinflusst werden.

Sobald die Rede begonnen hat, analysieren Sie bitte das besondere Sprechverhalten des Redners während seiner Rede. Füllen Sie dazu die zweite Liste aus. Am besten halten Sie zusätzlich einen Stift in einer anderen Farbe parat. Sollten sich im Verlauf der Rede Änderungen bzw. Korrekturen ergeben, dann können Sie diese mit dem farbigen Stift dokumentieren.

Diese Übung ist in vielerlei Hinsicht sinnvoll: Zum einen lernen

Sie dadurch, Ihre Wahrnehmung zu sensibilisieren, zum anderen können Sie die Selbstsicherheit des Redners überprüfen. Je selbstsicherer ein Redner ist, desto weniger werden seine Werte während der Rede von seinem Normalzustand abweichen.

Aber Achtung: Der Normalzustand darf nicht erst kurz vor der Rede analysiert werden, denn da steht der Redner meist schon unter dem Einfluss des folgenden Auftritts. Lernen Sie ihn also, wenn möglich, im Vorfeld kennen, beispielsweise, indem Sie ihn für einen Smalltalk ansprechen. Wichtig ist außerdem, dass Sie sich als Beobachter für die Ermittlung des Normalzustandes Zeit nehmen, um nicht lediglich eine Momentaufnahme mit dem Normalzustand zu verwechseln.

Visuelle Wahrnehmung – was zeigen Körperhaltung, Gang und Kleidung?

Begeben wir uns in eine Beispielsituation, nehmen wir wieder ein klassisches Bewerbungsgespräch. Der Stellenbewerber hat bereits angeklopft, Ihr Büro betreten und Sie begrüßt. Nun kommt er auf Sie zu. Sie können nun sehen, wie er gekleidet ist und wie er sich bewegt.

Hierzu möchte ich Ihnen eine kleine Anekdote erzählen: Ein Seminarteilnehmer fragte mich einmal, ob jemand, der langsam ginge, in der Lage sei, schnell zu arbeiten. Die Frage klingt zunächst etwas sonderbar, ist aber gar nicht so abwegig. Anhand von Körperhaltung und Gang kann man einige Schlussfolgerungen ziehen, beispielsweise das Statusverhalten, die Energie, den Charakter und auch den Gesundheitszustand betreffend. Unser Körper verrät in den meisten Fällen unsere momentan vorherrschende Gemütslage. Gehen wir mit Selbstvertrauen in ein Bewerbungsgespräch, so nehmen wir automatisch eine entsprechende Körperhaltung und einen entsprechenden Gang ein. Umgekehrt gilt das Gleiche.

Wer Angst hat, den sprichwörtlichen Boden unter den Füßen zu verlieren, wird unbewusst vorsichtiger gehen als jemand, der voller Zuversicht und Selbstvertrauen steckt. Auch bei Rednern kann man gut erkennen, wie selbstsicher ihr Stand ist. Ein selbstsicherer Redner steht mit beiden Beinen fest auf dem Boden und hat Bodenhaftung. Ein unsicherer Redner hingegen verlagert sein Gleichgewicht, wippt mit einem Fuß oder belastet einen oder beide Füße nur zum Teil. Das kann man dann neben der allgemeinen Körperspannung auch daran erkennen, dass der Fuß bzw. die Füße nur zum Teil den Boden berühren. Ein behäbiger Gang lässt oftmals auch auf einen behäbigen Charakter schließen, und ein dynamischer Gang ist selten das Markenzeichen eines Couch-Potato.

Wie immer kann man mit derlei Ableitungen völlig falschliegen. Sie sind aber ein erster Hinweis in eine bestimmte Richtung, die es dann mit weiteren Indikatoren zu verifizieren gilt.

Zurück zu unserem Beispiel: Sie können also bereits anhand seiner Körperhaltung und seines Gangs eine Menge über den Bewerber herausfinden: Eine aufrechte, aber zugleich entspannte Haltung lässt auf ein gesundes Selbstbewusstsein schließen. Ist die Haltung zwar aufrecht, aber angespannt, wie beispielsweise beim Militär, so muss man bereits zu differenzieren beginnen. Hat der Bewerber längere Zeit beim Militär gedient – was sich aus dessen Lebenslauf erschließen lässt –, dann kann diese Haltung antrainiert sein. Es kann sich hierbei aber auch um eine unnatürliche Haltung handeln, die der Bewerber künstlich einnimmt, um selbstbewusster zu erscheinen. Daraus würde sich dann ableiten lassen, dass der Bewerber nicht so selbstbewusst ist, wie er sich gerne präsentieren möchte.

Im Gegensatz zu einer selbstbewussten Haltung definiert sich eine unsichere durch eine geschlossene Körperhaltung, beispielsweise verschränkte Beine. Es kommt aber nicht auf die verschränkten Beine als solches an, sondern darauf, ob die Gesprächspartner zwischen sich Barrieren schaffen oder nicht. So können geschlossene Beine bei einem frontalen Gegenübersitzen eine solche Barriere schaffen, während dies bei einer seitlichen Sitzposition nicht der Fall ist. Außerdem müssen Sie wie immer den Kontext sowie die übrigen Wahrnehmungsindikatoren berücksichtigen: Eine verschränkte Beinhaltung zum Beispiel kann bei langen Gesprächen auch nichts weiter als eine Bequemlichkeitshaltung sein. Dies gilt sowohl im Stehen als auch im Sitzen. Hierfür sind wieder unsere Ur-Instinkte verantwortlich: Je größer das Selbstbewusstsein einer Person, desto weniger schützt sie ihre empfindlichen Körperstellen, umgekehrt gilt das Gleiche.

Gehen wir nun weg von unserem Bewerberbeispiel und beschäftigen wir uns mit Distanzen, die wir zu Menschen in unterschiedlichen Situationen einnehmen.

Distanzzonen und ihre Bedeutung

Jeder Mensch hat – bedingt durch die Ur-Instinkte, die uns vor potenziellen Angriffen schützen – bestimmte *Distanzzonen*, die er je nach Situation einhält. Im Allgemeinen unterscheidet man drei Distanzzonen, die unseren Alltag prägen.

1. Die *intime Distanz* oder *Nahdistanz* beträgt in etwa 30 Zentimeter. Das entspricht ungefähr der Länge unseres Unterarms. Im Regelfall lassen wir nur Menschen in diese Distanzzone, die uns persönlich nahestehen und denen wir großes Vertrauen entgegenbringen, also Partner, Eltern, Kinder und gute Freunde. Diese Distanz besteht nicht von ungefähr aus der Länge

unseres Unterarms: Sie ist genau der Abstand, den wir zur Abwehr der gefährlichen «Kurzstreckenwaffen» des menschlichen Körpers – Ellbogen, Knie und Kopf – einhalten müssen. Ein kraftvoller Kopfstoß auf die Nase, ein starker Ellbogenschlag unter das Kinn oder ein heftiger Kniestoß zwischen die Beine führen in aller Regel zum sofortigen Knockout.

2. Die sogenannte *gesellschaftliche Distanz* beträgt ca. 1 bis 1,5 Meter. In dieser Distanzzone bewegen wir uns für gewöhnlich, wenn wir es mit Menschen zu tun haben, die uns nicht nahestehen und die uns nicht näher bekannt sind, von denen uns aber auch keine Gefahr droht, etwa bei einer Tagung oder bei einer öffentlichen Veranstaltung. Diese Zone befindet sich außerhalb der «Mittelstreckenwaffen» des menschlichen Körpers, also der Fäuste, allerdings immer noch innerhalb einer Gefahrenzone, denn wir sind durch Fußtritte erreichbar. Wir fühlen uns in der gesellschaftlichen Distanz nicht so wohl wie mit vertrauten Menschen in der Nahdistanz, aber auch nicht so unwohl wie bei völlig unbekannten Menschen, zu denen wir noch größeren Abstand halten.

3. Die dritte Distanzzone wird auch *unpersönliche Distanz* genannt. Sie beginnt ab einer Körperentfernung von 1,5 Metern. Zu Personen, die wir nicht kennen oder mit denen wir nichts zu tun haben möchten, halten wir in der Regel einen größeren Abstand als 1,5 Meter ein. Diese Distanz ist bis auf wenige Ausnahmen eine sichere Entfernung, um nicht von der effektivsten «Langstreckenwaffe» des menschlichen Körpers erwischt zu werden, dem seitlichen Fußstoß auf Beckenhöhe mit eingedrehter Hüfte. Keine andere Angriffstechnik (von Waffengebrauch sehen wir an dieser Stelle ab) erlaubt einen Treffer aus größerer Distanz.

Wie wir mit Distanz umgehen, illustriert die weltberühmte Erzählung vom Fuchs und dem kleinen Prinzen von Antoine de Saint-Exupéry. In dieser Geschichte lässt der Fuchs den kleinen Prinzen jeden Tag ein Stückchen näher an sich herankommen, bevor er schließlich wegläuft. Eines Tages hat der kleine Prinz das Vertrauen des Fuchses gewonnen und darf sich neben ihn setzen.

Wir Menschen verhalten uns recht ähnlich: Mit zunehmender Vertrautheit erlauben wir einem zunächst fremden Menschen, die verschiedenen Distanzzonen zu unterschreiten.

Wenn es sich bei Ihren Gesprächspartnern weder um völlig fremde noch um sehr vertraute Menschen handelt – und auch nicht um Personen, mit denen Sie keinen Kontakt möchten –, dann wählen Sie im Regelfall einen Abstand zum Gesprächspartner, der zwischen der ersten und der dritten Distanz liegt. Achten Sie einmal darauf!

Unsere Körperhaltung dient wie die Distanzzonen unserem eigenen Schutz. Eine breite Sitz- oder Standposition legt eine unserer empfindlichsten Körperstellen jedoch schutzlos frei, deshalb ist breitbeiniges Sitzen oder Stehen typisch für sehr selbstbewusste Menschen, die keine Angst vor den anderen Anwesenden verspüren bzw. den Hochstatus für sich beanspruchen. Eine geschlossene Beinhaltung ist eher charakteristisch für ängstliche Menschen oder Gesprächspartner, die sich in der aktuellen Situation unwohl fühlen.

Gleiches gilt für den Hals. Nicht umsonst beschreibt der Volksmund überhebliche Menschen dadurch, dass diese die Nase oder das Kinn weit oben tragen. Überheblichkeit erlauben sich nur Menschen mit einem sehr hohen Selbstbewusstsein oder solche, die Selbstbewusstsein vortäuschen möchten. Ausdruck davon ist eine erhöhte Kopfhaltung. Denn durch das Heben des Kinns legen wir unseren Hals frei – eine unserer empfindlichsten Körperstellen. Wer sich also unwohl oder unsicher fühlt, wird seinen Hals instinktiv nicht schutzlos lassen.

Wir können unseren Hals durch zwei Bewegungen schützen, entweder durch Absenken des Kinns oder Anheben der Schultern, idealerweise durch beides. Diese Kombination schützt uns zum Beispiel als eine Art Erste-Hilfe-Maßnahme wirkungsvoll vor Würgeangriffen.

Das Gegenteil, also eine offene Körpersprache, ist hingegen ein Zeichen von Wohlgefühl – oder ein Freundschaftsangebot. Jemand, der einen anderen mit offenen Armen begrüßt, zeigt damit auch Vertrauen: Er erwartet von seinem Gegenüber keinen Angriff.

Merke: Je sicherer und wohler wir uns fühlen, desto geringere Distanzen zum Gegenüber benötigen wir und desto offener wird unsere Körperhaltung.

Welche Rückschlüsse ergeben sich nun aus der Distanz, die ein Gesprächspartner zu uns einnimmt? Hier ist wieder der Gesamtzusammenhang entscheidend. Kennt uns unser Gesprächspartner nicht und nimmt trotzdem eine geringe Distanz zu uns ein, kann dies entweder ein Anzeichen für ein starkes Selbstbewusstsein oder sogar eine klare Dominanz- oder Drohgeste sein, denn auch Menschen, die andere Menschen bedrohen wollen, dringen bewusst in deren Sicherheitszone ein. Nicht umsonst gibt es die bekannte Redensart, nach der wir jemandem «auf die Pelle rücken».

Das Wissen um die Distanzzonen ist mir während meiner Zeit bei der Kriminalpolizei oft zugute gekommen. Bei sehr wichtigen Vernehmungen habe ich beispielsweise dafür gesorgt, dass mein Gesprächspartner auf einem Stuhl ohne Rollen Platz nahm, während meiner über Rollen verfügte. Die Vernehmung führte ich in solchen Fällen ohne Schreibtisch zwischen meinem Gesprächspartner und mir, weil ein solcher Tisch eine unüberbrückbare

Distanz schafft, die es einerseits kaum ermöglicht, Vertrauen aufzubauen, und andererseits eine Barriere für die Beobachtung der Körpersprache darstellt.

Ich positionierte mich also zunächst in einem Abstand zu meinem Gesprächspartner, der der Situation angemessen war. Im Gegensatz zu dem, was uns viele Krimis vermitteln, ist eine gute Gesprächsatmosphäre viel zielführender als es Druck und Drohungen sind, zumal Drohgebärden bei Vernehmungen zu erheblichen rechtlichen Problemen für den Kriminalbeamten führen können.

Zur Auflockerung begann ich ein harmloses Gespräch mit dem Tatverdächtigen, um einerseits auf diese Art seinen Normalzustand kennenzulernen und andererseits eine entspannte Gesprächsatmosphäre zu schaffen. Während des Smalltalks fing ich an, im Zeitlupentempo sukzessive mit dem Stuhl auf meinen Gesprächspartner zuzurollen. Immer nur sehr geringe, kaum wahrnehmbare Distanzen. Aber über einen längeren Gesprächszeitraum summierten sich diese kleinen Distanzen, und ich konnte unbemerkt und somit auch ohne Widerspruch sehr nah in den persönlichen Distanzbereich meines Gesprächspartners eindringen.

Unser Gehirn verfügt seit Urzeiten über eine Freund-Feind-Kennung. Wäre ich schnell und in großen Schritten in den Distanzbereich meines Gesprächspartners vorgedrungen, hätte er mich als Bedrohung empfunden und «dichtgemacht». Unter solchen Umständen hätte ich nichts Sachdienliches mehr aus ihm herausbringen können, geschweige denn ein Geständnis. Aufgrund meiner langsamen Vorgehensweise im Wahrnehmungsschatten meines Gesprächspartners wurde ich von seinem Unterbewusstsein nicht als Feind wahrgenommen, sondern als Freund registriert, da er mich zu jeder Zeit in der eingenommenen Distanz akzeptierte. So schaffte ich es in den meisten Fällen, ein sehr persönliches Verhältnis zu meinen Gesprächspartnern aufzubauen und von ihnen als «Freund» und weniger als Polizist wahrgenommen zu werden. Die geringe physische Distanz ermöglichte es mir darüber hinaus, zu einem passenden Zeitpunkt dem einen oder anderen auch einmal freundschaftlich die Hand auf die Schulter zu legen. Diese Geste wirkte oft Wunder, was die Gesprächs- und Geständnisbereitschaft des Tatverdächtigen anging. Viele Täter wissen nicht, wie sie sich während einer Vernehmung verhalten sollen. Einerseits möchten sie nichts unnötig zugeben, andererseits sind sie auch unsicher, was der Kriminalbeamte bereits weiß. Ein geschickter Vernehmer wird sich diesbezüglich nie in die Karten schauen lassen. Den meisten Tätern ist klar, dass sich eine freiwillige und konstruktive Mitarbeit bei der Tataufklärung vor Gericht positiv auswirken kann und Lügen nicht gerade für eine solche Mitarbeit sprechen. Ein geschickter Vernehmer, der dem Täter einerseits vor Augen führt, dass Abstreiten wenig Sinn macht, ihn andererseits freundschaftlich an die Hand nimmt und ihm hilft, sein Gewissen zu erleichtern, hat deutlich bessere Chancen, ein Geständnis zu erwirken, als Vernehmungsbeamte, die grundsätzlich die «harte Tour» fahren. Wir lernen daraus, dass in den meisten Fällen eine gute Gesprächsatmosphäre und das Respektieren des Gesprächspartners Grundvoraussetzungen sind, die eigenen Ziele zu erreichen.

Übung

Introspektion ist ein wichtiger Schritt auf dem Weg zum Wahrnehmungsexperten. Dieser Begriff bezeichnet die Selbstbeobachtung, also die Analyse und Beschreibung unseres eigenen inneren Erlebens durch uns selbst. Von Laotse stammt der berühmte Satz, dass derjenige, der andere erkenne, gelehrt, aber derjenige, der sich selbst erkenne, weise sei. Tatsächlich ist die Selbsterkenntnis ein goldener Schlüssel zur Dechiffrierung der Verhaltensweisen unserer Mitmenschen. Wenn Sie sich Ihrer Wirkung auf andere Menschen bewusst werden, werden Sie dadurch ein ganzes Bündel an Fähigkeiten erlangen – beispielsweise die Kunst, das Verhalten Ihrer Mitmenschen vorauszusehen, oder die Fertigkeit, andere gezielt beeinflussen zu können. Die Beobachtung der Distanzzonen und ihrer Wirkungsweisen ist hierzu ein erster Schritt. Beobachten Sie sich selbst eine ganze Woche lang gezielt im Alltag, und zwar jedes Mal, wenn Sie mit anderen Menschen zu tun haben: In der Familie, beim Bäcker, am Arbeitsplatz, in Ihrer Stammkneipe, auf einer Party, an der Supermarktkasse oder speziell auch in Situationen, in denen es um Tuchfühlung mit fremden Menschen geht, wie beispielsweise im Bus, im Zug oder im Flugzeug. Achten Sie stets darauf, wann Sie welche Distanz einhalten, und fragen Sie sich sogleich, warum Sie das tun. Machen Sie sich möglichst viele Notizen zu Ihren Beobachtungen, und lernen Sie sich dadurch besser kennen. Versuchen Sie, ein Gespür dafür zu bekommen, in welchen Distanzen Sie sich bewegen. Wenn Sie diese Übung hinreichend trainiert haben, wird es Ihnen leichtfallen, Rückschlüsse aus dem Distanzverhalten Ihrer Mitmenschen zu ziehen.

Übung

Wenn Sie die vorangegangene Übung erfolgreich trainiert haben, ist es Zeit für einen erhöhten Schwierigkeitsgrad. Wiederholen Sie die Übung, aber *verändern* Sie diesmal Ihr Distanzverhalten.

Sie wissen nun sehr genau, in welcher Situation und bei welchen Menschen Sie mit welchem Distanzverhalten reagieren und warum. Nun versuchen Sie bitte, sich genau entgegengesetzt zu verhalten. Nehmen Sie beispielsweise bei fremden Personen eine geringe Distanz ein oder bei befreundeten Personen eine größere Distanz als üblich. Spielen Sie mit den verschiedenen Arten des Distanzverhaltens bei anderen Menschen und zu unterschiedlichen Gelegenheiten. Notieren Sie Ihre Beobachtungen, und gleichen Sie die Ergebnisse mit denen aus der vorigen Übung ab. Ich verspreche Ihnen, es werden sich daraus für Sie eine Menge interessanter Erkenntnisse ergeben.

Was unsere Kleidung über uns aussagt

Kleider machen Leute, weiß der Volksmund. Kleidung übt einen sehr starken Reiz auf uns aus und stellt einen zentralen Wahrnehmungsindikator dar, aus dem die meisten Menschen Rückschlüsse auf ihr Gegenüber ziehen. Schlaue Zeitgenossen nutzen ihre Kleidung zu manipulativen Zwecken, Wahrnehmungsexperten blicken hinter die Fassade. Denn mit der Kleidung verhält es sich wie mit Geschenken: Je toller die Verpackung, desto mehr erwarten wir vom Inhalt, z. B. hinsichtlich des finanziellen Hintergrundes des Gesprächspartners. Diese Schlussfolgerung ist allerdings in vielen Fällen schlichtweg falsch. Ich kenne Menschen, die sich gerne einfach kleiden und viel Geld besitzen – und noch mehr solche, bei denen das Gegenteil der Fall ist.

Aus der Kleidung unseres Gegenübers schließen wir auf seinen *persönlichen Erfolg, gesellschaftlichen Status* und *persönliche Eigenschaften.*

In jeder Gesellschaft existieren ungeschriebene Regeln, nach denen ihre Mitglieder beurteilt werden. Diese Regeln ziehen sich durch alle Berufsgruppen, Bildungsschichten, Glaubensrichtungen, politischen Lager etc. Wer schon einmal in Neuseeland war, wird überrascht festgestellt haben, dass es dort nicht ungewöhnlich ist, überall barfuß zu laufen (und zwar quer durch alle Gesellschaftsschichten und unabhängig vom Kleidungsstil). So ist dort die barfuß einkaufende Hausfrau ebenso wenig eine Seltenheit wie der barfüßige Professor. In Europa werden Barfußläufer hingegen eher mit Armut oder Freaks in Zusammenhang gebracht, obwohl der gesundheitliche Nutzen des Barfußlaufens wissenschaftlich erwiesen ist und es deshalb von Orthopäden empfohlen wird.

Ob Barfußläufer als gesundheitsbewusst oder ungepflegt wahrgenommen werden, ob Handwerker für ihr Geschick bewundert oder für ihre mutmaßlich mangelnde Intellektualität belächelt werden, ob man Professoren Lösungskompetenzen zuschreibt oder sie als Theoretiker abstempelt, all das ist also immer davon abhängig, welche Perspektive man einnimmt – und diese Perspektive kann von den ungeschriebenen Regeln einer Gesellschaft beeinflusst werden. Und eine dieser Regeln betrifft die Erwartungshaltung hinsichtlich der Art und Weise, wie sich jemand kleidet.

Ein Richtig oder Falsch im Sinne einer unumstößlichen objektiven Wahrheit gibt es nicht und wird es nie geben, denn gerade, wenn es um Kleidung geht, spielt der individuelle, subjektive Geschmack natürlich eine tragende Rolle. Doch es gibt Erwartungshaltungen, und an genau diesem Punkt setzen sowohl Wahrnehmungsexperten als auch Betrüger an: Erstere blicken hinter die Fassade der Kleidung, und Letztere bauen sich zielgerichtet mittels ihrer (Ver-)Kleidung die gewünschte Fassade auf.

Auf Ihrem persönlichen Weg zum Wahrnehmungsexperten ist es von großer Bedeutung, gesellschaftliche Beurteilungskriterien in Hinblick auf die Kleidung abzulegen und sich auf die Ebene einer professionellen Wahrnehmung und differenzierten Beurteilung zu begeben. Dabei ist es zunächst erforderlich, dass Sie sich der manipulativen Wirkung bewusst werden, die Kleidung und das Äußere im Allgemeinen auf uns ausüben.

Wissenschaftler haben herausgefunden, dass sich der erste Eindruck, den wir von einem Gesprächspartner gewinnen, zu 95 Prozent aus dessen Aussehen, seiner Kleidung, seiner Körpersprache, insbesondere der Mimik und Gestik, des Gangs, der Körperhaltung und der Stimme zusammensetzt. Der Inhalt des Gesagten spielt in der Wahrnehmung der meisten Menschen eine (zunächst) untergeordnete Rolle. Folglich trägt das Aussehen, die Kleidung inbegriffen, in einem beträchtlichen Maße dazu bei, wie unser Gesprächspartner auf uns wirkt und zu welcher Urteilsbildung wir gelangen.

Die meisten werden hierbei Opfer des sogenannten *Halo-Effekts*. Dabei handelt es sich um eine *Wahrnehmungsverzerrung*, bei der man von einer bekannten Eigenschaft einer Person auf eine andere Eigenschaft schließt, ohne dass hierfür ein Beweis vorliegt: Beispielsweise wird von gutem Aussehen auf Intelligenz geschlossen oder von einer schlanken Figur auf Sportlichkeit. Daher haben es attraktive Menschen auch meist leichter im Leben als unattraktive Menschen, sei es im beruflichen oder im privaten.

Eine Variante des Halo-Effekts entsteht dadurch, dass jeder Mensch die Welt mit seinen eigenen Augen sieht. Wir neigen dazu, z. B. Anzugträgern Attribute wie Erfolg, Geld, Intellekt und gute Körperpflege zu unterstellen, ohne dass es dafür weitere

Hinweise, geschweige denn einen Beweis gäbe. Schließlich kann jeder in einen Anzug schlüpfen, und heutzutage gibt es schon für kleines Geld Anzüge, die wertiger aussehen, als sie eigentlich sind. Andererseits bin ich mit einem sehr sympathischen Hotelbesitzer befreundet, der wegen seiner einfachen und bequemen Kleidung auch schon mal für den Hausmeister gehalten wurde.

Der Halo-Effekt wirkt auch bei der Bewertung von Gegenständen. Wenn Sie sich einmal die beiden berühmten Autos aus den US-Filmserien «Zurück in die Zukunft» und «Knight Rider» ansehen, dann schließen Sie vielleicht aufgrund ihrer sehr sportlichen Form auf überragende Fahrleistungen – die die beiden Autos aber faktisch nicht besitzen. So beträgt die Höchstgeschwindigkeit beider Fahrzeuge keine 200 km/h.

Um sich vor dem Halo-Effekt zu schützen, ist es wichtig, Ihr Gegenüber primär auf der Grundlage von Fakten zu beurteilen und (naheliegende) Mutmaßungen allenfalls ergänzend hinzuzunehmen. Eine erste Schutzmaßnahme besteht übrigens bereits im Lesen dieser Zeilen, denn die Sensibilisierung für diesen Effekt macht Sie wachsam für diese weit verbreitete Fehlerquelle in der menschlichen Wahrnehmung. Fragen Sie sich stets bei jedem neuen Eindruck, ob es sich um eine *Feststellung* oder um eine *Interpretation* handelt.

In diesem Zusammenhang möchte ich speziell auf das Thema *Farbenlehre* eingehen. Immer wieder liest man teils abenteuerliche Abhandlungen, in denen das Tragen einer bestimmten Kleidungsfarbe mit bestimmten Charaktereigenschaften in Zusammenhang gebracht wird. Solche Rückschlüsse sind wissenschaftlich nicht haltbar und sicherlich kein geeignetes Analyseinstrument zur fundierten Beurteilung von Gesprächspartnern. Ich möchte nicht bestreiten, dass es einzelne Aspekte gibt, bei denen man aus der Farbwahl auf – sehr basale – Charaktereigenschaften schließen kann. Beispielsweise tragen sehr extrovertierte Personen bevorzugt auffallende Farben, wie beispielsweise die Signalfarben Rot und Gelb, und introvertierte Typen eher unauffällige Farben. Der Hintergrund ist jedoch nicht in der einzelnen Farbe zu suchen, sondern ausschließlich in der beabsichtigten Wirkung. Wer auffallen will, kann dies sowohl durch entsprechende Farbtöne als auch mit ausgefallenen Kleidungsstücken; und genau hier sind wir am entscheidenden Punkt angelangt: Nicht einzelne Farben oder Kleidungsstücke für sich genommen spielen eine Rolle, sondern vielmehr die Frage, welche Rückschlüsse die Gesamterscheinung einer Person zulässt.

Gehen wir schrittweise vor: Stellen wir uns zunächst die Frage, ob eine Person absichtlich oder unabsichtlich eine bestimmte Wirkung mit ihrer Kleidung erzielen will: Ein Mädchen im Teenager-Alter, das bauchfreie Kleidung und knalligen Modeschmuck trägt, entspricht damit mehr oder weniger der üblichen Kleidungsweise ihres Alters. Sie erregt damit möglicherweise bei älteren oder konservativen Menschen ein höheres Maß an Aufmerksamkeit, als sie beabsichtigt. Eine Frau in den Fünfzigern jedoch, die genauso gekleidet ist, fällt fast in jedem Milieu aus dem Rahmen. Hier würde man den Schluss ziehen, dass sie durch die ungewöhnliche Kleidung bewusst jugendlich wirken möchte. Haben Sie es mit einer solchen Gesprächspartnerin zu tun, liegt der Verdacht nahe, dass diese Person mit dem Älterwerden schlecht zurechtkommt und daher nicht so souverän ist, wie das in ihrem Alter zu erwarten wäre. Möglicherweise hat die Frau auch Minderwertigkeitskomplexe, die sie durch ihr Auftreten kompensieren möchte. Darüber hinaus könnte ein solcher Stil ein Hinweis darauf sein, dass sich die Dame stark über ihr Äußeres definiert und weniger über ihre Fähigkeiten und Charaktereigenschaften.

Wir kommunizieren mit unseren Mitmenschen auch über unsere Kleidung, unabhängig davon, ob wir das wollen oder nicht. Es lassen sich zahlreiche Beispiele berühmter Hochstapler finden, allen voran Wilhelm Voigt alias Hauptmann von Köpenick, die sich die manipulative Wirkung von Kleidung zunutze gemacht haben.

Unsere Kleidung verrät, ob wir uns darstellen und herausragen oder lieber in die Menge eingliedern möchten, sprich, ob jemand eher extro- oder introvertiert ist, ob er ein starkes oder schwaches Selbstvertrauen besitzt. Auch vorübergehende Stimmungslagen beeinflussen unsere Kleidungswahl: In depressiven Phasen tragen Menschen eher dunkle Kleidung und kaufen selten neue. Wenn wir uns rundum wohlfühlen – oder auf andere Menschen Eindruck machen wollen –, kaufen wir uns neue oder auch figurbetonte Kleidung. Trägt jemand Designerware, kann man differenzieren, ob er lediglich Einzelstücke trägt, die ihm besonders gut gefallen, oder ob er ausschließlich auf Designermode zurückgreift. Unterschiedliche Designermarken stehen jeweils für ein bestimmtes Image, das mit der Marke in Verbindung gebracht werden soll. Bestimmte Marken stehen für Extravaganz, Luxus und gehobene Qualität, während andere für Praktikabilität, Robustheit oder Billigprodukte stehen. Eine Designermarke bietet auch die Möglichkeit, sich mit ihr zu definieren und u.a. finanziellen Erfolg, sich selbst oder anderen gegenüber, darzustellen – oder auch vorzutäuschen. Wenn jemand also ausschließlich Designermarken trägt, ist damit auch eine gewisse Botschaft verbunden.

Kleidung erfüllt längst nicht mehr lediglich eine Schutzfunktion, so wie das zu Urzeiten der Fall war. Sie ist heute vielmehr Ausdruck der persönlichen Individualität einerseits und ein Bekenntnis zu einer bestimmten Gruppe andererseits. Die meisten Menschen versuchen, beides unter einen Hut zu bringen.

Wir sind unbewusst aufgrund unserer Ur-Instinkte darauf bedacht, fremde Menschen schnell zu kategorisieren, um potenzielle Gefährdungen einschätzen zu können. Daher verlassen wir uns gerne auf den ersten Eindruck, und der wird eben maßgeblich von der Art und Weise bestimmt, wie sich jemand kleidet. Handwerker, Manager, Richter, Ärzte und Berufssportler usw. kleiden sich, wie auch jede andere Berufsgruppe, im Berufsleben anders als in ihrer Freizeit. Gleiches gilt auch für Angehörige unterschiedlicher sozialer Schichten oder (Sub-)Kulturen. Solche Schemata ermöglichen uns eine rasche Einordnung der Person, die wir vor uns haben, bergen aber insbesondere im Zusammenhang mit dem Halo-Effekt auch die Gefahr, falsche Schlüsse zu ziehen – vor allem dann, wenn unser Gegenüber mit seiner Kleidung einen manipulativen Zweck verfolgt.

An dieser Stelle darf nicht vergessen werden, dass wir uns mit unserer Kleidung auch selbst manipulieren. Wir verhalten uns im Jogginganzug anders als im Businessdress; in Jeans anders als in Abendgarderobe.

Die meisten Menschen denken darüber nach, welchem Zweck die Kleidung dienen soll (muss sie bequem sein, weil man spazieren gehen will, soll sie schick sein, weil man einen wichtigen Geschäftspartner trifft), aber auch, welche Wirkung sie mit ihrer Kleidung erzielen möchten. In der klassischen Businesswelt gelten zwei ungeschriebene Gesetze bei der Kleiderwahl der Männer:
1. Anzug und Krawatte sind obligatorisch.
2. Man sollte niemals besser gekleidet sein als sein Vorgesetzter.

Bei Frauen sind ein Hosenanzug sowie geschlossene Pumps erste Wahl und Punkt 2 gilt für sie genauso, wobei dieser Punkt bei Unternehmen mit sehr hohem Frauenanteil oft noch eine größere Bedeutung besitzt, weil sich viele Frauen stärker über Kleidung definieren, als dies bei Männern der Fall ist.

Sollte Ihr Vorgesetzter im Berufsalltag lediglich durchschnittlich gekleidet sein, werden Sie eher overdressed erscheinen, wenn Sie im Anzug einer Edelmarke zur Arbeit kommen. Steht dagegen ein persönliches Meeting mit dem Vorstandsvorsitzenden an, dann ist es angebracht, wenn Sie sich bestmöglich präsentieren.

Beginnen wir damit, die Kleidung unseres Gegenübers von Kopf bis Fuß nach objektiven und subjektiven Kriterien einzuordnen. Objektiv ist in diesem Zusammenhang im Sinne von Fakten zu verstehen, und mit subjektiv meine ich Ihre persönlichen Eindrücke. Gleichen Sie bitte in nachfolgender Tabelle die jeweiligen Kleidungsstücke mit den Kriterien ab:

Kleidungs-stück/ Kriterium	Schuhe	Hose/Rock	Gürtel	Hemd/Bluse	Krawatte	Jacke	Hut/Mütze	Accessoires
Produkttyp								
Material								
Pflege-zustand								
Farbton								
Exklusivität/ Wert								
Gruppentyp								
Passung zum Anlass								
Passung zum Träger								
Aussage-kraft								

Um die Intention des Kleidungsträgers in Bezug auf die Kleidungswahl herauszufinden, müssen Sie sich grundsätzlich zwei Fragen stellen:
1. Passt die Kleidung zum Anlass?
2. Passt die Kleidung zum Träger?

Um uns der Antwort auf die erste Frage zu nähern, wählen wir einen Anlass, der klassischerweise bei vielen von uns eine gewisse Grundnervosität hervorruft – das Date. Bei einem Date möchten wir durch unsere Kleidung der/dem anderen unsere persönlichen Vorzüge anpreisen. Wir stellen im Vorfeld Vermutungen auf, wie wir bei ihm punkten und ihn für uns gewinnen können. Nach diesen Maßstäben wählen wir unsere Kleidung aus. Unser Date hat natürlich ähnliche Überlegungen im Vorfeld angestellt und sich bewusst für ein bestimmtes Outfit entschieden. Um sein Normalverhalten zu ergründen, sollten Sie versuchen, Ihr Date auch einmal spontan im Alltagsoutfit zu treffen. Gleichen Sie dieses dann mit dem Outfit während des Dates ab. Das ermöglicht Ihnen herauszufinden, welchen Aspekt der andere Ihnen gegenüber hervorheben will: Eher seine lockere Seite durch ein ungewöhnliches Outfit, obwohl er im Alltag eher konservativ gekleidet ist? Oder seine seriöse Seite durch einen schicken Rock, obwohl die Dame sonst nur Jeans trägt?

Passt die Kleidung in keiner Weise zum Anlass, sollten Sie auch hier die Hintergründe erforschen. Möchte jemand vorsätzlich unangepasst erscheinen? Ist er sich dessen überhaupt bewusst? Wie verhält es sich mit der alleinerziehenden Mutter, die aufreizend gekleidet zum Elternabend erscheint? Warum erscheint jemand zu einer öffentlichen Veranstaltung overdressed? Hat er den Anlass falsch eingeschätzt, oder möchte er bewusst auffallen und sich von der Masse abheben?

Wenn jemand vorsätzlich unpassend gekleidet zu einem Anlass kommt, so spiegelt sich darin häufig entweder eine Protesthaltung, eine Gleichgültigkeit oder ein erhöhtes Aufmerksamkeitsbedürfnis wider. Der Teenager, der nicht in die Kirche, zu einer Hochzeit oder einem anderen gesellschaftlichen Anlass gehen möchte, kleidet sich bewusst unangemessen (Gammeljeans, ausgewaschenes T-Shirt), um seine Eltern bloßzustellen oder gegen den Anlass als solchen zu protestieren. Der arbeitsunwillige Bewerber, der nur zum Vorstellungsgespräch erscheint, um seine finanziellen Zuwendungen nicht zu verlieren, kleidet sich so ungepflegt, dass er für den Arbeitgeber nicht als Kandidat in Frage kommt, o. Ä.

Kommen wir zur zweiten Frage, inwieweit die Kleidung zum Träger passt. Trägt eine Person regelmäßig eine bestimmte Art von Outfit, sitzt es richtig und derjenige fühlt sich darin merklich wohl. Verdächtig wäre jedoch, wenn jemand z.B. einen Anzug trägt, der nicht richtig passt oder in dem er sich nicht mit einer gewissen Selbstverständlichkeit bewegt. Normalerweise scheint derjenige also andere Kleidung zu tragen, die womöglich z.B. auf ein anderes soziales Umfeld schließen lässt als in der aktuellen Situation. So mancher Handwerker wirkt im Anzug ähnlich deplatziert wie ein Geschäftsmann im Handwerker-Outfit.

Viele Männer stellen sich gerne als erfolgreiche Geschäftsmänner dar, beherrschen aber simple Bekleidungsregeln nicht, wie diejenige, dass die Krawatte nicht nur zum Hemd, sondern auch zum Hemdkragen passen muss und dass je nach Hemdkragen auch ein unterschiedlicher Krawattenknoten erforderlich ist.

Wenn Sie hier Unstimmigkeiten bemerken, können Sie fast mit Sicherheit davon ausgehen, dass Ihr Gegenüber sich weltmännischer darstellen will, als es ist. Ausnahmen bestätigen natürlich wie immer die Regel, aber: Nur die wenigsten Menschen heißen Steve Jobs und können auf Dauer mit völlig unangepasstem Outfit außergewöhnlich erfolgreich sein.

Je nachdem, welches Image man sich geben möchte bzw. wie man sich selbst wahrnimmt, fällt auch die Wahl des bevorzugten Schuhtyps aus. Sind die Schuhe dem jeweiligen Outfit angepasst, dann ist dies nicht nur ein Zeichen für Stilsicherheit, sondern auch dafür, dass der Träger auf sein Äußeres, und damit verbunden seine Außendarstellung, Wert legt. Er möchte einerseits seinen individuellen Stil kultivieren, andererseits aber auch nicht aus dem Rahmen fallen. Die gegenteilige Aussage trifft, wer die Schuhe nicht mit dem restlichen Outfit abstimmt: Eine Person, die ihren Kleidungsstil völlig unabhängig von gesellschaftlichen Normen, Wertvorstellungen und aktueller Mode wählt, ist entweder ein Individualist, der sich auch in seiner übrigen Lebensführung primär an seinen eigenen Maßstäben und nicht an denen der Gesellschaft orientiert, oder aber jemand, der auf sein äußeres Erscheinungsbild generell keinen allzu großen Wert legt. Ist Letzteres der Fall, dann lässt sich dies nicht nur an den Schuhen, sondern auch an der übrigen Erscheinung erkennen.

Sogenannte Budapester werden beispielsweise von Männern bevorzugt, die auf klassische Mode Wert legen und zeitlos elegant gekleidet sein möchten. Sie haben oftmals feste Wert- und Moralvorstellungen und sind tendenziell konservativ.

Auf eine gewisse Sprunghaftigkeit kann man bei Personen schließen, die je nach Lust und Laune immer einen anderen Schuhtyp wählen, ohne ihn erkennbar dem Anlass anzupassen.

Je nachdem, ob eine Frau bevorzugt hochhackige Schuhe oder Turnschuhe trägt, lässt sich rückschließen, ob für sie in erster Linie Aussehen, Wirkung und Eleganz oder Bequemlichkeit und die Gesundheit ihrer Füße Vorrang haben. Auch Absatzhöhe und -form sagen etwas aus: High Heels stehen zum Beispiel für Erotik und Jugendlichkeit, klassische Pumps hingegen eher für Verlässlichkeit und persönliche Kompetenz.

Auch aus der Materialwahl und dem Pflegezustand der Schuhe

lassen sich wertvolle Schlüsse ziehen. Je hochwertiger der Schuh, desto besser ist jemand im Regelfall finanziell gestellt – denn gerade bei Schuhen sparen die meisten, wenn das Geld knapp ist, oder aber sie leisten sich einmalig ein hochwertiges Paar Schuhe, das sie dafür aber immer tragen.

Wer seine Schuhe regelmäßig pflegt, der weiß in der Regel den Wert von Dingen zu schätzen und ist tendenziell eher gewissenhaft, verantwortungsbewusst und gepflegt. Das Gegenteil ist der Fall, wenn jemand abgetragene oder schmutzige Schuhe trägt. Selbst wenn die finanziellen Mittel knapp sind, sollte es den meisten möglich sein, ihre Schuhe regelmäßig zu putzen.

Trägt eine Person Schuhe mit einem kräftigen oder ungewöhnlichen Farbton oder Motiv, möchte sie in der Regel auffallen und ist somit eher dem extrovertierten Menschentyp zuzuordnen. Wählt jemand zwar hochwertige, aber dezent gehaltene Schuhe, so legt er gleichermaßen Wert auf guten Geschmack und Qualität sowie darauf, nicht aufzufallen und seine Schuhe nicht zu stark zu repräsentativen Zwecken einzusetzen.

Ich habe Sie nun ausführlich dafür sensibilisiert, auf welche Zusammenhänge Sie bei der Beurteilung der Kleidung Ihres Gegenübers achten sollten. Wenn Sie nun die einzelnen Kleidungsstücke und die Gesamterscheinung nach den besprochenen Kriterien abgleichen, werden Sie eine Vielzahl wertvoller Impulse für die Beurteilung Ihres Gesprächspartners erhalten. Beispielsweise zu gefühltem und tatsächlichem Status, Hinweisen auf seinen allgemeinen Charakter, Einstellung zu Personen und Sachen, seinen Vorlieben und auch zu seiner finanziellen Situation. Wie immer gilt bei Ihren Beobachtungen: Je mehr Hinweise eine bestimmte Deutung nahelegen, desto sicherer können Sie sein, dass diese auch zutrifft.

Übung

Erstellen Sie eine Liste mehrerer Personen, die Sie aus unterschiedlichen Bereichen kennen und die Sie gerne analysieren möchten. Eine gute Mischung ergäbe sich aus Ihrem weiteren Bekanntenkreis, Ihrem Arbeitsumfeld, Ihrer Nachbarschaft und Personen, die Sie nur vom Sehen her kennen, aber denen Sie immer wieder über den Weg laufen, etwa in der S-Bahn oder beim Einkauf. Beobachten Sie diese Personen über einen Zeitraum von zwei Wochen hinweg. Notieren Sie Ihre Beobachtungen. Anhand Ihrer Beobachtungen versuchen Sie im zweiten Schritt, Schlussfolgerungen zu ziehen. Die Schlussfolgerungen unterteilen Sie dabei bitte in folgende drei Kategorien:

1. Trifft zu
2. Trifft vielleicht zu
3. Trifft nicht zu

Nehmen wir an, Sie möchten herausfinden, ob eine bestimmte Person über ein gutes Selbstbewusstsein verfügt. Dann gehen Sie bitte wie folgt vor: Notieren Sie sich alle Informationen, die Sie im Hinblick auf diesen Aspekt für relevant erachten. Um es konkret zu machen: Wenn Sie eine Frau beobachten, die regelmäßig mit blau gefärbten Haaren, neonfarbenen Kleidern und barfuß zum Einkaufen geht, dann trifft der Punkt Selbstbewusstsein mit Sicherheit zu. Wenn Sie hingegen einen Mann beobachten, der stets unscheinbar und in Mäuschengrau gekleidet ist, so können Sie schlussfolgern, dass er über kein sonderlich gutes Selbstbewusstsein verfügt. Somit weisen diese beiden Personen hinsichtlich des Aspekts «Selbstbewusstsein» den größtmöglichen Gegensatz auf. Wenn das Beurteilungskriterium aber nicht «Selbstbewusstsein» lautet, sondern «guter Geschmack» oder «Modebewusstsein», stellt sich die Situation völlig anders dar.

> Die Übung macht umso mehr Spaß, je mehr Beurteilungskriterien Sie sich überlegen. Anregungen finden Sie im vorangegangenen Kapitel reichlich.

Olfaktorische Wahrnehmung – was sagen Gerüche über uns aus?

Wir verfügen über ca. 350 verschiedene Geruchsrezeptoren, aber nur über zwei Rezeptoren für das Sehen. Dennoch wird der Sehsinn von den meisten Menschen als der wichtigste Sinn erachtet. Die Bedeutung der sogenannten olfaktorischen Wahrnehmung, also des Riechens, wird hingegen zu Unrecht unterschätzt.

In der Tierwelt dienen Duftstoffe dem Anlocken oder dem Vertreiben eines anderen Tieres: Denken Sie beispielsweise an Hunde, die durch Duftstoffe in ihrem Urin ihr Revier markieren.

Wir Menschen unterscheiden uns in dieser Beziehung nicht sehr von der Tierwelt. Sogenannte Pheromone (biochemische Botenstoffe, die Informationen zwischen Vertretern einer Art austauschen) entscheiden darüber, ob wir andere Menschen sympathisch finden oder nicht; Parfüm verleiht uns eine individuelle Duftnote.

Wir entscheiden uns bei der Wahl des richtigen Dufts aber nicht zufällig für ein bestimmtes Parfüm, sondern verbinden mit diesem unterbewusst eine bestimmte Botschaft. Ähnlich wie bei der Wahl der Kleidung oder anderer Gegenstände, die uns umgeben, treffen wir auch mit der Wahl des Parfüms eine bestimmte Aussage über uns selbst. Ein sehr kräftiges und reichlich aufgetragenes Parfüm ist bei manchen Vorgesetzten alter Schule als Dominanzgebaren ebenso beliebt wie eine dicke Zigarre. Der

Bilderbuch-Chef vergangener Zeiten war bereits durch die Tür seines Büros durch den Zigarrenrauch wahrnehmbar.

Duftstoffe und Gerüche sagen eine ganze Menge über Menschen aus, sie dürfen von einem professionellen Beobachter also keinesfalls außen vor gelassen werden. Zunächst sollten wir zwischen natürlichen und künstlichen Duftstoffen unterscheiden:

Natürliche Duftstoffe

Mit natürlichen Duftstoffen sind alle Duftstoffe gemeint, die der Körper selbst produziert. Beim Vorgang des Schwitzens müssen wir die *ekkrinen Schweißdrüsen* von den *apokrinen Duftdrüsen* unterscheiden. Erstere dienen der Thermoregulation des Körpers, Letztere der Abgabe körpereigener Duftstoffe, wie beispielsweise den Pheromonen. Die apokrinen Duftdrüsen stehen mit der Ausschüttung des Stresshormones Adrenalin in Verbindung. Adrenalin sorgt unter Stress für eine erhöhte Schweißproduktion des Körpers (siehe auch Seite 32).

Beim ekkrinen Schwitzen hingegen werden keine Duftstoffe ausgesondert, und der Schweiß selbst ist geruchslos.

Folglich besteht die Möglichkeit, auf die Ursache von Schwitzen rückzuschließen. Auch hier sollten Sie wieder darauf achten, ob der Schweißgeruch Ihres Gesprächspartners in Zusammenhang mit einer bestimmten Frage oder einem bestimmten Thema auftritt oder ob er von vornherein vorhanden war. Denken Sie bitte auch in diesem Zusammenhang daran, wie wichtig es ist, eine gute Gesprächsatmosphäre zu schaffen, damit Sie den Normalzustand Ihres Gesprächspartners kennenlernen. Differenzieren Sie bitte, ob Ihr Gesprächspartner bereits schwitzend Ihr Büro betreten hat. Welche Ursache könnte das haben? Nervosität? Dann sollten Sie sich bemühen, den Normalzustand des Gesprächspartners wiederherzustellen. Wenn der Gesprächspartner nach dem

Smalltalk bei einem bestimmten Thema anfängt, wahrnehmbar nach Schweiß zu riechen bzw. zu schwitzen, und thermoregulatorische Ursachen oder ein schlechter körperlicher Pflegezustand als Ursache ausgeschlossen werden können, haben Sie einen weiteren wertvollen Indikator zur Gesprächspartnerbeurteilung gewonnen: Dann gibt es eine emotionale Ursache. Stress, Angst und Wut dürften hier die häufigsten verantwortlichen Emotionen sein. Sie lassen sich im Regelfall aus dem Kontext des Gespräches schlussfolgern.

Wenn die apokrinen Drüsen Duftstoffe ausschütten, kann also nicht nur Stress die Ursache sein, sondern auch andere emotionale – sexuelle! – Empfindungen können ihre Aktivierung auslösen. Die Duftdrüsen selbst sind erst mit Eintritt der Pubertät aktiv, liegen im Unterhautfettgewebe und befinden sich vorrangig im Bereich der Achselhöhlen, Brustwarzen, im Genital- und im Analbereich. Das Sekret der Duftdrüsen vermischt sich auf ihrem Weg an die Hautoberfläche mit Talk, zersetzt sich dort durch Bakterien und entfaltet dadurch ihre olfaktorisch gut wahrnehmbare Wirkung.

Das Schwitzen an Händen und Füßen stellt übrigens einen Ausnahmefall dar, weil die Fußsohlen und Handinnenflächen zwar mit besonders vielen ekkrinen Schweißdrüsen versehen sind, diese aber nicht die Körpertemperatur regulieren, sondern ursprünglich einmal für eine bessere Haftung am Untergrund (z. B. beim Klettern) vorgesehen waren. Obwohl Hände und Füße mit ekkrinen und nicht mit apokrinen Duftdrüsen versehen sind, besteht über das autonome Nervensystem aber trotzdem ein Zusammenhang mit den Ur-Instinkten. Daher kann Handschweiß sehr wohl eine Reaktion auf eine, durch eine Frage oder ein bestimmtes Thema verursachte, Bedrohung darstellen.

Künstliche Duftstoffe

Unter künstlichen Duftstoffen versteht man alle Substanzen, die zu einem Körperduft führen, den der Körper selbst nicht produzieren kann. Hier sind Parfüm, Shampoo, Rasierwasser, Bodylotion, Deo und Tabakgeruch zu nennen. Die Auswahl des «richtigen» Parfüms treffen wir nach denselben Kriterien wie die Wahl der «richtigen» Kleidung. Würden wir diese Entscheidung nach rationalen Gesichtspunkten treffen, würden wir Parfüm nur einsetzen, um mangelnde Körperhygiene zu übertünchen oder die Sexuallockstoffe unseres Körpers zu verstärken. Wobei dies – nebenbei gesagt – sogar zu einer falschen Partnerwahl führen könnte, da sich dann das andere Geschlecht nicht aufgrund der natürlichen Duftstoffe angezogen fühlt, sondern wegen der künstlichen, sofern diese die natürlichen Duftstoffe übertünchen.

Aus einer rationalen Perspektive betrachtet gibt es kaum weitere sinnvolle Anwendungsmöglichkeiten für Parfüm. Da der zivilisierte Mensch von heute die meiste Zeit seines Lebens gepflegt ist und sich nicht permanent auf Partnersuche befindet, sollte man annehmen, dass Parfüm nur im Ausnahmefall benutzt wird – wäre das jedoch der Fall, würde ein ganzer Industriezweig nicht existieren. Demzufolge muss hinter der täglichen Anwendung von Parfüm und anderer Duftstoffe weit mehr stecken als bloß rationale Gründe. Und tatsächlich: Die künstlichen Duftstoffe dienen als Kommunikationsinstrument und helfen uns bei unserer Außendarstellung.

Ich habe gelegentlich beobachtet, dass Frauen in Führungspositionen im Berufsalltag andere Parfüms bevorzugen als im Privatleben. Ein eher maskuliner Duft kann bei Managerinnen Autorität und Durchsetzungsfähigkeit unterstreichen, während dieselben Frauen im Privatleben eher einen femininen Duft bevorzugen. Eine Chefsekretärin, welche bei ihrem Chef landen möchte, wird ganz sicher einen anderen Duft wählen als besagte Managerin.

Männer wählen Düfte gerne zur «Reviermarkierung». Zigarrengeruch oder ein starkes Parfüm eignen sich hierfür besonders. Die Botschaft dahinter: Aufgepasst, hier komme ich! Besonders wirkungsvoll sind solche Reviermarkierungen, wenn sie einen Regelbruch darstellen, wie der rauchende Chef unter Nichtrauchern oder das reichlich aufgetragene Parfüm unter Menschen, die Parfüm spärlich gebrauchen. Hiermit bringt der «Stinker» deutlich zum Ausdruck, dass er sich den Regelbruch erlauben kann und auch herausnimmt – eine klassische Hochstatusgeste.

Taktile Wahrnehmung – Händedruck und Berührungen als Hinweise

Die Bedeutung von Berührungen als Wahrnehmungsindikatoren wird oftmals unterschätzt, viele Menschen sind dafür nicht sensibilisiert. Dabei helfen uns Berührungen vom Flirt im Privatleben bis hin zu harten Verhandlungen im Berufsalltag. Berührungen können sowohl Rückschlüsse auf den Gesprächspartner erlauben als auch gezielt manipulative Wirkungen erzielen. Mit Berührungen können freundschaftliche Gefühle, gesellschaftliche Akzeptanz, Liebe, Zuneigung, aber auch Ablehnung und Bedrohung zum Ausdruck gebracht werden. Dieselbe Berührung kann je nach Kontext etwas anderes bedeuten: Ein Schlag auf die Schulter oder Brust kann sowohl eine freundschaftliche Geste oder ein Necken sein als auch eine körperliche Provokation und Bedrohung.

Nachfolgend möchte ich die Macht, die von Berührungen ausgehen kann, einmal anhand eines Vergleichs zwischen einer privaten und beruflichen Erfahrung verdeutlichen.

Als ich noch Single war, kämpfte ich mit einem grundlegenden Problem: Ich traute mich zwar, Frauen anzusprechen und konnte sie im Gespräch oft begeistern. Allerdings wusste ich nie so richtig, wie ich den Sprung zum nächsten Schritt schaffen sollte, nachdem wir uns gut unterhalten hatten. Meist war ich entweder zu lange zu zurückhaltend, sodass die Frau das Interesse an mir verlor, oder aber zu direkt, sodass ich den guten Eindruck, den ich zuvor auf sie gemacht hatte, wieder zunichtemachte.

Eine meiner Stärken liegt jedoch in der Analyse von Mustern, die den Verhaltensweisen anderer Menschen zugrunde liegen. Also suchte ich die Nähe zu solchen Bekannten, die gut bei Frauen ankamen, obwohl ich sie nicht wesentlich charmanter, besser aussehend oder klüger einschätzte als mich selbst. Ich zog also nur noch mit diesen Männern um die Häuser, um mir von ihnen ihre Erfolgsstrategie abzugucken. Ich wollte herausfinden, was sie besser machten als ich, und vor allem, wie ihnen der Übergang von der rhetorischen zur körperlichen Annäherung gelang. Die Jungs gingen also aus, um sich zu amüsieren, ich begleitete sie, um sie zu analysieren.

Nach einigen gemeinsamen Abenden fand ich endlich das zugrunde liegende Muster. Obwohl meine Freunde unterschiedliche Typen waren, die zum Teil sehr unterschiedliche Ansichten und kulturelle Hintergründe hatten, gingen sie doch alle nach einem bestimmten Muster vor: Sie berührten die Frauen konsequent und auf subtile Weise (also niemals plump oder gar übergriffig!) von Anfang des Gesprächs bis zum Austausch der Telefonnummern. Sie berührten sie bei der persönlichen Vorstellung, beim Tanzen und bei der Unterhaltung am Tisch, an der Schulter, dem Arm, der Hand. Dadurch gelang es ihnen, die gesellschaftliche Ebene, auf welcher sie sich den jeweiligen Frauen näherten, in eine intime Ebene zu verwandeln und die körperliche Distanz zu verringern (siehe Seite 161 ff.). So konnten sich meine Freunde im wahrsten Sinne des Wortes Schritt für Schritt vortasten. Ließ die Frau den ersten Schritt zu, so war auch der zweite meist keine große Hürde. Falls doch, hatte der Mann keine Chance und musste dies akzeptieren.

Berührungen spielen aber auch in Ihrem Berufsalltag eine große Rolle. Wenn Sie einen Verhandlungspartner oder Kollegen begrüßen, dann können Sie durch seinen Händedruck eine Menge über ihn erfahren. Ein kräftiger Händedruck lässt in der Regel auf ein gutes Selbstbewusstsein schließen, umgekehrt gilt das Gleiche. Der Händedruck kann ebenfalls im Rahmen eines Machtspieles zum Kräftemessen eingesetzt werden. Ich habe Männer kennengelernt, die speziell trainiert haben, dem Gesprächspartner so die Hand zu reichen, dass sie ihn beim Händedruck in eine ungünstigere Kraftkurve bzw. Position bringen. Dadurch können sie in der Begrüßungssituation ihre Gesprächspartner gut kontrollieren und somit auch dominieren.

Berüchtigt ist in diesem Zusammenhang auch die sogenannte Fischhand: ein schlaffes Handhinhalten anstatt eines echten Händedrucks. Fühlt sich der Händedruck unverbindlich an, weil er nur kurz anhält oder nicht mit Blickkontakt kombiniert wird, ist es oft auch die Person, die ihn ausführt.

Sogenannte führende Berührungen sind hingegen ein deutliches Machtsignal aus einem Hochstatusanspruch heraus. Wenn eine stehende Führungskraft ihrem sitzenden Mitarbeiter die Hand auf die Schulter legt oder einem Gesprächsteilnehmer mit einer Berührung (z. B. an der Schulter) seinen Platz zuweist, dann sind das unmissverständliche Dominanzgesten. Sichern Sie sich aber bitte auch in dieser Hinsicht bei Ihren Schlussfolgerungen ab, indem Sie die Gesamtsituation betrachten. Wie Sie mittlerweile wissen, warne ich mit Nachdruck vor Dogmen, die nur einen einzigen Schluss zulassen, denn damit kann man böse auf die Nase fallen. Sorgen Sie für Redundanz! Wenn Sie beispielsweise einen Gesprächspartner, der an Ihre Bürotür klopft, hereinbitten und dann feststellen, dass sein zögerliches Klopfen mit einem unsicheren Gang und einem kraftlosen Händedruck korrespondiert, können Sie schon mit einer deutlich höheren Wahrscheinlichkeit schlussfolgern, dass Sie einen verunsicherten, ängstlichen Gesprächspartner vor sich haben.

Aus Berührungen können Sie noch weitere interessante Schlussfolgerungen ziehen. Raue Hände mit Schwielen wird man häufiger bei Handwerkern als bei Büromenschen finden – Sie könnten aber auch einen passionierten Hobbygärtner vor sich haben. Hat Ihr Gesprächspartner einen sehr muskulösen Körperbau, dann könnten seine rauen, schwieligen Hände auch das Resultat eines langjährigen Bodybuilding-Trainings sein.

Selbst Krankheiten lassen sich an den Händen erkennen, wenn man weiß, worauf man achten muss. Raucherhände, an denen sich an Fingern und Fingernägel oft gelbe Verfärbungen zeigen, sehen zum Beispiel anders aus als Hände, die krankheitsbedingt eine hohe Wassereinlagerung haben.

> **Übung**
> Analysieren Sie den Händedruck und die Berührungen von mehreren Personen aus Ihrem beruflichen und privaten Umfeld in verschiedenen Situationen und über einen längeren Zeitraum hinweg. Gleichen Sie Ihre Wahrnehmung mit anderen Erkenntnissen ab, die Sie bisher über die Person gewonnen haben. Der Händedruck fällt nicht unbedingt immer gleich aus, es sei denn, Sie haben eine sehr selbstbewusste Person oder jemanden mit sehr schlechtem Selbstbewusstsein vor sich. Kommen Sie mit einer Forderung zu Ihrem Chef, und er ahnt, dass ihm diese nicht gefallen wird, begrüßt er Sie womöglich zur Machtdemonstration mit einem sehr festen Händedruck. Wenn er sich hingegen bei

> Ihnen bedankt, womöglich mit einem eher weichen Händedruck, und wenn Sie ihn zu sich nach Hause als Gast eingeladen haben, vielleicht mit einem mittleren Händedruck.

Wahrnehmungsfallen – so können wir uns täuschen

Um die Gefahr von Fehlurteilen zu minimieren, sind zwei Faktoren ausschlaggebend:
1. *Redundante Wahrnehmungsindikatoren* mit kognitiv geringer Beanspruchung.
2. Sensibilisierung im Hinblick auf *Wahrnehmungsfallen*.

Den ersten Faktor kennen Sie bereits. Er besagt, dass Sie die Beurteilung Ihres Gesprächspartners niemals auf einen Aspekt alleine stützen sollten, sondern auf mehrere Wahrnehmungsindikatoren zugleich. Je mehr unterschiedliche Indikatoren eine These untermauern, desto geringer wird das Risiko eines Fehlschlusses. Gleichzeitig ist aber auch wichtig, dass diese Wahrnehmungsindikatoren Sie auf der kognitiven Ebene nicht zu sehr beanspruchen. Andernfalls würden Ihnen die notwendigen Kapazitäten für andere Denkprozesse, wie beispielsweise dem Aufbau einer taktischen Gesprächsführung, fehlen.

Während Sie also einerseits eine möglichst umfassende Wahrnehmung des Gegenübers anstreben sollten, ist es andererseits von spezieller Bedeutung, Falschinformationen zu identifizieren. Um dazu in der Lage zu sein, müssen Sie für Wahrnehmungsfallen sensibilisiert sein. Solche Wahrnehmungsfallen können von einem erfahrenen Rhetoriker gezielt aufgestellt werden oder auch dadurch entstehen, dass Sie aufgrund eines Denkfehlers die falschen Schlüsse ziehen.

Halo vs. Horn

Als junger Kriminalbeamter hatte ich einen Fall zu bearbeiten, in dem einer jungen Mutter ein Betrugsdelikt zur Last gelegt wurde. Als sie in meinem Büro zur Vernehmung erschien, trat mir eine attraktive, große blonde Frau mit langem Haar und großen braunen Augen gegenüber. Sie versicherte mir eingangs, sie habe nichts mit dem Betrug zu tun, im Gegenteil, sie fände es sehr schlimm, wenn Menschen betrogen werden. Darüber hinaus sei sie selbst schon einmal Opfer eines Betruges geworden und wisse daher aus erster Hand, wie man sich dabei fühle. Außerdem lege sie sehr viel Wert darauf, ihrem Kind ein gutes Vorbild zu sein. Sie habe im Übrigen noch nie etwas mit der Polizei zu tun gehabt – was tatsächlich stimmte, denn es existierte bis dato keine Kriminalakte über sie.

Ein Kollege von der Schutzpolizei erlebte einmal folgenden Fall: Bei einer Verkehrskontrolle erwischte er eine sehr attraktive Frau, die ohne angelegten Sicherheitsgurt unterwegs war. Sie bedankte sich bei ihm dafür, dass er sie darauf aufmerksam gemacht hatte, und versicherte ihm glaubhaft, normalerweise nie ohne Gurt zu fahren. Schließlich kenne sie als Ärztin die Gefahren und habe keine Lust, sich im Falle eines Unfalls das Gesicht an der Windschutzscheibe zu zerschneiden oder ein Schädel-Hirn-Trauma davonzutragen. Der Kollege beließ es bei einer mündlichen Verwarnung, ohne ein entsprechendes Bußgeld zu erheben.

Zufällig begegnete der Kollege kurze Zeit nach der Verkehrskontrolle derselben Frau im Straßenverkehr wieder, die er zuvor unbehelligt gelassen hatte. Und siehe da, sie hatte ihren Gurt offensichtlich bereits nach ein paar Metern wieder abgelegt und fuhr munter unangeschnallt weiter. Dieses Mal ließ mein Kollege sie nicht davonkommen und belegte sie wegen einer vorsätzlichen Ordnungswidrigkeit mit dem doppelten Bußgeld.

In meinem Fall vernahm ich im weiteren Verlauf der Ermittlungen einen Zeugen, dessen Angaben mich im Nachhinein misstrauisch machten. Ich stellte daraufhin einige zusätzliche Ermittlungen an, mit deren Hilfe die Frau letztlich eindeutig und zweifelsfrei als Betrügerin überführt werden konnte.

Beide Fälle weisen eine Gemeinsamkeit auf: Sowohl mein Kollege als auch ich irrten uns beide, weil wir Opfer eines intuitiven Denkfehlers, des sogenannten *Halo-Effektes*, geworden waren (siehe auch Seite 170). Beim Halo-Effekt schließt jemand fälschlicherweise von einer Eigenschaft seines Gegenübers auf eine andere (positive). Beispielsweise nimmt er an, dass ein Katzenliebhaber gleichzeitig auch ein Tierfreund im Allgemeinen ist. Mit dieser Annahme kann er sich jedoch leicht irren! Es gibt genügend Katzenfreunde, die Hunde hassen. Für Hundeliebhaber könnte umgekehrt das Gleiche gelten. Das hat damit zu tun, dass wir immer die Menschen besonders sympathisch finden, die uns selbst ähnlich sind oder die unsere Wert- und Moralvorstellungen teilen. Der Halo-Effekt ist auch die Grundlage einer Reihe von Vorurteilen, die nach wie vor bewusst oder unbewusst das Verhalten vieler Menschen beeinflussen. So haben mehrere wissenschaftliche Studien ergeben, dass attraktive Menschen und/oder Brillenträger als intelligenter eingeschätzt werden als ihre jeweiligen Gegensätze. Der Kollege und ich, wir waren beide Opfer unserer Intuition, unseres Bauchgefühls, geworden, das klar für die Glaubwürdigkeit der beiden Damen gesprochen hatte. Denn Intuition ist nichts anderes als die unbewusste Beurteilung einer Situation auf Basis der eigenen Lebenserfahrungen und Vorurteile. Da die eigene Lebenserfahrung aus der Vergangenheit nicht zwangsläufig auch für die Zukunft Gültigkeit besitzt und fast alle Menschen unbewusst viele Vorurteile haben, ist eine Einschätzung, die primär auf Basis von Intuition und nicht auf Faktenanalyse beruht, sehr fehleranfällig. Das heißt nicht, dass Intuition nicht wertvoll sein kann, ganz im Gegenteil, aber sie darf nur als ergänzender Indikator zur Faktenanalyse einfließen und nicht umgekehrt.

Im Rahmen meiner Ermittlungen in einem anderen Betrugsfall lud ich einen Zeugen vor. Dieser hatte zuvor schriftlich um eine Terminverschiebung gebeten, und mir waren dabei seine vielen Rechtschreibfehler und diverse sprachliche Holprigkeiten aufgefallen. Da der Fall sehr komplex und anspruchsvoll war, schloss ich daraus, dass mir der Zeuge vermutlich keine große Hilfe bei der Aufklärung sein würde. Ich irrte mich erneut und wurde diesmal Opfer des *Horn-Effektes*. Wie sich später herausstellte, handelte es sich bei dem Zeugen um einen ausländischen Mitbürger, der gerade erst seit sechs Monaten in Deutschland lebte. Er sprach allerdings schon sehr gut Deutsch und verstand es auch problemlos – lediglich mit der Rechtschreibung hatte er verständlicherweise noch einige Probleme.

Der Horn-Effekt ist damit das Gegenstück zum Halo-Effekt: Beim Horn-Effekt wird aus einer negativen Eigenschaft auf weitere negative Eigenschaften geschlossen. Dieser Mechanismus kann z.B. verhindern, dass ein Bewerber, dessen Bewerbung mehrere Rechtschreibfehler enthält, überhaupt erst zum Vorstellungsgespräch eingeladen wird, obwohl er für den eigentlichen Job durchaus qualifiziert wäre.

Einer Gefahr, die man nicht kennt, fällt man leichter zum Opfer. Nun sind Sie für diese beiden Effekte sensibilisiert – gehen wir über zu weiteren Wahrnehmungsfallen.

Bestätigungsfehler

Neben dem Halo-Effekt und dem Horn-Effekt lauert noch eine weitere Gefahr auf jeden Gesprächsführungsexperten, nämlich der sogenannte *Bestätigungsfehler*. Gehen wir von folgender Ausgangssituation aus: Ein Kriminalbeamter hat sich durch die

Aktenlage und anhand eigener Ermittlungen bereits vor der Vernehmung eines Zeugen oder Verdächtigen eine Meinung über den vorliegenden Fall gebildet und möchte diese Meinung nun durch die Aussagen des Vernommenen bestätigt wissen. Diese Zielsetzung wirkt sich zwangsläufig sowohl auf seine gesamte Gesprächs- und Fragetaktik als auch auf seine Wahrnehmungsfähigkeit aus. Sie funktioniert wie ein Filter, der nur das durchlässt, was die vorgeprägte Meinung bzw. Tattheorie bestätigt.

Ein weiterer fataler Aspekt: Menschen neigen dazu, im Rahmen «gesellschaftlicher Erwünschtheit» zu antworten. Bei Zeugenbefragungen besteht die Gefahr, dass der Zeuge mehr oder weniger das sagt, von dem er glaubt, dass es der vernehmende Polizeibeamte hören möchte. Aus diesem Grund lautet eine wichtige Regel, dass man als Ermittler nie seine eigene Meinung zu erkennen geben sollte. Diese Regel gilt selbstverständlich nicht nur für polizeiliche Ermittler, sondern für all jene, die Gespräche zielgerichtet führen und Menschen beurteilen möchten, also auch für Sie.

Derselbe Effekt lässt sich übrigens auch im Rahmen von Umfragen in Internetforen beobachten. Je nachdem, wie die Frage formuliert ist, fällt die Antwort ganz unterschiedlich aus. Vergleichen Sie folgende beiden Umfragen, die man so oder so ähnlich tausendfach im Internet findet:

1. «Also ich finde, Seitensprünge sind das Allerletzte. Wie haltet ihr es mit dem Thema Treue in euren Beziehungen?»
2. «Ist es euch schon mal passiert, dass ihr trotz einer Beziehung bei einem attraktiven Flirt nicht nein sagen konntet, obwohl ihr normalerweise treu seid?»

Der ersten Umfrage geht die Wertung des Fragestellers voraus, während die zweite Umfrage neutral formuliert ist. Mit Sicherheit werden die Antworten sich sehr voneinander unterscheiden, obwohl es sich letztlich um die gleiche Frage handelt.

Ein sehr ähnliches Phänomen ist die *selektive Erinnerung*. Haben Sie sich erst einmal eine feste Meinung zu einem bestimmten Thema gebildet, so neigen Sie im Rahmen einer ausführlichen Diskussion zum selben Thema dazu, sich vor allem an jene Argumente zu erinnern, die Ihre eigene Position unterstützen.

Am Rande sei noch erwähnt, dass fast nichts schwieriger ist, als Menschen von ihrer einmal gefassten Meinung abzubringen. Das kann man gut bei politischen Einstellungen beobachten. Versuchen Sie einmal jemanden, der politisch links eingestellt ist, für das politisch rechte Lager zu begeistern oder umgekehrt – es wird Ihnen kaum gelingen. Ebenso werden Sie einen eingefleischten Fan italienischer Motorräder nicht davon überzeugen können, von einer Ducati auf eine Harley umzusteigen.

Der Bestätigungsfehler ist auch ein Problem der Eigenwahrnehmung und der Rechtfertigung für eigene unvernünftige Handlungsweisen. Jeder Raucher, Risikosportler, Iatrophobiker (jemand, der Angst vor Ärzten hat und Arztbesuche deshalb meidet) oder Gurtmuffel findet im Internet, in den Nachrichten oder in sonstigen Informationsquellen irgendwelche Fälle, die das eigene Handeln rechtfertigen. Dass auf jeden dieser Einzelfälle hunderttausende kommen, bei denen genau das Gegenteil eingetreten ist, wird dabei ausgeblendet. Die eigene Meinung bestätigt zu sehen, ist vielen Menschen wichtiger, als die objektive Wahrheit herauszufinden.

Der Wiederholungseffekt
Der Wiederholungseffekt besagt, dass wir eine Aussage für umso glaubwürdiger halten, je öfter wir sie hören (sofern es sich dabei um keine völlig abwegige Aussage handelt). Das wohl berühm-

teste Beispiel für die Wirkungsweise dieses Effektes ist der Ausspruch des römischen Feldherrn Marcus Porcius Cato, der alle seine Reden vor dem römischen Senat, unabhängig vom Thema, mit dem Satz «Ceterum censeo Carthaginem esse delendam» (zu Deutsch: «Im Übrigen bin ich der Meinung, dass Karthago zerstört werden muss») beendet haben soll, was ihm schließlich die Zustimmung des Senats zum Dritten Punischen Krieg einbrachte, der zur Zerstörung Karthagos führte.

Auch die Werbung macht sich den Wiederholungseffekt zunutze. Durch die möglichst häufige Wiederholung eines Werbeslogans soll dieser fest im Unterbewusstsein der Konsumenten verankert werden, sodass diese dann im Geschäft «wie von selbst» zu diesem oder jenem Produkt greifen.

Der Wiederholungseffekt verfehlt auch in Gesprächssituationen seine Wirkung nicht. Viele Menschen neigen dazu, Aussagen, die sie bereits öfter gehört haben, für besonders glaubhaft zu halten. Damit Sie nicht Opfer des Wiederholungseffektes werden, möchte ich Ihnen auch in diesem Zusammenhang empfehlen, Ihre Schlussfolgerungen in erster Linie auf Basis von belastbaren Fakten zu treffen und nicht aufgrund Ihrer Intuition. Wenn Sie diese Fakten nicht im Vorfeld herausfinden konnten, müssen Sie das durch eine taktische Gesprächsführung bewerkstelligen, wie Sie sie in diesem Buch beschrieben finden.

Der Ankereffekt
Unter dem Ankereffekt versteht man in der Kognitionspsychologie das Phänomen, dass Menschen in ihrer Entscheidung von Informationen aus ihrer Umgebung beeinflusst werden. Interessant ist hierbei, dass die Beeinflussung unbewusst stattfindet und es keine Rolle spielt, ob der Anker überhaupt für eine rationale Entscheidungsfindung geeignet ist oder nicht. Diesen Anker aus be-

stimmten Informationen bildet der Betroffene entweder selbst oder aber er wird mit einem solchen Anker gezielt manipuliert.

Es gibt zum Ankereffekt eine Reihe interessanter wissenschaftlicher Studien, teilweise mit kuriosen Ergebnissen. Die bekannteste Studie im Zusammenhang mit dem Ankereffekt dürfte die der beiden Psychologen Clayton Critcher und Thomas Gilovich sein: Sie konnten nachweisen, dass die Gäste eines Restaurants mit dem Namen «Studio 97» im Durchschnitt 8 Dollar mehr ausgaben als Gäste des gleichen Restaurants, das kurzerhand in «Studio 17» umbenannt worden war. Sie taten dies deshalb, weil ihr Gehirn den Namen des Restaurants als Orientierungs-Anker nahm und die Kosten für das Essen dazu ins Verhältnis setzte.

So amüsant solche Studien auch sein mögen, so wenig hilfreich sind sie für die Praxis der Gesprächspartneranalyse. Sie liefern allerdings eine Erklärung dafür, warum der Ankereffekt als Manipulationswerkzeug so gut funktioniert.

Ich möchte Ihnen ein anschauliches Beispiel geben: Sie wollen sich einen neuen Anzug kaufen und betreten ein Bekleidungsgeschäft. Der Verkäufer will zunächst herauszufinden, wie viel Sie bereit sind auszugeben. Wenn es sich um einen guten Verkäufer handelt, dann wird er Sie nicht direkt nach Ihrer Schmerzgrenze fragen – denn damit würde er bereits den Ankereffekt auslösen. Also fragt er Sie nach dem Anlass Ihres Kaufes.

Der Hintergrund dieser Frage ist folgender: Ein Handwerker, der sich einen Anzug nur deshalb kauft, weil er auf eine Hochzeit eingeladen ist und keinen passenden Anzug mehr im Kleiderschrank hat, wird dafür sicherlich nicht in gleichem Maße zu investieren bereit sein wie ein Manager, der den Anzug regelmäßig bei seiner Arbeit trägt. Wenn der Verkäufer Sie also scheinbar harmlos fragt, mit welchen Anzügen Sie bisher gute Erfahrungen gemacht haben und für welchen Anlass Sie aktuell einen Anzug benötigen, so liefern Ihre Antworten ihm alle Informationen, die er braucht. Jetzt kann er sowohl bewerten, wie gut Sie sich im Allgemeinen mit Anzügen auskennen, als auch Ihre Investitionsbereitschaft einschätzen. Nehmen wir beispielhalber an, dass Sie bereit sind, zwischen 350 und 500 Euro auszugeben.

Nun geht der Verkäufer zum eigentlichen Verkaufsgespräch über und präsentiert Ihnen zunächst einen Anzug, der mit 1200 Euro deutlich über Ihren Preisvorstellungen liegt. Natürlich weiß er, dass Sie ablehnen werden, aber darauf kommt es ihm nicht an. Er verfolgt damit den Zweck, Ihnen einen Ankerpunkt zu setzen, wie viel man für einen Anzug ausgeben *könnte*.

Der Verkäufer erklärt Ihnen weiterhin, dass ein guter Anzug eben seinen Preis habe, aber selbstverständlich lieferten auch weniger bekannte Marken eine vergleichbare Qualität. Ob Ihnen denn eine bestimmte Marke wichtig sei? Ihm ist klar, dass Sie verneinen werden, aber damit hat er den nächsten wichtigen Schritt vollzogen. Denn von nun an werden Sie alle weiteren Angebote unbewusst mit dem Erstangebot vergleichen.

Als Nächstes präsentiert er Ihnen einen Anzug von vergleichbarer Qualität für 980 Euro. Das ist Ihnen natürlich immer noch zu teuer, aber innerlich haben Sie sich schon von der Vorstellung verabschiedet, für 350 Euro einen guten Anzug zu erstehen. Schließlich kaufen Sie einen Anzug für 680 Euro, ein Schnäppchen, da ein Auslaufmodell und zudem das letzte vorrätige Exemplar. Sie freuen sich, dass Sie so günstig weggekommen sind, und haben doch wesentlich mehr ausgegeben, als ursprünglich beabsichtigt.

Damit sind Sie nicht nur dem Ankereffekt auf den Leim gegangen, sondern genau genommen auch dem *Kontrasteffekt* und dem *Knappheitsgebot*. Der Kontrasteffekt besagt, dass eine Information positiver wirkt, wenn ihr eine negative Information vorausgegangen ist. Umgekehrt gilt das Gleiche. Sie kennen diesen Effekt ganz bestimmt aus dem Alltag: Der Wert einer Sache schwankt in unserer Wahrnehmung, je nachdem, ob man sie mit etwas Wertvollerem oder mit etwas weniger Wertvollem vergleicht. Ein klassisches Beispiel wäre der Gewinn einer Silbermedaille in einem sportlichen Wettkampf: Der zweite Platz wird als tolle Leistung empfunden, wenn man ihn zur Bronzemedaille in Relation stellt. Vergleicht man ihn aber mit dem ersten Platz, also der Goldmedaille, verliert er automatisch an Wert.

Der Preis des ersten Anzugs, 1200 Euro, war also nicht nur ein Anker für eine Vergleichsbasis, sondern auch ein «böser» Preis, demgegenüber der «gute» Preis von 680 Euro wesentlich attraktiver wirkt. Da das Prinzip des Kontrasteffektes auch umgekehrt wirkt, war es so wichtig, dass der Verkäufer Ihre ursprüngliche Preisvorstellung von 350 Euro unerwähnt gelassen hat.

Sollten Sie zum Schluss des Verkaufsgespräches noch unschlüssig gewesen sein, dann hat Ihnen der Verkäufer mit der Präsentation des letzten Einzelstücks im Wert von 680 Euro endgültig Ihren Plan zunichtegemacht. Denn das Knappheitsgebot besagt, dass Dinge, die besonders selten sind, auf uns besonders attraktiv wirken. Auf diese Weise funktioniert im Übrigen das Prinzip von Angebot und Nachfrage. «Nur, solange der Vorrat reicht» ist eine der bekanntesten und wirkungsvollsten Werbesprüche der Verkaufsbranche.

Wir sehen also, dass Wahrnehmung bei weitem mehr ist als Körpersprache, mit der wir uns nun nachfolgend beschäftigen wollen.

Schlüssel 5:
DAS GEHEIMNIS DER KÖRPERSPRACHE

Die Körpersprache ist zwar nur eine von vielen Wahrnehmungsebenen und stellt dennoch eine Besonderheit dar, denn sie hält zwei ganz spezielle Probleme für uns bereit – und zwar sowohl für den Laien als auch für den Experten. Beginnen wir mit dem kleineren Problem: Im Gegensatz zur Darstellungsweise vieler selbsternannter Experten besitzen einzelne Körpersprachsignale keine unveränderliche, fest zugeschriebene Bedeutung.

Jeder Mensch ist ein Individuum und muss daher als solches analysiert werden: Was bei dem einen auf Nervosität hindeutet, kann bei dem anderen Ausdruck von unterdrückter Aggression sein, und bei wieder einem anderen könnte die gleiche Geste sogar Teil seines Normalverhaltens sein. Damit ist eigentlich schon klargestellt, dass es keine identische Körpersprache und somit auch keine absolute Wahrheit in Form allgemeingültiger Aussagen geben kann, wenn man Körpersprache interpretiert. Jedes Körpersprachsignal muss auf *individuelle Weise* und *immer im Kontext* zum Individuum und zur jeweiligen Gesamtsituation von Ihnen *interpretiert* werden.

Jede Interpretation birgt allerdings die Gefahr von Fehlurteilen. Gestatten Sie mir an dieser Stelle, mit einem typischen Irrtum bei der Interpretation von Körpersprache aufzuräumen, und zwar die verschränkten Arme und/oder Beine betreffend. Vielerorts kann man lesen, dass verschränkte Arme und/oder Beine Ausdruck einer generellen Abwehrhaltung sind. Als Pauschalaussage ist diese Behauptung wertlos, denn es kommt auf die Situation an, in der diese Körperhaltung von Ihrem Gegenüber eingenommen wurde. Dauert die Diskussion bereits recht lange? Dann kann es sein, dass Ihr Gesprächspartner allein aus Bequemlichkeit so sitzt. Andererseits ist genauso plausibel, dass er sich einfach nur angewöhnt hat, im Sitzen die Arme oder Beine zu verschränken.

Ausschlaggebend bei der Interpretation dieser Haltung ist die Frage, ob die Haltung *offen* oder *geschlossen* ist. Um dies zu beurteilen, kommt es ganz entscheidend auf Ihre Perspektive und Sitzposition an. Sitzt Ihr Gesprächspartner Ihnen frontal gegenüber oder eher seitlich zu Ihnen? Wenn er eine Position seitlich zu Ihnen eingenommen hat, dann ist seine Körperhaltung trotz verschränkter Arme und Beine im Regelfall offen, sitzt er Ihnen gegenüber, dann ist sie geschlossen. In beiden Fällen ist die Aussage seiner Körperhaltung völlig unterschiedlich: Eine offene Körpersprache ist tendenziell positiv, eine geschlossene eher negativ zu werten, aber auch hier gibt es Ausnahmen. Dominante Menschen neigen dazu, eine sehr offene Körperhaltung einzunehmen, introvertierte Menschen eher zu einer geschlossenen Körperhaltung. An dieser Stelle helfen uns die Erkenntnisse aus Kapitel 2 weiter. Verschiedene Menschentypen und Funktionsweisen von Gruppen zu kennen, kann hier als Schlüsselinstrument dienen, weil eine offene Körperhaltung bei einem dominanten Menschen nicht zwangsläufig die gleichen Schlussfolgerungen wie bei einem introvertierten Menschen zulässt.

Fehlinterpretationen können auch im Zusammenhang mit anderen Kulturen oder Mentalitäten zustande kommen: In Albanien, Bulgarien, Griechenland und Indien bedeutet ein Nicken nicht etwa Zustimmung, sondern Ablehnung; in einigen osteuropäischen Ländern wird die Blickfixierung als eine Art «Glaubhaftigkeitsbeweis» vom Gesprächspartner bewusst angewandt, während diese Geste in vielen anderen Ländern als Provokation gelten würde; in den meisten europäischen Ländern und auch in Nordamerika ist es üblich, seinem Gesprächspartner in die Augen zu sehen, aber auch von Zeit zu Zeit zur Seite zu schauen, in vielen asiatischen Ländern dagegen hängt es vom gesellschaftlichen Status der Gesprächspartner ab, wer wen wie und wie lange ansehen darf.

Das größere Problem bei der Interpretation von Körpersprache besteht aber zweifelsohne in der Tatsache, dass eine Person ihre Körpersprachsignale bewusst zur Täuschung steuern kann, um zu manipulieren. Je mehr Allgemeinbildung Ihr Gesprächspartner besitzt, desto größer ist auch die Wahrscheinlichkeit, dass er sich bereits mit Körpersprache beschäftigt hat, somit Ihre Körpersprache lesen kann und seine Körpersprache gezielt einsetzt, um Sie zu beeinflussen. Glücklicherweise ist das nicht bei allen Aspekten der Körpersprache möglich. Deshalb werde ich im Verlauf dieses Kapitels zwischen *manipulierbarer Körpersprache* und *nicht manipulierbarer Körpersprache* unterscheiden. Ich werde Ihnen außerdem zeigen, auf was es bei der Wahrnehmung von Körpersprache wirklich ankommt, und wie Sie verhindern, selbst von anderen Menschen gelesen und manipuliert zu werden.

Körpersprache lesen – Mythos vs. Realität

Greifen wir die oben angesprochene offene und geschlossene Körperhaltung nochmals auf und verwenden sie als Ausgangspunkt, um die kognitiven Probleme bei der Analyse der Körpersprache zu verdeutlichen. Ist die Körperhaltung Ihres Gesprächspartners offen, also barrierefrei zu Ihnen, sollten Sie prüfen, ob diese echt oder gestellt ist. Wie dies funktioniert, erfahren Sie im weiteren Verlauf dieses Kapitels, insbesondere auch im Unterkapitel zur Mimik und Mikromimik. Wirkt die Haltung authentisch oder eher unnatürlich? Erst nach der Klärung dieser Frage sollten Sie die einzelnen Körpersprachsignale ins Visier nehmen. Eine gekünstelte Körpersprache weist im Regelfall auf Täuschung hin. Man kann einen Menschen grundsätzlich von Kopf bis Fuß analysieren, und das in jeder Situation. Möglich wird das dadurch, dass die meisten von uns schlichtweg damit überfordert sind, zur selben Zeit sämtliche Körperteile zu kontrollieren. Hier kommt der berühmte Ausspruch des Kommunikationswissenschaftlers Paul Watzlawick zum Tragen, wonach wir *nicht nicht kommunizieren* können. Ihr Gesprächspartner sendet also ständig Botschaften aus. Es kommt nur darauf an, diese treffend zu interpretieren, was möglich, aber nicht ganz einfach ist. Die kognitiven Probleme beginnen jedoch bereits bei der Wahrnehmung von Körpersprachsignalen, denn der Rechenleistung unseres Gehirns sind Grenzen gesetzt.

Ich möchte das mit Hilfe eines Beispiels veranschaulichen: Sie kennen sicherlich Herrn Max Mustermann, einen fiktiven, aber dennoch in gewisser Weise prominenten Zeitgenossen, der als Vorlage für Musterdokumente große Bekanntheit erlangte. Herr Mustermann möchte Körpersprachexperte werden und kauft sich deswegen alle Bücher des berühmten (fiktiven) Körpersprachexperten Dr. Schmidt. Dieser hat über zwanzig Bücher zu der Thematik veröffentlicht, in jedem Buch finden sich zwanzig unterschiedliche Körpersprachsignale und deren Bedeutung. Macht in der Summe vierhundert unterschiedliche Körpersprachsignale samt ihren Bedeutungen. Ferner gehen wir zugunsten unseres Probanden davon aus, dass es nicht mehr als 400 Körpersprachsignale gibt (in Wirklichkeit gibt es mehrere tausend). Herr Mustermann ist schon immer sehr zielstrebig gewesen, und somit gelingt es ihm, diese zwanzig Bücher in überschaubarer Zeit auswendig zu lernen: Wie aus der Pistole geschossen kann er die 400 Körpersprachsignale aufzählen und erklären. Herr Mustermann fühlt sich bereit für sein erstes Gespräch, in dem er die

Körpersprache seines Gesprächspartners analysieren und diesen durchschauen möchte.

Er scheitert kläglich! Aber warum? Hier tritt das *erste kognitive Problem* des Herrn Mustermann zutage. Die meisten Antwortphasen unserer Gesprächspartner dauern nur wenige Sekunden – in den seltensten Fällen haben wir einen Märchenonkel zum Gesprächspartner –, und die Körpersprachsignale unseres Gegenübers ändern sich während eines Gesprächs nicht selten im Sekundentakt. Das Gehirn von Herrn Mustermann müsste demzufolge in der Lage sein, innerhalb weniger Sekunden alle beobachteten Körpersprachsignale mit den ihm bekannten 400 Körpersprachsignalen abzugleichen und darüber hinaus zu analysieren. Zu derart vielen Rechenoperationen in so kurzer Zeit ist unser Gehirn jedoch nicht in der Lage.

Selbst wenn es das wäre, stünde Herr Mustermann sogleich vor dem nächsten, dem *zweiten kognitiven Problem*: Er müsste in der Lage sein, sich die sich oft im Sekundentakt ändernden Körpersprachsignale und deren Interpretation zu *merken und in Relation zum Gesagten zu setzen*, was in länger andauernden Gesprächssituationen eine kaum zu bewältigende Herausforderung darstellt – zumindest, wenn er dem Gespräch noch folgen oder gar aktiv an ihm teilnehmen möchte.

War es das jetzt für Herrn Mustermann? Geben wir ihm noch eine Chance, und gehen wir davon aus, dass Herr Mustermann auch über ein Mustergehirn verfügt, das tatsächlich all diese Informationen speichern kann. Schafft er es nun mit seinen Superkräften, seinen Gesprächspartner zu durchschauen? Nein, denn nun steht er vor einem *dritten kognitiven* Problem: Es ist unmöglich, innerhalb weniger Sekunden einen Gesprächspartner von Kopf bis Fuß gleichzeitig zu beobachten. Selbst wenn Herr Mustermann all diese Rechenoperationen durchführen könnte, würden ihm seine Augen einen Strich durch die Rechnung machen. Denn es nützt ihm nichts, wenn er während der kurzen Antwortphasen seines Gesprächspartners zum Beispiel auf dessen Gesichtsausdruck achtet und währenddessen nicht sieht, was der Rest seines Körpers macht.

> **Übung**
>
> Führen Sie mit einem Übungspartner Folgendes durch: Setzen Sie sich einander gegenüber, und beginnen Sie eine flüssige Unterhaltung über ein aktuelles Thema. Nehmen Sie die Unterhaltung mit einer Videokamera oder Ihrem Handy auf. Ihre Aufgabe ist es nun, während eines fünfminütigen Gespräches die gesamte Körpersprache Ihres Gegenübers permanent zu beobachten. Ihr Gesprächspartner soll aktiv Körpersprachgesten zeigen, um Ihnen die Beobachtung zu erleichtern.
>
> Fragen Sie sich zu jedem Zeitpunkt des Gesprächs selbst, ob Sie erfolgreich die komplette Körpersprache Ihres Partners erfassen. Nach dem Ende des fünfminütigen Gespräches versuchen Sie bitte, alle registrierten Körpersprachsignale im jeweiligen Kontext zum Gespräch wiederzugeben.
>
> Sie werden schnell merken, dass diese Aufgabenstellung Sie überfordert. Wenn Sie sich das Video genau ansehen, werden Sie zudem schnell feststellen, wie viel Ihnen entgangen ist.

Geben wir Herrn Mustermann noch eine vierte und letzte Chance, und gehen wir davon aus, dass er auch die neuerlichen Probleme mit Hilfe von Superpupillen bewältigen konnte. Jetzt müsste er es aber wirklich schaffen, die Körpersprache seines Gesprächspartners optimal zu lesen, oder? Leider nein! Denn jetzt tritt das *vierte kognitive Problem* auf, das ich schon am Anfang dieses Kapitels erwähnt habe: Nicht jedes Körpersprachsignal ist mit einer unumstößlichen, festen Bedeutung verbunden. Es ist schlichtweg falsch zu behaupten, dass Körpersprachsignal A immer Bedeutung A hat. Im Zusammenspiel von mehreren Körpersprachsignalen und in Abhängigkeit von der Situation ergeben sich oft völlig andere Aussagen, als wenn man die einzelnen Körpersprachsignale für sich alleine betrachten würde.

Ein gutes Beispiel dafür sind *Inkongruenzen*. Von Inkongruenzen spricht man immer dann, wenn zwei Aussagen, die zusammengehören, nicht stimmig sind. Ein Beispiel, das Sie sicherlich so oder so ähnlich kennen: Sie treffen einen Freund und fragen ihn nach seinem Befinden. Sie wissen, dass er zurzeit große private Probleme hat. Ihr Freund antwortet, es gehe ihm gut, aber seine Körpersprache sagt etwas anderes aus: Er ist Ihnen mit langsamen Schritten entgegengekommen, Schulter und Kopf hängen, beim Näherkommen sehen Sie, er hat Augenringe. Seine Aussage war also nicht *kongruent* zu seiner Körpersprache, sondern *inkongruent*.

Solche Inkongruenzen gibt es auf zahlreichen Wahrnehmungsebenen und selbstverständlich auch auf der Körperspracheebene. Herr Mustermann müsste also nicht nur alle 400 Körpersprachsignale zugleich wahrnehmen und interpretieren, sondern auch auf Inkongruenzen abgleichen. Hier würde sich ihm kognitiv das gleiche Problem stellen wie dem Schah aus der Legende um die Entstehung des Schachspiels.

Es gibt verschiedene Varianten dieser Legende, eine der bekanntesten ist folgende: Ein persischer König (Schah) langweilte sich sehr, und er ließ in seinem Königreich verkünden, dass er denjenigen reich belohnen wolle, der es schaffe, ihm seine Langeweile zu vertreiben. Und so wartete und wartete er, bis es endlich einem fähigen Menschen gelingen würde, diese Aufgabe zu bewältigen. Eines Tages kam ein Erfinder an den Königshof und präsentierte dem Schah das Schachspiel, das Spiel der Könige.

Der Schah war daraufhin so begeistert, dass er dem Erfinder einen Wunsch erfüllen wollte. Er bot ihm Gold, Silber und Edelsteine an – oder was immer er sich sonst wünsche. Der Erfinder entgegnete dem Schah jedoch, dass er ein bescheidener Mann sei und lediglich etwas Reis dafür haben wolle. Ein Reiskorn für das erste Feld, zwei Körner für das zweite Feld, vier Körner für das dritte Feld, acht Körner für das vierte Feld und so weiter.

Der Schah war angesichts dieses bescheidenen Wunschs sehr verwundert und fragte den Erfinder mehrfach, ob er nicht doch lieber ein paar Edelsteine möchte. Der Erfinder blieb jedoch bei seiner ursprünglichen Bitte. Daraufhin wies der Schah seinen Schatzmeister an, dem Erfinder seinen Wunsch zu erfüllen. Der Schatzmeister ging von dannen und kam für längere Zeit nicht wieder. Nach einiger Zeit kam er schließlich aufgeregt zurück und teilte dem Schah mit, dass sämtliche Reiskammern des Landes nicht ausreichen würden, um den Wunsch des Erfinders zu erfüllen. Das Schachbrett umfasst 64 Felder, tatsächlich wären aufgrund des Potenzierungseffekts rund 18 Trillionen Reiskörner erforderlich gewesen. Das ist mehr Reis, als sämtliche weltweiten Reisernten seit Beginn des Ackerbaus bis zum heutigen Tage erbracht haben. Der Hofweise half dem Schah letztlich aus der Klemme, indem er ihm riet, dass der Erfinder die Reiskörner nachzählen solle, um den Erhalt der vollständigen Menge zu bestätigen.

Und was heißt das für unser Beispiel? Der Abgleich sämtlicher Körpersprachsignale von Herrn Mustermanns Gesprächspartner hätte im Prinzip einen ähnlichen Potenzierungseffekt zur Folge wie es beim Reis in der obigen Geschichte der Fall war.

Ist es also unmöglich, die Körpersprache des anderen zu analysieren? Um dies abschließend beantworten zu können, müssen wir uns zunächst die Frage stellen, woran Herr Mustermann konkret gescheitert ist. Es war stets die kognitive Überforderung, die Vielzahl an Informationen aufzunehmen, abzugleichen und zu speichern: Die Rechenoperationen, die sein Gehirn in viel zu kurzer Zeit hätte durchführen müssen, überschreiten bei weitem die Grenzen jedes menschlichen Gehirns. Hierfür wären Computer notwendig. Die Lösung dieses Problems muss zwangsläufig darin bestehen, die Körpersprache unseres Gegenübers mit möglichst wenigen eigenen Denkschritten entziffern zu können. Je weniger Entscheidungsschritte und Rechenoperationen wir zur Analyse von Körpersprache benötigen, umso mehr Gehirnkapazitäten bleiben frei, um das Beobachtete einzuordnen und zu interpretieren.

Dieser Aspekt ist von enormer Bedeutung, denn Sie müssen nicht nur die innere Haltung und Denkweise Ihres Gegenübers entschlüsseln, sondern gleichzeitig auch die richtigen Schlussfolgerungen daraus ziehen und die entsprechenden Maßnahmen zur weiteren Gesprächsführung treffen, damit Sie in Diskussionen die Oberhand behalten können. Diesen beiden Kompetenzen schließt sich noch eine dritte an, nämlich die Fähigkeit, sich selbst für Ihr Gegenüber undurchschaubar zu machen. Wenn Sie diese drei Dinge beherrschen, sind Sie zu einer überlegenen Gesprächsführung in der Lage.

So gehen Sie richtig vor

Schauen wir uns nun also konkret an, wie wir die Körpersprache unseres Gesprächspartners Schritt für Schritt entschlüsseln können.

Vielleicht ist Ihnen schon einmal aufgefallen, dass manche Politiker bei Interviews oder Ansprachen gerne an einem Tisch sitzen und dabei die Arme so auf den Tisch legen, dass sie ein Dreieck bilden und die Finger ineinander verschränkt sind. Das ist kein Zufall. Vielmehr handelt es sich hierbei um antrainiertes Verhalten. In dieser Haltung sind die Arme und Hände «aufgeräumt» und können keine verräterischen Signale aussenden. Der Unterkörper ist durch den Tisch verdeckt und der Oberkörper ist durch die Armhaltung stabil abgestützt. Das Arm-Dreieck schafft zudem einen Schutzraum, der es möglich macht, unauffällig Unsicherheiten zu überspielen. Mit dieser Technik braucht ein Politiker lediglich ein glaubwürdiges Pokerface aufzusetzen und ist hinsichtlich seiner Körpersprache kaum mehr zu interpretieren. Das ist mit ein wenig Übung durchaus machbar. Wie man seinen Gemütszustand verheimlicht, lernen Sie im Kapitel über Mimik und Mikromimik.

Bleibt die Atmung als potenzieller Verräter. Atmen wir aufgrund von Nervosität hektisch ein und aus, so kommt es nicht nur zu einem auffälligen unregelmäßigen Heben und Senken des Brustkorbs, sondern auch zur Veränderung der Stimme, die Nervosität oder Verlegenheit verrät. Wie Sie das vermeiden können? Stellen Sie Ihre Atmung auf die Bauchatmung um, und nehmen Sie die gleiche Körperhaltung bei Gesprächen ein wie der Politiker aus meinem Beispiel. Dadurch werden Sie in köpersprachlicher Hinsicht für Ihren Gesprächspartner undurchschaubar, denn bei der Bauchatmung bleibt der Brustkorb unauffällig, und der Bauch, der sich unter dem Tisch befindet, ist außerhalb des Sichtfeldes unseres Gesprächspartners. Dies gilt selbst dann, wenn Sie eine Diskussion ohne Sichtbehinderungen führen, etwa in einem Stuhlkreis. Denn das permanente Sichtfeld unseres Gesprächspartners deckt in der Regel nicht mehr ab als Ihr Gesicht, Ihren Hals und Ihre Brust. Durch die Bauchatmung kann man sich sehr schnell wieder in den Normalzustand zurückbringen, denn die Bauchatmung erlaubt einen viel effektiveren Austausch der Atemluft als die Brustatmung.

> **Übung**
> Legen Sie eine Hand auf Ihren Bauch, und versuchen Sie, in die Hand hineinzuatmen. Wenn Sie einatmen, bewegt sich Ihre Hand, die auf Ihrem Bauch aufliegt, nach vorne. Beim Ausatmen bewegt sie sich wieder mit dem Bauch nach hinten. Die meisten Menschen benötigen zum Erlernen der Bauchatmung mit dieser Methode lediglich zwischen fünf Minuten und zwei Stunden intensiven Trainings. Sobald Sie die Bauchatmung einmal beherrschen, verlernen Sie sie nicht wieder.

Nun haben Sie den ersten Schritt vollzogen, um es Ihrem Gesprächspartner zu erschweren, Ihre Körpersprache zu entziffern. Eine weitere Möglichkeit bestünde darin, die Maskierungstechniken zu trainieren, die Sie im Kapitel über Mimik und Mikromimik finden. Ein Experte würde zwar trotzdem Ihre wahre Emotion hinter Ihrem mimischen Ausdruck erkennen können – aber wann steht Ihnen im Alltag schon ein Wahrnehmungsexperte gegenüber?

Nun wollen wir uns damit beschäftigen, wie es Ihnen gelingt, ohne Überlastung der kognitiven Ressourcen möglichst viel über die Körpersprache Ihres Gegenübers herauszufinden. Gestatten Sie mir zu diesem Zweck eine Frage: Warum ist es einfacher, mit einer Pistole umzugehen als mit einem Schwert? Im Schwertkampf gibt es zahlreiche verschiedene Techniken, um Angriffe auszuführen oder abzuwehren. Sie müssen also eine Vielzahl an Einzeltechniken beherrschen und zugleich eine Menge Entscheidungen treffen, welche der Techniken die angemessene ist. Bei einer Pistole ist das anders: Zielen und Abdrücken – wenn Sie diese beiden Dinge beherrschen, können Sie grundsätzlich auf jeden Angriff reagieren. Sie benötigen lediglich zwei Handlungsschritte, und mit zwei Handlungsschritten und den damit verbundenen Entscheidungen wird unser Gehirn spielend fertig. Wenn es uns also gelänge, die Körpersprache unseres Gegenübers in nur zwei Schritten zu lesen, dann wäre das ideal, oder?

Sie ahnen wahrscheinlich schon, dass ich Ihnen eine entsprechende Lösung anbieten werde. Zunächst möchte ich Sie bitten, die Körpersprache Ihres Gesprächspartners in offene und geschlossene Körperhaltungen einzuteilen. Verschränkte Arme und Beine stellen eine geschlossene Körperhaltung dar, das Gegenteil ist eine offene Körperhaltung. Wir haben bereits gelernt, auf was diese Körperhaltungen hinweisen können. Da es ziemlich einfach ist zu erkennen, ob Ihr Gegenüber eine offene oder geschlossene Körperhaltung eingenommen hat, brauchen Sie also lediglich zwei Entscheidungen zu treffen (offen oder geschlossen). Alleine mit Hilfe dieses *ersten Indikators* können Sie beispielsweise in Erfahrung bringen, ob er sich generell in Ihrer Gegenwart wohlfühlt oder ob er bei einer bestimmten Frage oder einem bestimmten Thema eher zurückhaltend oder aufgeschlossen reagiert.

Bleiben wir beim Wohlfühlfaktor: Die Frage, ob sich unser Gesprächspartner wohlfühlt oder nicht, ist ein wesentlicher Baustein, um ihn lesen und durchschauen zu können. Denn wenn seine Körperhaltung darauf hindeutet, dass er sich unwohl fühlt, müssen Sie dafür sorgen, die Gesprächsatmosphäre zu verbessern, um Ihre Ziele zu erreichen. Diese Regel gilt es in allen Lebenslagen zu berücksichtigen, ob privat beim Flirt, im Eltern-Kind-Gespräch, im Freundeskreis oder beruflich in einem Meeting – das Prinzip ist immer dasselbe. Wir haben bereits besprochen, warum es so wichtig ist, den Gesprächspartner zunächst mit einem unverfänglichen Smalltalk zu entspannen: Sobald sich Ihr Gesprächspartner wohlfühlt, lernen Sie seine natürliche Körpersprache kennen. Das Kennenlernen der Körpersprache im Normalzustand ist ein zentraler Bestandteil seiner *Baseline*.

Mit dem Wort Baseline (Grundlinie/Messbasislinie) beschreibt man das Normalverhalten einer Person. Dabei geht es nicht nur um die Körpersprache, sondern um eine ganzheitliche Betrachtungsweise. Wie schnell und wie tief spricht sie? Wie sind ihr Blick und Distanzverhalten? Wie gestikuliert sie, und wie ist ihre Sitzposition sowie ihre Körper-, Arm- und Beinhaltung?

Dieses natürliche Verhalten, das Ihr Gesprächspartner an den Tag legt, wenn er entspannt ist, dient Ihnen als Kompass, und zwar in folgender Hinsicht: Sobald Sie kritische Themen – damit meine ich Themen, die in Ihrem Gesprächspartner Unwohlsein auslösen – ansprechen, werden Sie eine Abweichung von der Baseline feststellen können. Sie wissen somit während des Gesprächs immer, welche Fragen und Themen Ihr Gegenüber unter Stress setzen. Sie können es genau erkennen, denn Unwohlsein äußert sich nicht nur über eine geschlossene Körperhaltung, sondern auch über Verkrampfungen: Ihr Gesprächspartner kann beispielsweise eine offene Armhaltung eingenommen haben, aber seine Finger oder seine Gesichtszüge können dennoch verkrampft sein.

Nun sollte Ihr *zweiter Indikator* in der Unterscheidung darin bestehen, ob sich Ihr Gesprächspartner in Bezug auf eine einzelne Frage, ein Thema oder eine Aussage wohlfühlt oder nicht. Der Vorteil ist hier der gleiche wie bei der Unterscheidung zwischen offener und geschlossener Körpersprache. Sie brauchen nicht wochenlang zu trainieren, um dieses Werkzeug erfolgreich anwenden zu können. Aufgrund Ihrer Lebens- und Berufserfahrung wird es Ihnen – da bin ich mir sicher – nicht schwerfallen, anhand der Körpersprache zu erkennen, ob ein Mensch sich wohl oder unwohl fühlt.

Der Unterschied zwischen einem Laien und einem Experten besteht hier vor allem darin, dass der Laie Unwohlsein/Wohlfühlen unbewusst wahrnimmt und letztlich lediglich ein Bauchgefühl für die Gesamtsituation hat. Der Experte achtet hingegen gezielt, permanent und punktuell auf die Körpersprachsignale und macht sich bewusst, bei welchen Punkten dieses Unwohlsein in Erscheinung getreten ist. Daraus lassen sich dann für den Beobachter konkrete Schlussfolgerungen hinsichtlich des Gesprächspartners ziehen. Nun liegt es an Ihnen, in künftigen Gesprächen auf die relevanten Signale zu achten, anstatt lediglich auf ein unterschwelliges Gesamtgefühl zu vertrauen.

Um Ihnen zu verdeutlichen, wie diese Vorgehensweise konkret aussehen kann, möchte ich eine berufliche Verhandlungssituation beschreiben – es könnte sich aber genauso gut auch um eine private Gesprächssituation handeln.

Nehmen wir das Beispiel Vertragsverhandlungen. Oft wird hier der Fehler begangen, über den Vertrag als Ganzes zu sprechen, anstatt punktuell bestimmte Aspekte zu beleuchten. In den meisten Fällen haben die Verhandlungsparteien im Vorfeld bereits Gelegenheit gehabt, den Vertrag zu lesen. Dann stellt eine Verhandlungspartei die Frage, ob noch Fragen offen sind. Wenn dies verneint wird, dann scheint alles bestens zu sein. Trotzdem kommt es in vielen Fällen nicht zum (sofortigen) Vertragsabschluss. Wieso eigentlich, wenn doch alles geklärt zu sein scheint und alle Parteien einverstanden sind? Aus welchem Grund wünscht eine Partei trotzdem noch Bedenkzeit? Wie kann es sein, dass es in einigen Fällen letztlich überhaupt nicht zum Vertragsschluss kommt?

In solchen Fällen wurde offensichtlich eine wichtige Kleinigkeit übersehen. Deshalb empfehle ich eine alternative Vorgehensweise beim Verhandeln: Nehmen wir an, der Vertrag besteht aus fünfzehn wesentlichen Punkten. Gehen Sie mit Ihrem Vertragspartner Schritt für Schritt jeden einzelnen Punkt durch, und achten Sie bei jedem Punkt auf eine Abweichung von seiner Baseline, insbesondere auf Gesten, die auf Unwohlsein hinweisen, wie zum

Beispiel versteckte oder verkrampfte Hände oder das Ausführen von Beruhigungsgesten. Sie stellen dann zum Beispiel fest, dass eine solche Geste bei Punkt 8 und Punkt 12 erfolgt, während Ihr Vertragspartner bei den restlichen Punkten sein normales Körpersprachverhalten zeigt. Dies ist für Sie der Hinweis, dass bei diesen beiden Punkten etwas nicht optimal geklärt ist. Hier sollten Sie nachhaken. Oftmals handelt es sich dabei um Probleme, die nicht sofort offen zugegeben werden, zum Beispiel Zeitprobleme für die Umsetzung eines Projekts oder Schwierigkeiten in Bezug auf Lieferbedingungen. Gehen Sie im Gespräch den möglichen Ursachen auf den Grund – so können Sie eine Regelung finden, die auch die letzten Zweifel bezüglich einer Abzeichnung des Vertrages ausräumen.

Den *dritten Indikator* habe ich bereits mehrfach indirekt angesprochen. Sie sollten ja zu Beginn eines jeden Gesprächs die Baseline Ihres Gesprächspartners feststellen. Solange sich Ihr Gesprächspartner wohlfühlt, wird er sich innerhalb dieser Baseline bewegen, sobald es eine Abweichung gibt, sollten bei Ihnen die «Alarmglocken» klingeln, und Sie sollten den betreffenden Punkten besondere Beachtung schenken. Wenn Sie also unterscheiden zwischen Baseline und Abweichung von der Baseline, dann steht Ihnen ein drittes Instrument zur Verfügung, bei dem Sie mit lediglich zwei Entscheidungsschritten eine ganze Menge über Ihren Gesprächspartner erfahren können.

Als *vierter Indikator* bieten sich die *Beruhigungsgesten* an. Wie Sie wissen, schüttet unser Körper in einer Bedrohungs- bzw. Stresssituation Stresshormone (vgl. Kapitel 1) aus, die beispielsweise einen Anstieg des Blutdrucks oder eine hektischere Atmung verursachen. Wenn Ihr Gesprächspartner z.B. aufgrund einer Lüge in Stress geraten ist, dann können Sie meist Beruhigungsgesten beobachten. Zur Erinnerung, klassische Beruhigungsgesten sind zum Beispiel:

- das Spielen mit den Fingern oder einem Gegenstand, etwa einem Kugelschreiber,
- das Abwischen schwitziger Hände an der Hose,
- das auffällig häufige Streichen durch die Kopfhaare,
- unbewusste Kaubewegungen,
- tiefes Atmen,
- Pfeiftöne,
- mit den Füßen spielen,
- die Hände auf den Genitalbereich legen,
- das wiederholte Zurechtrücken des Krawattenknotens.

Ihr Gesprächspartner versucht damit, wieder seinen Normalzustand herzustellen. Ob Beruhigungsgesten vorliegen oder nicht, ist wiederum nur eine Frage von zwei Entscheidungsschritten – ja oder nein.

Viele Menschen haben bei einer Frage oder einem Punkt, der ihnen im Gespräch unangenehm ist, Schwierigkeiten, den Blickkontakt aufrechtzuerhalten. Das Gleiche gilt auch für die meisten spontanen Lügner, zumindest wenn sie ungeübt im Lügen sind. Die meisten professionellen Hochstapler und Betrüger haben sich diese Fähigkeit über die Jahre antrainiert. Nichtsdestoweniger besteht der *fünfte Indikator* in der Klärung der Frage, ob Ihr Gegenüber seine Blickrichtung ändert oder nicht. Viele Lügner, unehrliche Menschen und solche mit schlechtem Gewissen haben (sofern sie keine professionellen Lügner wie zum Beispiel Hochstapler sind), Probleme, bei den für sie kritischen Themen ungerührt den Blickkontakt mit dem betroffenen Gegenüber zu halten. Wieder nur zwei Entscheidungsmöglichkeiten!

Sie verfügen nun über insgesamt fünf Indikatoren, mit Hilfe derer Sie die Körpersprache Ihres Gegenübers professionell und ohne aufwendiges Training analysieren und beurteilen können. Sobald Sie also die folgenden Indikatoren in der täglichen Praxis umsetzen können, sollten Sie damit beginnen, dies auch mit den Erkenntnissen aus dem Bereich der Mimik und Mikromimik zu vollziehen, mit der wir uns im weiteren Verlauf des Buches beschäftigen werden.

1. Offene bzw. geschlossene Körpersprache
2. Wohlfühlgesten bzw. Unwohlfühlgesten
3. Baseline bzw. Abweichung von der Baseline
4. Beruhigungsgesten: ja oder nein?
5. Änderung der Blickrichtung: ja oder nein?

Je mehr Wahrnehmungsindikatoren Sie nutzen, desto besser sichern Sie sich gegen Irrtümer ab. Versuchen Sie, sich diese wenigen Punkte so gut einzuprägen, dass Sie fast automatisch ablaufen. Allein dadurch werden Sie Ihre Wahrnehmungsfähigkeit deutlich steigern.

> **Übung**
> Lernen Sie diese fünf Indikatoren und die Beruhigungsgesten auswendig. Dann trainieren Sie Ihre Reaktionszeit, indem Sie die Zeit stoppen. Starten Sie die Stoppuhr, und schreiben Sie, so schnell Sie können, die fünf Indikatoren und die Beruhigungsgesten nieder. Machen Sie mehrere Durchgänge nach größeren Pausen, und versuchen Sie, Ihre Zeit stets zu verbessern. Sobald Sie die Indikatoren und Beruhigungsgesten schneller abrufen, als Sie schreiben können, ist die Übung beendet. Ich würde Ihnen empfehlen, auch mit anderen Aufzählungspunkten dieses Buchs in gleicher Weise zu verfahren.

Vom versteckten Daumen und angehobenen Kinn – Körpersprachsignale im Detail

Nun verfügen Sie bereits über eine solide Grundlage, um die Körpersprache Ihrer Gesprächspartner richtig zu beurteilen. Sobald Sie das bisher Besprochene vollständig erfasst und in der Praxis angewandt haben, ist es an der Zeit, sich mit den einzelnen Körpersprachsignalen separat und konkret zu befassen. Dabei werden wir natürlich nicht Herrn Mustermanns Fehler wiederholen und uns in Hunderten von Körpersprachsignalen verlieren. Ich werde mit Ihnen nur eine überschaubare Anzahl von besonders wichtigen Körpersprachsignalen besprechen. Das Wissen um diese Signale und ihre Bedeutungen wird Ihr bisheriges Wissen zum Durchschauen von Gesprächspartnern auf verschiedenen Wahrnehmungsebenen abrunden.

Bitte seien Sie sich darüber im Klaren, dass es sich im Folgenden um Grundaussagen handelt, die in der Mehrzahl der Fälle zutreffen, im Einzelfall aber auch einmal falsch sein können. Außerdem sollten Sie sich merken, dass es sich um Körpersprachsignale dreht, die durch einen ausgebufften Gesprächspartner täuschend, also manipulativ, eingesetzt werden können. Zur besseren Übersicht liste ich Ihnen die betreffenden Gesten und Köperhaltungen zunächst stichpunktartig auf:

Körpersprachsignale des Angriffsinstinkts
- Anheben des Kinns
- Verengte Pupillen (wenn Drogen- oder Alkoholkonsum als Ursache ausscheidet)
- Anstarren
- Hervorhebung des Brustkorbes durch Zurückziehen der Schultern

- Breitbeinige Sitzposition
- Sehr fester Händedruck
- Erhobener Zeigefinger
- Eindringen in den persönlichen Schutzraum mit der Hand oder dem Fuß
- Übereinandergeschlagene Beine, ein Bein pendelt dabei in die Richtung des Gesprächspartners
- Umschlingen beider Stuhlbeine mit den Füßen, Oberkörper nach vorne geneigt, erhobener Zeigefinger und Distanzunterschreitung

Anheben des Kinns
Durch das Anheben des Kinns legt jemand seinen Hals frei und präsentiert ihn schutzlos seinem Gesprächspartner. Die Botschaft hinter dieser Geste lautet: «Ich bin dir überlegen. Du stellst keine Gefahr für mich dar, denn du hast keine Chance.» Diese Geste ist sowohl ein Zeichen allgemeiner Arroganz als auch Ausdruck des Angriffsinstinkts. Sie deutet somit je nach Gesprächskontext entweder auf eine Geringschätzung des Gesprächspartners oder eine Bedrohungshaltung hin.

Verengung der Pupillen
Lehnt jemand seinen Gesprächspartner oder dessen Aussagen ab, oder nimmt er sie gar als Bedrohung wahr, dann verengen sich seine Pupillen. Es gibt aber auch eine Reihe anderer Faktoren, die die Größe der Pupillen verändern können: Alkohol- oder Drogenkonsum, Übermüdung, seelische Belastungen oder Sehschwäche. Verengte Pupillen können auf Weitsichtigkeit hindeuten, auch starker Lichteinfall bewirkt eine Verengung. Drogen haben unterschiedliche Auswirkungen auf die Pupillen: Nikotin und Opiate, z.B. Heroin, verengen die Pupillen, halluzinogene Drogen wie Cannabis und LSD bewirken das Gegenteil.

Anstarren

Starrt jemand sein Gegenüber lange an, so ist dies fast ausschließlich ein Zeichen des Angriffsinstinkts. Aber keine Regel ohne Ausnahme! Fassungslosigkeit kann sich beispielsweise ebenso in einem Anstarren des Gegenübers äußern. In einem solchen Fall wäre es eine Schockreaktion und würde eher auf den Erstarrungsinstinkt hinweisen. Sehen wir von Ausnahmefällen ab, dann bleibt das Anstarren jedoch ein Merkmal direkter Konfrontation und Bedrohung. Es tritt häufig zusammen mit weiteren Drohgebärden, etwa einem erhobenen Zeigefinger, auf. Starrt man jemanden an, so verfolgt man in der Regel den Zweck, den Gesprächspartner zu verunsichern, da dieser gezwungen wird, dem Blick standzuhalten. Gelingt ihm dies nicht, wird er entweder «flüchten», indem er seinen Blick abwendet, oder aber seinerseits zum Angriff übergehen. Durch die erste Option begibt er sich in den Tiefstatus, durch die zweite Option verliert er seine Souveränität. Beides spielt z. B. Manipulatoren, die häufig mit solchen Techniken arbeiten, in die Karten.

Hervorhebung des Brustkorbs durch Zurückziehen der Schultern

Die betonte Hervorhebung des Brustkorbs lässt uns oft besser dastehen, als es in Wirklichkeit der Fall ist. Hier unterscheiden wir uns nicht allzu sehr von Tieren, wenn diese sich aufplustern, um potenzielle Partner zu beeindrucken oder Rivalen einzuschüchtern. Sie kennen die typische Szene, die man im Urlaub beobachten kann: Ein untrainierter Mann mit Bierbauch läuft den Strand entlang und entdeckt plötzlich auf seinem Weg eine attraktive Frau auf einer Liege. Reflexartig richtet er seinen Oberkörper auf, holt tief Luft und zieht die Schultern zurück, um den Brustkorb zu vergrößern und seinen Bauch bestmöglich zu kaschieren. Sobald er außerhalb der Sichtweite der Frau ist, lässt seine

Körperspannung augenblicklich nach, und er verfällt in seine normale Haltung. Auch bei Streitereien unter Männern ist dieses Gebaren nicht unüblich. Da Frauen bezüglich Muskulatur, Größe und Körperbau anders als Männer gebaut sind, würden bei vielen Frauen körpersprachliche Drohgebärden nicht überzeugend genug wirken. Frauen senden Drohungen deshalb häufiger über Mimik und Stimme aus. Beides dient in jedem Fall dazu, Kraft und Kampfbereitschaft zu signalisieren und damit den Rivalen zu verunsichern. Dabei spielt es keine Rolle, ob es sich um verbale oder körperliche Auseinandersetzungen handelt. Die Prinzipien sind dieselben.

Breitbeinige Sitzposition

Nehmen wir eine breitbeinige Sitzhaltung ein, so bleibt unser Genitalbereich ungeschützt. Mit dieser Haltung geben wir unserem Gesprächspartner zu verstehen, dass wir uns ihm überlegen fühlen oder ihn nicht für gefährlich halten. In beruflichen Meetings oder politischen Diskussionsrunden vermittelt eine breitbeinige Sitzposition den anderen Anwesenden die eigene Dominanz und einen Führungsanspruch. Spreizt jemand seine Beine plötzlich, obwohl er bis dahin eine normale und unauffällige Sitzhaltung hatte, so ist das in aller Regel als Aggression und/oder Provokation zu werten. Die damit verbundene Aussage ist ganz klar konfrontativ im Sinne einer unausgesprochenen Frage: «Willst du mich herausfordern? Dann komm her!» Das gleiche Prinzip gilt für die Körperhaltung im Stehen. Wenn Sie selbst mit dieser Technik arbeiten möchten, um Ihren Gesprächspartner zu beeinflussen, dann spreizen Sie Ihre Beine ein klein wenig breiter als schulterbreit. Wenn Sie deutlich breiter stehen, wirkt das eher lächerlich. Zudem wirken Sie dadurch kleiner.

Sehr fester Händedruck

Der Händedruck bietet eine ganze Menge an Interpretationsspielraum, wie Sie bereits wissen. Ein übertrieben starker Händedruck lässt entweder auf mangelnde Umgangsformen schließen, oder er ist eine bewusst eingesetzte Angriffs- und Dominanzgeste. Wer übertrieben fest zudrückt, möchte seinem Gegenüber damit bereits bei der Begrüßung zu verstehen geben, dass er das Sagen hat und das folgende Gespräch nach seinen Regeln ablaufen wird.

Erhobener Zeigefinger

Der erhobene Zeigefinger kommt in den meisten Fällen als Verstärker zum Einsatz. Mit einem erhobenen Zeigefinger geht man entweder in die direkte Konfrontation, oder man setzt ihn ein, um den anderen zu warnen und ihm seine Grenzen aufzuzeigen. Auch diese Geste hat ihren Ursprung in einem realen Kampf. Meistens wird mit dem erhobenen Zeigefinger auch der Arm auf Kopfhöhe des Gegenübers nach vorne gestreckt. Damit dringt man in seine intime Distanzzone ein und verkürzt somit den Abstand zum potenziellen Gegner. Sollte es zu einer körperlichen Auseinandersetzung kommen, muss man nur den Zeigefinger wieder einziehen und befindet sich mit geballter Faust in optimaler Position unmittelbar vor dem Kopf des Gegners. Aus dieser Distanz kann ein Gegner einen Schlag kaum mehr abwehren. Vielen ist nicht bewusst, dass unsere heutige Körpersprache zu einem Großteil ein Relikt vergangener Kämpfe bzw. Angriffs- und Schutzhaltungen aus der Urzeit ist. Wer die Zusammenhänge jedoch verstanden hat, macht bei der Interpretation der Körpersprache seiner Mitmenschen einen gewaltigen Schritt in die richtige Richtung.

Eindringen in den persönlichen Schutzraum mit der Hand oder dem Fuß

Dringt ein anderer in unseren persönlichen Schutzraum, also unsere Wohlfühldistanz, ein, empfinden wir das für gewöhnlich als unangenehm oder werten es gar als Bedrohung, ohne dass eine Drohung ausgesprochen oder irgendeine Form von Gewalt angewandt worden wäre. Dem Betroffenen bleiben nun lediglich zwei Möglichkeiten: Rückzug oder seinerseits auf Angriffsmodus umzuschalten. Im ersten Fall kann man ihn schnell in den Tiefstatus bringen, im zweiten Fall nimmt man ihm seine Souveränität. Dies ist gerade bei arroganten und übermäßig selbstsicheren Personen, die den Gesprächsverlauf jederzeit unter Kontrolle haben möchten, eine interessante Methode.

Übung

Stellen Sie sich vor Ihren Übungspartner, und heben Sie Ihren Arm mit erhobenem Zeigefinger auf dessen Kopfhöhe. Stellen Sie sich dabei vor, Sie würden ihm in Wirklichkeit drohen. Prägen Sie sich dabei die Distanz, die zwischen Ihrer Fingerspitze und dem Kopf Ihres Übungspartners verbleibt, genau ein. Nun bitten Sie ihn, Ihnen eine Handfläche entgegenzuhalten. Schlagen Sie nun Ihrem Partner mit einem ansatzlosen Fauststoß (ohne auszuholen), so schnell Sie können, auf die Handfläche, und zwar aus genau der eingeprägten Distanz heraus. Die Hand simuliert in dieser Übung den Kopf Ihres Übungspartners. Versuchen Sie, Ihre Faust so schnell wie möglich nach vorne schnellen zu lassen. Kraft spielt für diese Übung keine Rolle, Sie möchten Ihrem Gesprächspartner ja keine Schmerzen zufügen. Wichtig ist nur, dass Sie so schnell zuschlagen, wie es Ihnen möglich ist. Ihr Partner sollte aus Sicherheitsgründen seinen Kopf nicht hinter der Hand, sondern außer Reichweite halten. Bitten Sie Ihren Partner zu zählen, wie viele Sekunden Sie bis zum Treffer brauchen. Wenn Sie die Übung richtig ausführen, werden Sie merken, dass Sie ihn bereits getroffen haben, bevor dieser bei einer Sekunde angekommen ist.

Erhöhen Sie anschließend die Schlagdistanz in etwa auf die Länge Ihres ausgestreckten Armes. Sie werden schnell sehen, dass Ihr Übungspartner immer noch Probleme damit hat, die Zahl 1 auszusprechen, bevor Sie getroffen haben. Wenn Sie sich bewusst machen, dass die menschliche Reaktionszeit, wie wir alle schon in der Fahrschule gelernt haben, mindestens eine Sekunde beträgt, dann können Sie sich leicht ausrechnen, wie gut Ihre Chancen stünden, einen Schlag aus einer solch kurzen Distanz noch abzuwehren.

Ich habe mich mit einer Vielzahl von Kampfkünsten theoretisch und praktisch befasst sowie im Rahmen meiner Polizeitätigkeit in vielen Straßenkämpfen angewandt. Doch das Reaktionszeitproblem stellt sich selbst den erfahrensten Kampfkünstlern. Mir ist einzig das Acht Pattern Wing Chun bekannt, das, wenn man es meisterhaft beherrscht, überhaupt eine reale Abwehrchance bietet. Das liegt daran, dass es durch die spezielle Trainingsweise Reflexe in das Unterbewusstsein einpflanzt, die dadurch vom autonomen Nervensystem, ähnlich den Ur-Instinkten, ohne Denkzeit abgerufen werden können.

Unser Unterbewusstsein kennt die Gefahr, die von Distanzüberschreitungen ausgeht, und versucht daher, sie möglichst zu vermeiden.

Übereinandergeschlagene Beine, ein Bein pendelt dabei in die Richtung des Gesprächspartners
Übereinandergeschlagene Beine werden oftmals als Abwehrhaltung interpretiert, doch so einfach ist es nicht. Beobachten Sie bitte die Gesamthaltung Ihres Gesprächspartners im Sitzen. Was machen seine Beine? Sitzt Ihr Gesprächspartner seitlich zu Ihnen mit übereinandergeschlagenen Beinen, so ist seine Sitzhaltung trotzdem offen, wie wir bereits gelernt haben. Sitzt er Ihnen

mit geschlossenen Beinen gegenüber, dann kann dies eine Abwehr- oder Angriffsreaktion sein. Genauso gut wie Angriff könnte es aber auch auf Langeweile hinweisen. Beides ist aber gut voneinander zu unterscheiden. Bei Langeweile baumelt das Bein eher kraftlos durch die Gegend, während es bei Aggression unter Anspannung der Muskulatur bewegt wird. Es gleicht dann mehr einem versuchten Tritt als einem lässigen Baumeln und ist daher gut von der Langeweile zu unterscheiden. Mit dem Schließen der Beine schützt der Gesprächspartner seinen Intimbereich in einer Situation, in der er sich unwohl fühlt. Wenn allerdings sein Bein zu wippen beginnt, dann kann dies sowohl auf Nervosität als auch auf eine Angriffshaltung hinweisen. Eine Angriffshaltung ist dann gegeben, wenn das wippende Bein in die Richtung Ihres Intimbereichs zielt. Ihr Gesprächspartner möchte Sie angreifen und unterbewusst nach Ihnen treten. Der *Carpenter-Effekt* (vgl. Seite 305) löst hierbei diese Bewegung aus.

Umschlingen beider Stuhlbeine mit den Füßen, Oberkörper nach vorne geneigt, erhobener Zeigefinger und Distanzunterschreitung

Das Umschlingen beider Stuhlbeine mit den Füßen wird von vielen Experten als Geste des Unwohlseins gedeutet. Doch auch hier sollte man nicht pauschalisieren, denn wie immer kommt es auf den Kontext an. Das Umschlingen ist gewissermaßen ein Ankerpunkt, mit dem ein unsicherer Gesprächspartner Halt sucht. Neigt er sich allerdings dabei nach vorne, verkürzt er die Distanz zwischen sich und Ihnen. Macht er zusätzlich eine Bedrohungsgeste mit dem erhobenen Zeigefinger, verringert er die Distanz erneut und dringt mitunter sogar in Ihren persönlichen Schutzbereich ein. Nun kann nicht mehr von einer Unsicherheitsgeste gesprochen werden: Es handelt sich ganz eindeutig um eine Angriffsreaktion.

Übung

Führen Sie folgendes Experiment mit einem Übungspartner durch: Setzen Sie sich einander in einem normalen Abstand gegenüber (die Stühle sollten Stuhlbeine haben und keine Rollen). Nun schlingen Sie beide Füße um die Stuhlbeine. Sie werden merken, dass diese Position Ihnen Halt gibt. Als nächsten Schritt lehnen Sie sich dabei zurück. Sie werden selbst merken, wie das Ausweichen nach hinten mit gleichzeitigem Halt durch die Stuhlbeinverankerung Ihrer Beine eine Flucht und Sicherheitshaltung ist. Nun lehnen Sie sich einmal nach vorne und heben bedrohlich Ihren Arm mit ausgestrecktem erhobenem Zeigefinger. Fragen Sie Ihren Übungspartner, wie er sich fühlt und diese Geste wahrnimmt, und überprüfen Sie, was sie in Ihnen selbst bewirkt. Das Umklammern der Stuhlbeine gibt Ihnen zusätzliche Sicherheit für Ihren Angriff, den Sie mit Distanzunterschreitung und Drohgesten deutlich machen. Mit Übungen wie dieser bekommen Sie ein gutes Gefühl für den Unterschied zwischen neutralen sowie Flucht- und Angriffsreaktionen.

Körpersprachsignale des Fluchtinstinkts
- Senken des Kinns
- Vermeidung von Blickkontakt
- Unüblich langes Schließen und/oder Zusammenpressen der Augen
- Zurückziehen der Arme und Beine
- Zurückrutschen im Stuhl und generelle Distanzvergrößerungen
- Daumen verstecken
- Geschlossene oder verdeckte Armhaltung

- Schwacher Händedruck
- Sitzposition, bei der das Gesäß die Sitzfläche nur leicht oder nicht mehr berührt und sich zusammen mit den Füßen in der Aufstehposition befindet
- Umschlingen beider Stuhlbeine nach hinten, Oberkörper nach hinten gelehnt

Senken des Kinns

Mit dem Senken des Kinns schützen wir unseren Hals instinktiv vor einem Schlag oder einem Würgeangriff – ein Überbleibsel aus der Urzeit. Ein Gesprächspartner, der sich unsicher oder bedroht fühlt, aber der bedrohlichen Situation nicht direkt entkommen kann, senkt während des Gespräches oftmals unbewusst sein Kinn. Manchmal zieht er zusätzlich seine Schultern hoch, um für noch mehr Schutz zu sorgen. So vermittelt Ihnen Ihr Gesprächspartner nicht nur seine aktuelle innere Haltung, sondern verspielt auch einen wertvollen Blickwinkel auf Sie; darüber hinaus vermeidet er den Augenkontakt zu Ihnen und richtet seinen Wahrnehmungsfokus auf Ihre untere Körperhälfte. Wenn Sie sich an einem Tisch gegenübersitzen, ist sein Blick auf den Tisch gerichtet. In diesem Fall sollten Sie darauf achten, Ihrerseits speziell Ihren Unterkörper bestmöglich zu kontrollieren und keine verdächtigen Bewegungen mit Ihren Beinen zu machen. Sollten Sie selbst nervös sein, sollten Sie von der Brust- auf die Bauchatmung umstellen, weil diese, wie bereits besprochen, einen besseren Sauerstoffaustausch in der Lunge ermöglicht und Sie daher schneller entspannen können. Ist Ihr Bauch jedoch nicht durch eine Barriere, wie zum Beispiel einen Tisch, verdeckt und richtet Ihr Gesprächspartner seinen Fokus auf Ihre untere Körperhälfte, so sollten Sie wieder zur Brustatmung zurückkehren.

Vermeidung von Blickkontakt

Die Vermeidung von Blickkontakt ist eine klassische Ausweich- und Fluchtreaktion. Wir vermeiden den Blickkontakt zu anderen, wenn uns eine Situation unangenehm oder bedrohlich vorkommt. In den meisten Fällen fehlt dann das nötige Selbstbewusstsein, um dem Gegenüber in die Augen zu schauen. Manchmal ist die Vermeidung des Blickkontakts ein Resultat des Carpenter-Effekts (siehe Seite 305). Wichtig ist allerdings, sicherzustellen, dass Ihr Gesprächspartner nicht generell dazu neigt, Blickkontakt zu vermeiden – achten Sie auf seine *Baseline*!

Unüblich langes Schließen und/oder Zusammenpressen der Augen

Unsere Augen schließen sich in regelmäßigen Abständen jeweils für einen Sekundenbruchteil. Dabei handelt es sich um eine kaum beeinflussbare automatische Reaktion, die man als Lidschlussreflex bezeichnet. Er dient dazu, das Auge vor Austrocknung und Fremdkörpern zu schützen. Er kann aber auch durch starkes Erschrecken oder plötzlichen Lichteinfall ausgelöst werden. Die Dauer, in der das Auge geschlossen ist, bewegt sich im Millisekundenbereich. Bleiben die Augen Ihres Gesprächspartners jedoch über zwei oder gar drei Sekunden geschlossen, so ist dies nicht mit dem Lidschlussreflex erklärbar. Vielmehr ist die Begründung eher darin zu suchen, dass der Betroffene im wahrsten Sinne des Wortes seine Augen vor der Wirklichkeit zu verschließen wünscht oder um Fassung ringt. Auch wenn es hierzu, wie generell bei fast allen Körpersprachsignalen, nicht *die eine* Interpretation gibt, so ist es doch ganz klar ein Zeichen dafür, dass der Betroffene mit der vorliegenden Situation nicht gut zurechtkommt und am liebsten flüchten würde: Unbewusst wendet er die Vogel-Strauß-Taktik an.

Zurückziehen der Arme und Beine
Das Zurückziehen der Arme und Beine ist eine der wesentlichen Schutzreaktionen des menschlichen Körpers. In Gefahrensituationen benötigen wir unsere Beine vor allem zur Flucht, unsere Arme in erster Linie zum Kampf. Ohne sie sind wir Angriffen schutzlos ausgeliefert. Kein Wunder also, dass wir sie besonders schützen möchten. Der Schutzinstinkt ist ein Ur-Instinkt, der reflexartig – also ohne den Umweg über unseren Verstand – ausgelöst wird, denn Nachdenken würde in vielen Fällen zu lange dauern, um der Gefahr noch angemessen begegnen zu können.

Haben Sie auch schon einmal eine heiße Herdplatte berührt? Wir ziehen unsere Hand innerhalb von Sekundenbruchteilen zurück und werden uns erst im Nachhinein bewusst, warum wir so reagiert haben. Erst dann spüren wir den Schmerz.

Wenn Ihr Gesprächspartner sich bei einer bestimmten Frage ertappt oder bedroht fühlt, dann zieht er nicht selten unwillkürlich seine Arme oder Beine zurück. Diese Bewegung ist als unmittelbare Reaktion auf eine bedrohliche Situation nicht willentlich steuerbar, man kann sie aber auch gezielt manipulativ einsetzen. Daher habe ich diese Reaktionsweise der manipulierbaren Körpersprache zugeordnet.

Zurückrutschen im Stuhl und generelle Distanzvergrößerungen
Distanzvergrößerungen dienen dazu, den persönlichen Schutzraum unseres Körpers zu vergrößern und uns für Abwehr oder Flucht besser zu positionieren. Das Zurückrutschen im Stuhl oder mit dem Stuhl ist vergleichbar mit einem Schritt nach hinten. Es handelt sich hierbei um eine eindeutige Fluchtreaktion.

Daumen verstecken
Die Finger sind die empfindlichsten Bestandteile unserer Arme. Die Daumen sind für die Steuerung der Hand von vergleichbarer

Bedeutung wie die großen Zehen für die Koordination unseres Ganges. Ohne unsere Daumen könnten wir weder richtig zugreifen noch eine Waffe halten. Mit einem gebrochenen Daumen ist auch ein kraftvoller Schlag nicht mehr möglich.

Das Verstecken der Daumen in einer als unangenehm empfundenen Situation kann mehrere Bedeutungen haben. Einerseits schützen wir damit diesen Körperteil, andererseits dient es als Beruhigungsgeste. In den meisten Fällen werden die Daumen im Sitzen unter den Oberschenkeln oder aber in der Faust versteckt. Dadurch wird die Faust gefüllt und lässt sich einfacher anspannen. Durch die erhöhte Körperspannung vermitteln wir uns selbst das Gefühl von Kraft. Daher kann man diese Geste manchmal auch im Rahmen des Angriffsinstinkts beobachten, wenn der Gesprächspartner mit innenliegendem Daumen die Faust ballt.

Dem geschulten Beobachter wird in diesem Fall jedoch sofort klarwerden, dass der Gegner nicht so bedrohlich ist, wie er scheint. Denn jemand, der sich aufs Kämpfen versteht, würde niemals während eines Schlags den Daumen innerhalb der Faust halten, da der Daumen in dieser Haltung leicht brechen kann.

Geschlossene oder verdeckte Armhaltung

Geschlossene oder verdeckte Armhaltungen sind der geschlossenen Körpersprache zuzuordnen und ein Hinweis darauf, dass sich der Gesprächspartner (noch) nicht wohlfühlt. Solange oder sobald diese Körperhaltungen auftreten, möchte der Gesprächspartner sich innerlich schützen oder zurückziehen. Nimmt er diese Haltung generell ein, so liegt es an Ihnen, ihn zu entspannen, etwa mit einem lockeren Smalltalk. Tritt diese Haltung als Reaktion auf eine bestimmte Frage auf, sollten Sie in diesem Punkt noch vertiefend nachhaken und sowohl die weiteren Reaktionen genau beobachten, als auch durch geschickte Fragen versuchen herauszufinden, welchen Grund es für diese Reaktionsweise gibt.

Schwacher Händedruck
Ein schwacher Händedruck kann ein Indiz dafür sein, dass sich Ihr Gesprächspartner bereits von Anfang an unwohl fühlt und die Gesprächssituation von vornherein am liebsten vermieden hätte. Er ist ein Zeichen von Unwohlsein, Fluchtgedanken und Unverbindlichkeit oder für ein geringes Selbstbewusstsein. Stellen Sie bei einer Begrüßung einen schwachen Händedruck fest und ist dieser nicht auf eine schwächliche körperliche Konstitution zurückzuführen, so sollten Sie zunächst versuchen, eine entspannte Gesprächsatmosphäre zu schaffen. Hilft dies alles nichts, sollten Sie versuchen, den Grund hierfür im Gespräch zu klären.

Sitzposition, bei der das Gesäß die Sitzfläche nur leicht oder nicht mehr berührt und sich zusammen mit den Füßen in der Aufstehposition befindet
Diese aufschlussreiche Geste ist nur wahrnehmbar, wenn Sie Ihre Sitzposition so gewählt haben, dass Sie einen guten Blickwinkel auf Ihren Gesprächspartner werfen können. Wenn Ihr Gesprächspartner diese Position eingenommen hat, so hat er innerlich bereits beschlossen zu gehen oder würde es am liebsten tun. Je nachdem, welche der beiden Möglichkeiten zutrifft, ist diese Position bewusst gewählt oder der Carpenter-Effekt kommt zum Tragen.

Umschlingen beider Stuhlbeine nach hinten, Oberkörper nach hinten gelehnt
Siehe hierzu das Pendant unter der Beschreibung der Angriffsinstinkte mit der anschließenden Übung.

Körpersprachsignale des Erstarrungsinstinkts
- Erstarrte Gestik
- Erstarrte Mimik

- Fixierung und Vermeidung des Blickkontakts
- Luft anhalten
- Vermeidung von Bewegungen

Erstarrte Gestik

Wenn Ihr Gesprächspartner aufgrund einer Äußerung, Frage oder extremen Überraschung geschockt ist, dann friert seine Körpersprache plötzlich regelrecht ein. Ein noch kurz zuvor dynamisch gestikulierender Gesprächspartner bewegt für kurze Zeit seine Arme oder gar seinen ganzen Körper nicht mehr. In einem solchen Moment tritt der Ur-Instinkt der Erstarrung ein, weil kurzzeitig nicht klar ist, wie man am besten auf die neue Situation reagieren soll. Um Erstarrungsgestik gut wahrnehmen zu können, ist eine genaue und durchgehende Beobachtung des Gesprächspartners sowie ein flüssiger Gesprächsverlauf notwendig. Schockreaktionen zu erkennen, ist äußerst wertvoll, denn so verrät Ihr Gesprächspartner Ihnen unfreiwillig, welche Fragen oder Themen ihn wirklich überraschen oder überfordern. Mit diesem Wissen können Sie Ihre gesamte Gesprächsführung wesentlich zielgerichteter gestalten.

Erstarrte Mimik

Hier gelten die gleichen Prinzipien wie bei der erstarrten Gestik. Das Einfrieren der Mimik ist einerseits sehr gut erkennbar, weil normalerweise immer mindestens einer der insgesamt 26 menschlichen Gesichtsmuskeln in Aktion ist. Allerdings tritt der Erstarrungseffekt bei der Gesichtsmuskulatur meist nur für einen Sekundenbruchteil, nach meiner Erfahrung selten für länger als eine Sekunde, in Erscheinung. Diesen Effekt zu erkennen, ist möglich, setzt jedoch ein fortgeschrittenes Wahrnehmungsniveau voraus.

Fixierung und Vermeidung des Blickkontakts
Die Blickkontaktfixierung ist in erster Linie eine Angriffsreaktion. Sie kann im Einzelfall aber auch als Schockreaktion auftreten – und zwar dann, wenn Ihr Gesprächspartner Ihnen noch kurz zuvor in die Augen gesehen hat. Durch die Schockreaktion ist er nicht mehr in der Lage, den Blick wieder von Ihnen abzuwenden. Bei der Vermeidungsreaktion verhält es sich genau umgekehrt. Ihr Gesprächspartner hatte kurz zuvor den Blick von Ihnen abgewandt, und anstatt ihn dann sofort wieder zu Ihnen zu richten, verharrt er unüblich lange in der abgewandten Position.

Luft anhalten
Der Volksmund kennt den Ausspruch, wonach jemand so geschockt war, dass es ihm den Atem verschlagen hat. An diesem Spruch ist etwas Wahres dran. Es kommt tatsächlich immer wieder vor, dass einem geschockten oder völlig überraschten Gesprächspartner kurzfristig der Atem stockt. Wenn sich im bisherigen Gesprächsverlauf sein Brustkorb regelmäßig gehoben und gesenkt hat und plötzlich für einen kurzen Moment die üblichen Atembewegungen nicht mehr erkennbar sind, dann ist dieser Effekt aufgetreten.

Vermeiden von Körperbewegungen
Hier gilt das bisher Gesagte über erstarrte Gestik und Mimik, nur bezogen auf den ganzen Körper. Hier meine ich allerdings nicht die unbewussten Reaktionen, sondern diesmal geht es mir um die bewussten Vermeidungsstrategien.

Übung

Üben Sie mit einem Partner das Erkennen der bisher besprochenen Körpersprachsignale. Gestalten Sie die Übung so, dass Ihr Gesprächspartner während eines kurzen Gespräches bewusst drei verschiedene Körpersprachsignale in einem ihm passend erscheinenden Moment aussendet. Am Anfang sollte er die Signale deutlich und nicht zu kurz aussenden. Sobald Sie in dieser ersten Stufe die Körpersprachsignale sicher erkennen, unterscheiden und interpretieren können, erhöhen Sie den Schwierigkeitsgrad. Ihr Partner kann dann zum Beispiel versuchen, die Signale weniger offensichtlich zu senden. Am Ende der Übung sollte er die Körpersprachsignale nur noch kurz andeuten.

Sollten Sie am Anfang Schwierigkeiten mit dieser Übung haben, können Sie auch noch mit einer leichteren Schwierigkeitsstufe beginnen. In diesem Fall vereinbaren Sie mit Ihrem Partner, dass er die Körpersprachsignale nach bestimmten Aussagen einbaut. Erst, wenn Sie mit dieser Vorgehensweise Sicherheit gewonnen haben, gehen Sie weiter wie besprochen vor.

Mimik und Mikromimik – so entlarven Sie die wahren Gefühle Ihrer Mitmenschen

Als «Mimik» werden die Gesichtsausdrücke eines Menschen bezeichnet, in denen sich entweder Emotionen oder Appelle eines Menschen widerspiegeln – so dient die Mimik als erstes Kommunikationsmittel zwischen Eltern und ihren Kindern. Von «Mikromimik» oder auch «Mikroexpressionen» spricht man, wenn sich die Gesichtsausdrücke nur flüchtig zeigen, manchmal nur für Sekundenbruchteile. Für den geschulten Beobachter ist aber selbst diese knappe Zeitspanne ausreichend. Welche Aufschlüsse die Mikromimik Ihnen über Ihre Gesprächspartner geben kann, möchte ich Ihnen nachfolgend zeigen.

Mikroexpressionen können willentlich kaum unterdrückt werden und treten besonders häufig in Fällen auf, in denen der Betroffene seinen wahren Gemütszustand verschleiern möchte. Sie sind deshalb ein nützlicher Wahrnehmungsindikator für das Aufdecken von Lügen und Gefühlen eines Menschen. Wichtig ist für die Beobachtung der Mikromimik, das Gesicht imaginär in zwei Bereiche zu unterteilen: das Obergesicht und das Untergesicht. Das Untergesicht umfasst die Mundpartie, die Mundwinkel, das Kinn und die Oberlippe. Das Obergesicht vor allem die Wangen, die Augen, die Augenbrauen und die Stirn.

Sehr geübte Manipulatoren können im Untergesicht ihre Mimik so steuern, dass sie ihre Gesprächspartner täuschen. Im Obergesicht ist dies hingegen kaum zu bewerkstelligen, jedenfalls nicht während einer realen Gesprächssituation. Daher sollten Sie bei der Beobachtung von Gesichtern primär auf das Obergesicht achten und erst sekundär auf das Untergesicht.

Bei der Beobachtung der Mimik, insbesondere der Mikromimik, ist es wichtig festzustellen, welche Gesichtsmuskeln Ihr Gesprächspartner in welche Richtung bewegt und von wo der Bewegungsimpuls ausgeht. Dafür ist es hilfreich, die verschiedenen Bewegungen selbst vor einem Spiegel einzuüben: Wenn man die einzelnen Gesichtsmuskelbewegungen und deren Bewegungsrichtung bei sich selbst schnell erkennen kann, ist es wesentlich leichter, sie auch bei anderen Menschen zu identifizieren. Wie das geht, werde ich Ihnen im weiteren Verlauf dieses Kapitels zeigen. Außerdem sollten Sie Ihr Augenmerk darauf richten, wie sich die einzelnen Gesichtsmuskeln zusammenziehen und ob Asymmetrien im Gesichtsbild vorhanden sind.

Es gibt fünf verschiedene Ausprägungsgrade, wie stark die einzelnen Gesichtsmuskeln kontrahieren.
- 1. Grad: Gesichtsmuskelbewegung ist nur angedeutet
- 2. Grad: Gesichtsmuskelbewegung ist gut sichtbar
- 3. Grad: Gesichtsmuskelbewegung ist deutlich sichtbar
- 4. Grad: Gesichtsmuskelbewegung ist sehr ausgeprägt
- 5. Grad: Gesichtsmuskelbewegung ist maximal ausgeprägt

Jeder Mensch denkt in gewissen Schubladen. Je nachdem, wie offen der Geist eines Menschen ist, ist dieses Denken unterschiedlich ausgeprägt. Tatsache ist aber, dass jeder Mensch in seiner eigenen Welt lebt und denkt und daher eingehende Informationen danach filtert, ob diese mit seinen Denkschablonen übereinstimmen oder nicht. Solange Ersteres der Fall ist, erfolgt keine besondere Reaktion, der Mensch befindet sich nach wie vor im Normalzustand. Kollidieren die eingehenden Informationen jedoch mit der jeweiligen Schablonendenkweise, erfolgt eine emotionale Reaktion, die sich in der Gesichtsmimik eines Menschen widerspiegelt. Hierbei sollten Sie vor allem auf drei Punkte achten:
1. Veränderungen am Aussehen (Form) und Position der Lippen
2. Vorübergehende Änderungen der Gesichtshaut bedingt durch deren Verschiebung in eine bestimmte (andere) Richtung
3. Veränderungen an der Augenpartie

Wir halten also fest, dass sich emotionale Reaktionen anhand bestimmter Gesichtsausdrücke wahrnehmen lassen.

Dies ermöglicht es uns, die Gefühlslage unseres Gesprächspartners zu erkennen, selbst, wenn er sie vor uns verbergen möchte. Wichtig ist, dass Sie wirklich bei jeder Antwort des Gesprächspartners auf dessen mimische Reaktionen achten, nur so können Sie verräterische Mimikausdrücke erkennen. Da der Mensch in der Lage ist, Sätze zu Ende zu denken (beispielsweise:

Im Sommer scheint oft die …), können mimische Ausdrücke die Gedanken eines Gesprächspartners – bzw. die Gefühle zu diesen Gedanken – vorwegnehmen. Wenn Sie Ihr Gegenüber allerdings erst beobachten, wenn Sie den Satz zu Ende gesagt haben, kann die mimische Reaktion schon erfolgt und Ihnen deshalb entgangen sein.

Wie oben bereits erwähnt, gibt es kaum eine bessere Übung, um sich für das Erkennen von Mimikreaktionen zu sensibilisieren und eine entsprechende Wahrnehmungskompetenz anzueignen, als die mimischen Reaktionen vor einem Spiegel selbst nachzustellen. Diese Lernmethode ist bei weitem effizienter als das Betrachten von Bildern.

Eine der wichtigsten Mimikausdrücke unseres täglichen Lebens ist unser Lächeln. Ein Lächeln kann viele unterschiedliche Emotionen transportieren, z. B. Freude über ein Ereignis, Sympathie, Verlegenheit oder auch Ermunterung; im beruflichen Kontext ist es oft auch Ausdruck von Stolz, ein bestimmtes Ziel erreicht oder eine bestimmte Situation unter Kontrolle zu haben.

Hierbei kann man drei Arten des Lächelns unterscheiden:
1. Das echte Lächeln
2. Das falsche/künstliche oder auch soziale Lächeln
3. Das unterdrückte Lächeln

Das echte Lächeln
Ein echtes Lächeln zeichnet sich durch folgende Mimikreaktionen aus:
- Beide Mundwinkel heben sich nach oben.
- Die Wangen heben sich nach oben und treten deutlich sichtbar hervor.
- Durch das Heben der Wangen bilden sich neben den Augen Falten/Krähenfüße.
- Durch das Heben der Wangen verschwindet das Weiße des

Auges unterhalb der Pupille, weil sich die Haut des Unterlides des Auges nach oben schiebt.
- Das Lächeln baut sich langsam auf.
- Das Lächeln ist mindestens für eine Sekunde im Gesicht zu sehen.
- Das Lächeln ist maximal für vier Sekunden im Gesicht zu sehen.
- Das Lächeln ist nicht asymmetrisch.
- Die Augenöffnung wird bei einem starken Lächeln kleiner.
- Bei einem sehr starken Lächeln öffnen sich die Lippen zu einem Lachen.
- Unterhalb des Auges können Falten und Hautwülste entstehen.

Übung 1

Nehmen Sie am besten einen Handspiegel, und versuchen Sie, ein echtes Lächeln nachzustellen. Ziehen Sie dazu beide Mundwinkel und die Backen stark nach oben. Wenn Sie es richtig machen, müssten Sie die meisten der oben genannten Merkmale in Ihrem Gesicht erkennen können. Üben Sie dies nun mit Ihrem Partner und versuchen Sie, bei ihm alle Merkmale zu erkennen.

Übung 2

Versuchen Sie jetzt das Lächeln mit den verschiedenen oben beschriebenen Stärkegraden zu üben. Ziel der Übung ist es, die meisten Merkmale auch dann noch zu erkennen, wenn der gezeigte Impuls immer schwächer wird.

Übung 3
Zeigen Sie jetzt ein Lächeln kürzer als eine Sekunde oder länger als vier Sekunden oder nur auf einer Gesichtshälfte. Sie werden feststellen, dass das Lächeln jetzt künstlich wirkt.

Das künstliche/soziale Lächeln
Für das künstliche Lächeln ist charakteristisch, dass die Mundwinkel nicht nach oben, sondern nach hinten gehen, die Backen nicht angehoben werden oder es sich um ein einseitiges Lächeln handelt, das sich nur auf einer Gesichtshälfte zeigt. Die Muskelketten zwischen Mund und Augen werden im Gegensatz zum echten Lächeln nicht aktiviert.

Es benötigt ein bisschen Übung, ein künstliches Lächeln vor dem Spiegel nachzustellen, indem man die Mundwinkel beim Lächeln gerade nach hinten und nicht nach oben zieht. Denn mimische Reaktionen, die uns unbewusst problemlos gelingen, sind bewusst gesteuert mit einem gewissen Übungsbedarf verbunden. Sobald es aber gelingt, merkt man, dass im Bereich der Augen, im Gegensatz zum echten Lächeln, nichts oder kaum etwas passiert. Bei einem echten Lächeln heben sich beide Wangen und Mundwinkel nach oben, bei einem falschen Lächeln werden oft die Backen nicht nach oben gezogen, weshalb viele der charakteristischen Erkennungsmerkmale im Augenbereich ausbleiben. Auch wenn das Lächeln zu kurz dauert (kürzer als eine Sekunde) oder zu lang (länger als 4 Sekunden), ist von einem künstlichen Lächeln auszugehen. Üben Sie einmal vor dem Spiegel beide Wangen und beide Mundwinkel für einen kürzeren Zeitraum als eine Sekunde zu heben und zu senken oder diese Lächelposition für länger als 4 Sekunden durchgehend aufrechtzuerhalten, dann wissen Sie, was ich meine.

Verdecktes Lächeln
Das verdeckte Lächeln tritt dann auf, wenn Menschen versuchen, empfundene Freude zu unterdrücken. Beispielsweise wenn ein Lügner sich freut, dass seine Lüge unerkannt geblieben ist, man seinem Geschäftspartner nicht zeigen möchte, dass der Deal besser gelaufen ist, als man erwartet hatte, oder ein Politiker seine Freude über ein Abstimmungsergebnis dem Verlierer gegenüber nicht preisgeben möchte.

Hierbei gibt es wiederum typische Mimikreaktionen, und zwar in Form von Gegenreaktionen, die ein Lächeln abmildern oder sogar neutralisieren können. Diese Gegenreaktionen passieren instinktiv und unbewusst, wenn wir unsere Freude über ein Ereignis unterdrücken wollen. Ich bezeichne diese Gegentechniken als Neutralisatoren. Sie folgen unmittelbar auf die Gesichtsmuskelbewegungen, die das eigentliche Lächeln bewirken.

Solche Neutralisatoren sind:
1. Das Kinn nach oben ziehen
2. Die Lippen zusammenpressen
3. Die Mundwinkel nach hinten ziehen
4. Die Mundwinkel nach unten ziehen

Neutralisatoren sind somit sowohl am zeitlichen Ablauf, an der Bewegungsrichtung, der Veränderung der Gesichtshaut als auch daran zu erkennen, dass die Mimikausdrücke des Lächelns (beispielsweise die Falten neben oder unter den Augen) zwar nach wie vor sichtbar sind, aber eben zum Teil durch die Gegenreaktion überlagert werden. Trotzdem kann man bei genauer Beobachtung auch das überlagerte Lächeln erkennen, denn es ändert sich durch die Gegenreaktionen zwar meist die Form des Mundes, jedoch nicht die anderen Merkmale des Lächelns. So passen die Mimikausdrücke im Bereich der Augen beispielsweise nicht mit dem Nach-oben-Ziehen des Kinns zusammen und sind daher ein ganz klares Zeichen dafür, dass hier eine andere Reaktion zuvor erfolgt sein muss.

Übung
Üben Sie bitte wieder vor dem Spiegel. Zeigen Sie zunächst ein stark ausgeprägtes Lächeln. Versuchen Sie dann, das Lächeln mit einem Neutralisator zu unterdrücken. Üben Sie dabei mit allen Stärkegraden des Lächelns sowie der Neutralisatoren. Sie können die Neutralisatoren auch kombinieren. Durch das Üben dieser zahlreichen Varianten bekommen Sie ein sehr gutes Gespür dafür, wie unterdrückte Freude aussehen kann.

Ärger
Das Gegenteil der Freude ist der Ärger. Er tritt immer dann auf, wenn der Betroffene in seinen Zielen behindert wird und/oder wenn er den Verursacher dafür ausgemacht hat. Nicht jeder Ihrer Gesprächspartner möchte zugeben, dass er sich ärgert. Aber auch diese Emotion spiegelt sich in unserer Mimik. Im Obergesicht zeigt sich Verärgerung vor allem dadurch, dass der Gesprächspartner die Augenbrauen nach unten und zusammenzieht und dabei die Augenlider anspannt. Dadurch bilden sich zwischen und über den beiden Augenbrauen Falten und/oder Hautwülste. Durch das Nach-unten-Ziehen der Augenbrauen verengen sich zudem automatisch die Augen. Häufig heben sich dabei auch die oberen Augenlider.

Spannt der Gesprächspartner die Augenlider an, ist der Augapfel deutlich weiter umschlossen, als dies im Normalzustand der Fall ist. Die Verengung im Bereich des unteren Augenlids ist dabei besonders gut sichtbar: Durch das Anspannen wird die Form des unteren Augenlids begradigt, während sie im Normalzustand geschwungen ist, die Haut verschiebt sich. Dies wiederum hat zur Folge, dass unterhalb des Augenlids plötzlich ein Wulst bzw. Falten sichtbar werden.

Das Anheben des oberen Augenlids bewirkt, dass sich die Augenöffnung vergrößert. Dadurch wird mehr vom oberen Augapfel sichtbar, und das Weiße oberhalb der Pupille ist wieder erkennbar. Es entsteht der Eindruck, als würde die Person etwas anstarren.

Je stärker sich Ihr Gesprächspartner ärgert, umso ausgeprägter sind im Regelfall auch seine Mimikreaktionen und desto größer ist die Wahrscheinlichkeit, dass es auch im Untergesicht eine Reaktion gibt, die den Mund im Vergleich zum Normalzustand verändert. Typisch ist dabei ein Anheben des Kinns, durch das die Mundwinkel nach unten zeigen. Oft presst der Verärgerte auch die Lippen fest zusammen, diese verkleinern sich dadurch optisch.

Um sich den Ärger nicht anmerken zu lassen, versuchen viele, ihr Ärgergesicht mit einem Lächeln zu maskieren. Sie erkennen den Bluff daran, dass der obere Teil des Gesichts nicht «mitlächelt». Außerdem passen die nach unten gezogenen Augenbrauen des Ärgergesichts nicht mit einem echten Lächeln zusammen, das ja der Emotion der Freude entspringt.

Übung 1

Üben Sie zunächst einmal die Bewegung beider Augenbrauen nach unten und zur Mitte, und beobachten Sie gut, was im Bereich der Augen, der Augenbrauen, zwischen den Augenbrauen und im Bereich der Stirn passiert. Üben Sie als Nächstes das Anspannen der Augenlider und danach das Anheben des oberen Augenlids. Das wird etwas Übung erfordern, aber lassen Sie sich nicht durch anfängliche Schwierigkeiten entmutigen.

> **Übung 2**
> Üben Sie nun die in diesem Kapitel beschriebenen verschiedenen Ausdrucksweisen eines Ärgergesichts. Versuchen Sie dann, das Ärgergesicht mit verschiedenen Intensitätsstufen durch ein Lächeln (Mundwinkel nach oben ziehen) zu unterdrücken.

Überraschung

Eine weitere wichtige Emotion in Gesprächen ist die Überraschung – sie zeigt sich immer dann, wenn das Gesagte für Ihren Gesprächspartner unerwartet kommt. Wenn wir wissen, wie sich Überraschung mimisch äußert, können wir problemlos feststellen, ob Dinge, die wir unserem Gesprächspartner erzählen, für ihn neu oder ungewöhnlich sind oder nicht.

Ebenso wie beim Ärger kann man auch Überraschung an der Bewegung der Augenbrauen ablesen. Doch diesmal bewegen sie sich nicht nach unten, sondern nach oben, häufig werden dabei auch die oberen Augenlider angehoben. Durch das Nach-oben-Ziehen der Augenbrauen bilden sich deutlich sichtbare horizontale oder gebogene Falten im Stirnbereich. Die mimischen Reaktionen, die durch das Anheben des oberen Augenlids entstehen, haben wir bereits beim Ärger besprochen.

Solange sich mimische Reaktionen aber nur im Obergesicht zeigen, ist die Überraschung nur leicht bis mittelstark ausgeprägt. Bei großer Überraschung senkt sich auch noch der Unterkiefer unseres Gesprächspartners. Dies kann durch ein kraftloses Absinken ebenso geschehen wie durch ein kraftvolles Nach-unten-Ziehen, wodurch sich sogar der Mund öffnen kann (aber nicht muss).

> **Übung**
> Üben Sie zunächst die mimischen Reaktionen im Obergesicht, und beobachten Sie genau, was passiert. Wie unterscheidet sich die Faltenbildung, wenn Sie einmal die Augenbrauen nach oben, einmal nach unten ziehen? Sie werden sehen, dass die Unterschiede deutlich erkennbar sind. Kombinieren Sie im Anschluss die Übung mit den beschriebenen Varianten der Kieferöffnung.

Verachtung und Skepsis

Wollten Sie immer schon wissen, was andere über Sie persönlich oder Ihre Ideen wirklich denken? Dann sollten Sie jetzt gut aufpassen! Wenn die wahrgenommene Realität nicht der Erwartungshaltung eines Menschen entspricht, sind Verachtung oder Skepsis die Folge. Erkennbar sind sie an einer asymmetrischen Veränderung der Mimik. In 95 Prozent aller Fälle lächelt Ihr Gegenüber dann entweder nur einseitig (lediglich ein Mundwinkel wird nach oben gezogen), oder er zieht nur einen Mundwinkel nach innen, während der andere im Normalzustand verbleibt. In seltenen Fällen kann dies auch dadurch geschehen, dass Ihr Gesprächspartner den inneren oder den äußeren Teil der Augenbraue auf nur einer Gesichtshälfte anhebt. Diese mimische asymmetrische Bewegung der Augenbrauen gehört allerdings nur bei wenigen Menschen zum Mimikrepertoire, und die meisten brauchen ein gerüttelt Maß an Übung, um es künstlich demonstrieren zu können.

> **Übung**
> Ziehen Sie nur auf einer Gesichtshälfte den Mundwinkel nach oben oder nach innen, und achten Sie darauf, welcher Gesichtsausdruck sich bei den unterschiedlichen Intensitätsgraden auf Ihrem Gesicht widerspiegelt. Wenn Sie es richtig machen, dann sollte Ihr Gesicht einen arroganten/skeptischen Blick zeigen.

Veränderung der Mimikreaktionen

Die Emotionen, die ein Thema auslöst, werden erst dann schwächer, wenn das Ereignis für den Betroffenen an Relevanz verloren hat. So kann die Thematisierung eines Ehebruchs auch nach Jahren noch starke Emotionen – und damit ausgeprägte Mimikreaktionen – beim betrogenen Partner auslösen. Hat er jedoch damit abgeschlossen, werden kaum Mimikveränderungen sichtbar sein. Das Auftreten von Emotionen und wie sie sich in der Mimik widerspiegeln, ist somit auch zu einem großen Teil von der Persönlichkeit und der inneren Einstellung des Betroffenen abhängig.

Ich habe diese Tatsache immer wieder bei meinen polizeilichen Verhören feststellen können. Ob ein Betrüger oder Dieb ein schlechtes Gewissen hinsichtlich der Tat hatte, stand in engem Zusammenhang mit seinem Respekt gegenüber anderen Menschen und deren Eigentum. So verhörte ich beispielsweise einmal einen Mann, der in eine Villa eingebrochen und der Meinung war, dass den wohlhabenden Besitzern der Verlust der gestohlenen Dinge nichts ausmache, weil sie versichert seien. Er zeigte keinerlei Emotionen zu dem Sachverhalt als solchem, erst, als ich das Thema wechselte und ihm erzählte, wie wir ihn hatten überführen können, war erkennbar, dass er sich ärgerte, auch wenn er das nicht zeigen wollte und sich cool gab. Die Hausherrin dagegen hatte nachts noch nach Jahren Panikattacken, weil sie fürchtete, dass jemand im Haus sein könnte. Bei Fragen zu diesem Sachverhalt waren ihre mimischen Reaktionen extrem stark ausgeprägt.

In einem anderen Fall hatte ich einen Serienbetrüger überführt, der sich von verschiedenen Frauen, denen er die große Liebe versprach, Sex und Geld erschlichen hatte. Je nachdem, wie gut die Frauen darüber hinwegkamen, zeigten sich bei ihnen in späteren Vernehmungen entweder sehr starke oder nur noch schwach wahrnehmbare Emotionen.

Mit Hilfe der Mimik und Mikromimik können wir also auch feststellen, wie wichtig einem Gesprächspartner ein Thema (noch) ist oder wie stark es ihn innerlich zum Zeitpunkt der Fragestellung berührt. Eine weitere Möglichkeit also, direkt in das Gehirn unseres Gesprächspartners zu blicken und verschlossene Türen zu öffnen.

Manipulierbare Körpersprache

Wie ich Ihnen bereits erläutert habe, besteht das Problem mit den meisten Körpersprachsignalen darin, dass sie auch bewusst zur Täuschung eingesetzt werden können. Zugegeben, ein Großteil der Menschen ist nicht in der Lage, seine Körpersprache bewusst zu steuern, oder legt keinen Wert darauf, dies zu lernen. Andererseits können Sie sich nicht darauf verlassen, es immer nur mit dieser Mehrheit zu tun zu haben.

Wenn Sie Ihre Mitmenschen wirklich durchschauen möchten, dann brauchen Sie also auch ein Rezept für jene Minderheit, die ihre Körpersprache gezielt täuschend einsetzt. Auch wenn ich mich wiederhole: Analysieren Sie Ihren Gesprächspartner immer zugleich auf mehreren Wahrnehmungsebenen. Es überfordert selbst den besten Manipulator, auf mehreren Wahrnehmungsebenen zugleich täuschend zu agieren.

Die fünf am meisten verbreiteten manipulativ eingesetzten Körpersprachsignale sind:
- täuschende Kopfbewegungen
- täuschende Mundbewegungen
- Täuschen mit offener und geschlossener Körpersprache
- falsche Distanzen
- trügerische Freundschaftsgesten

Schauen wir sie uns etwas genauer an.

Täuschende Kopfbewegungen

Das falsche Nicken haben wir bereits ausführlich besprochen. Ebenso gefährlich sind falsches Kopfschütteln und ein falsches Kopfwippen. Diese beiden manipulativ eingesetzten Körpersprachsignale sind besonders effektiv und gefährlich, wenn sie der Betrüger nur andeutet. Die Andeutung reicht aus, sie wirkt authentisch, nicht übertrieben und beeinflusst dennoch das Unterbewusstsein des Gesprächspartners.

Nehmen wir an, Sie machen einem Verhandlungspartner ein Ihrer Meinung nach tolles Angebot. Dieser möchte aber mehr rausholen und glaubt, dass der Verhandlungsspielraum noch nicht ausgereizt ist. Nun hört er scheinbar interessiert Ihren Ausführungen zu, schüttelt aber dabei ganz leicht den Kopf oder wiegt ihn hin und her. Das Kopfschütteln wird von Ihrem Unterbewusstsein als Ablehnung interpretiert, das Kopfwippen als Geste des Zweifels und der Unschlüssigkeit.

Dadurch bekommen Sie den Eindruck, dass Ihr Angebot noch nicht vollständig überzeugt und Sie unter Umständen nachlegen müssen. Das Nachlegen kann dabei auf zwei Wegen erfolgen. Entweder Sie verbessern Ihr Angebot, dann hat Ihr Gesprächspartner direkt erreicht, was er möchte. Oder aber Sie stärken Ihr Angebot durch mehr Argumente. Auch in diesem Fall hätte Ihr Verhandlungspartner sein Ziel erreicht, wenn auch indirekt: Da es für jedes Argument auch ein Gegenargument gibt, liefern Sie ihm weitere Angriffspunkte, mit denen er die Diskussion zu seinen Gunsten lenken kann. Dies gilt besonders in den Fällen, in denen Sie Ihre guten Argumente bereits vorgebracht haben und nun gezwungen sind, auf weitere, weniger gute Argumente zurückzugreifen.

Ihr Ziel muss es deshalb sein, sich nicht verunsichern und ins Bockshorn jagen zu lassen. Das erreichen Sie am besten dadurch, dass Sie die Tipps hier lesen und für solche schmutzigen Tricks sensibilisiert sind.

Täuschende Mundbewegungen

Wie man ein echtes von einem falschen Lächeln unterscheidet, haben wir bereits im Unterkapitel über Mimik und Mikromimik behandelt. Zu den täuschenden Mundbewegungen zählt jedoch nicht nur das falsche Lächeln. Gefährlich wird es auch, wenn ein Betrüger sich absichtlich auf die Lippen beißt, um Anspannung vorzutäuschen oder seine Oberlippe nach oben zieht, um Ablehnung oder Ekel vorzugaukeln. Probieren Sie es vor einem Spiegel aus – Sie werden überrascht sein, wie einfach man damit einen Gesichtsausdruck aufsetzen kann, der nicht der wahren Gefühlslage entspricht.

Eine witzige Variante zum Üben besteht darin, diese Mimik bei einer Einladung zum Essen aufzusetzen, wenn Sie Ihr Gastgeber gerade gefragt hat, ob es Ihnen schmeckt. Mein Tipp: Suchen Sie sich nur einen Gastgeber oder Koch mit Humor, um dieses Experiment durchzuführen.

Täuschen mit offener und geschlossener Körpersprache

Ein Manipulator hat hier viele Möglichkeiten. Ist er sehr selbstbewusst und möchte gleichzeitig, dass Sie ihn unterschätzen, so kann er mit einer absichtlich geschlossenen Haltung einen Tiefstatus vortäuschen. Umgekehrt funktioniert es genauso: Mit einer sehr offenen Körpersprache lassen sich Selbstbewusstsein oder Herzlichkeit vortäuschen, die man in Wirklichkeit in diesem Maße nicht besitzt. Wenn Sie Ihren Gesprächspartner allerdings auf mehreren Wahrnehmungsebenen zugleich beobachten, dann sind Sie nicht dafür anfällig, auf diese Technik hereinzufallen.

Falsche Distanzen

Hier geht ein Manipulator ähnlich wie bei der offenen oder geschlossenen Körpersprache vor. Er wählt absichtlich entweder eine sehr große oder sehr geringe Distanz, um bei Ihnen entsprechende Reaktionen auszulösen. Möchte er Sie beispielsweise provozieren, nimmt er sich mehr Raum, als ihm zusteht, und dringt so in Ihren persönlichen Schutzraum ein. Die Lösung? Bleiben Sie ruhig, und bitten Sie Ihren Gesprächspartner höflich um ein bisschen mehr Abstand. Es ist allerdings nicht unwahrscheinlich, dass er dann auf eine andere Art versuchen wird, Sie aus der Reserve zu locken – beispielsweise, indem er das Gespräch von der Sachebene auf die emotionale Ebene zu lenken versucht. Bleiben Sie auch in diesem Falle souverän, denn damit signalisieren Sie, dass Sie seine Taktik durchschaut haben, und geben ihm auf subtile und niveauvolle Weise zu verstehen, dass Sie sich nicht von ihm manipulieren lassen und seine Versuche daher zwecklos sind. Beispielsweise könnten Sie sagen: «Ich finde spannend, was Sie erzählen, aber bitte bleiben Sie höflich.»

Trügerische Freundschaftsgesten

Hierbei handelt es sich um Berührungen und Gesten, die eine freundschaftliche Verbundenheit vortäuschen sollen, die in Wirklichkeit gar nicht existiert. Wenn Ihnen beispielsweise Ihr Vorgesetzter aus einer stehenden Position seinen Arm kumpelhaft auf die Schulter legt, so ist das nicht unbedingt ein positives Zeichen. Diese Geste wird nämlich gerne angewandt, um Sie bildlich gesprochen nach unten zu drücken, sprich gleichzeitig seinen Hochstatus und Ihren Tiefstatus herauszustellen. Ob das zutreffen könnte oder nicht, muss man aus der Gesamtsituation heraus beurteilen. Bei Umarmungen ist es interessant, wohin der Blick währenddessen gerichtet ist. Bei einer echten, herzlichen Umarmung eines geschätzten Menschen dürfte ein Blick nach oben oder unten eher selten vorkommen, bei einer pflichtgemäßen Umarmung ist dies häufig zu beobachten. Auch bei einer Kussbegrüßung ist interessant, ob sich der Blick abwendet. Geht der Kuss mit einem intensiven Blickkontakt oder mit einem Schließen der Augen einher, kann dagegen mehr dahinterstecken als lediglich freundschaftliche Gefühle.

Nicht manipulierbare Körpersprache

Sie müssen bei gewieften Gesprächspartnern also immer damit rechnen, dass diese ihre Körpersprachsignale mit täuschender Absicht aussenden. Daher sind herkömmliche Körpersprachsignale zwar ein wertvolles Ergänzungswissen, aber kein Grundbaustein bei der Entschlüsselung von Menschen. Bei nicht manipulierbaren Körpersprachsignalen verhält es sich anders. Sie sind das Handwerkszeug eines wahren Experten der Körpersprache.

Dazu gehören auch die Reaktionen, die durch Adrenalinfreisetzung ausgelöst werden, wie z. B. starkes Schwitzen. Aber auch Gänsehaut oder die Weitung der Pupillen, in der Fachsprache als Mydriasis bezeichnet, können mit der Ausschüttung von Adrenalin einhergehen.

Diese Reaktionen resultieren aus einer erhöhten Aktivität des autonomen Nervensystems, dessen Name sich daraus ableitet, dass seine körpereigene Vorgänge und die dort stattfindenden

Prozesse durch den Menschen nicht willentlich beeinflusst werden können. Daher ist zum Beispiel eine Pupillenweitung eines unter Stress geratenen Lügners, die aus einer erhöhten Adrenalinausschüttung resultiert, natürlich von ihm nicht willentlich beeinflussbar und daher ein sehr wertvoller Analyseansatz für Sie.

Natürlich gilt hier, wie immer, die Ursache für eine Pupillenweitung immer im Gesamtkontext zu betrachten. Sie sollten deshalb die häufigsten Ursachen für eine Mydriasis kennen:

Mögliche Ursachen für eine Pupillenweitung
- Dunkelheit
- Fernblick
- Angst, Stress
- Augenschwäche
- Freude
- Überraschung
- Gesteigertes Bedürfnis an Informationsaufnahme
- Genuss körperlicher Zuwendung
- Drogenkonsum

Die Adrenalinausschüttung des Körpers führt bei Lügnern in einigen Fällen auch zu Mundtrockenheit: Diese hat mehrere körperliche Ursachen. Eine Hauptursache besteht darin, dass sich aufgrund von Stress die Atmung deutlich beschleunigt und dadurch der Körper des Betroffenen zum Atmen verstärkt Luft durch den Mund einzieht. Dies wiederum führt zu einer Austrocknung der Mundschleimhäute, der Kehle sowie zu einer Reizung der Stimmbänder: Ihr Gegenüber muss sich häufiger räuspern, schluckt vermehrt oder bittet um ein Glas Wasser.

Aber Vorsicht! Auch langes Sprechen, staubige oder warme Umgebungsluft sowie Tabakkonsum können die Schleimhäute austrocknen!

Um zu unterscheiden, in welche Richtung die Haltung eines Menschen interpretiert werden muss, hilft der Abgleich mit anderen Wahrnehmungsindikatoren, beispielsweise der Stimmlage, der Sprechweise, dem Händedruck oder auch der bereits besprochenen Art und Weise des Anklopfens.

Was die Augen verraten
Es heißt, die Augen seien das Fenster zur Seele. Dies entspricht den Tatsachen. Die Augen Ihres Gesprächspartners können Ihnen Hinweise auf seinen aktuellen seelischen, emotionalen oder auch gesundheitlichen Zustand geben. Wichtig zu wissen: Man kann Pupillenbewegungen im Regelfall nicht steuern.

Würde es Sie nicht auch beeindrucken, wenn Ihnen ein Wahrsager verriete, wie Sie sich momentan fühlen, dass Sie seelische Probleme haben oder an bestimmten körperlichen Krankheiten leiden? Falls Sie an Esoterik glauben, möchte ich Ihnen diesen Glauben keinesfalls zunichtemachen. Aber gestatten Sie mir den Hinweis, dass gerade im Bereich der Wahrsagerei viele Scharlatane unterwegs sind, die beanspruchen, über übernatürliche Kräfte zu verfügen. Diese scheinbar unglaublichen Fähigkeiten gründen sich zumeist ganz einfach auf das Wissen, wie man anhand von bestimmten äußerlichen Merkmalen und geschickten Fragetechniken das Innere eines Menschen freilegen kann.

Wie bereits besprochen, gibt es verschiedene Auslöser für verengte und erweiterte Pupillen. Wer Informationen, ein Thema oder ein Argument ablehnt, dessen Pupillen verengen sich. Wer hingegen Interesse zeigt, dessen Pupillen weiten sich automatisch. Wahrsager nutzen diese Tatsache, indem sie den Kunden zu bestimmten Personen oder zu den Beziehungen zu diesen Personen befragen und dabei auf die Pupillenreaktionen achten. Hat der Befragte zu einer angesprochenen Person ein schlechtes Verhältnis, verengen sich die Pupillen. Hat der Befragte ein großes Interesse an einer bestimmten Person, beispielsweise, weil er in diese Person verliebt ist und bereits den Gedanken an sie berauschend findet, dann weiten sich die Pupillen. So kann der Wahrsager dem Kunden zu dessen großem Erstaunen auf den Kopf zusagen, wie er zu welchen Personen steht, ohne dass dies angesprochen wurde. Deshalb gehen oft sogar auch eher kritische Kunden Wahrsagern auf den Leim, denn sie finden in den Gesprächsinhalten keine Hinweise, die derartige Rückschlüsse zulassen würden.

Wenn Sie flirten, achten Sie stets auf die Augen Ihres Flirts. Geweitete Pupillen lassen auf Interesse schließen, verengte Pupillen auf Ablehnung oder aber z. B. auch auf erhöhten Alkoholkonsum oder Drogenmissbrauch.

Ein sehr interessantes Phänomen im Zusammenhang mit den Pupillenbewegungen ist der Carpenter-Effekt. Erinnern Sie sich? Der Carpenter-Effekt löst eine bestimmte Handlung bereits dadurch aus, dass an sie gedacht wird.

Nehmen wir an, Sie haben Ihren Gesprächspartner in Erklärungsnöte gebracht, entweder, weil Sie seine Argumentation regelrecht auseinandergenommen, ihn einer unwahren Aussage überführt oder ihn im Gespräch auf ein Terrain geführt haben, bei dem ihm das Wissen fehlt, um mit Ihnen auf Augenhöhe diskutieren zu können. Was passiert nun? Der Carpenter-Effekt löst sogenannte ideomotorische Bewegungen aus, d. h., durch das Denken an eine Handlung wird der Körper Ihres Gesprächspartners unbewusst gesteuert. Wenn Ihr Gesprächspartner denkt, dass er am liebsten den Raum verlassen möchte, dann wandert sein Blick tatsächlich für einen kurzen Augenblick in Richtung Tür. Wenn er sich wünscht, am liebsten einen Freund anrufen und um Rat fragen zu können, dann richten sich seine Pupillen für einen kurzen Moment auf das im Raum stehende Telefon, sofern es sich in Sichtweite befindet (siehe auch Seite 12).

Ein weiteres interessantes Beispiel für die Wirkung von Pupillenbewegung und Carpenter-Effekt sind Verkehrsunfälle. Von Zeit zu Zeit liest man in Zeitungsberichten über Unfälle, bei denen der Fahrer auf einer einsamen kurvigen Landstraße ins Schleudern geraten ist und gegen den einzigen Baum fuhr, der weit und breit zu sehen war. Schicksal? Ich glaube nicht. Es handelt sich hierbei in Wahrheit um den Carpenter-Effekt. Nachdem der Fahrer ins Schleudern geraten war, dachte er: «Hoffentlich krache ich nicht gegen den Baum!» Genau das geschieht jedoch in der Folge – eine im wahrsten Sinne des Wortes sich selbst erfüllende Prophezeiung. Durch den Gedanken an den Baum und dessen Visualisierung richteten sich die Pupillen des Fahrers in dieselbe Richtung und beeinflussten so seine Lenkbewegungen.

Sie können sich das nicht so richtig vorstellen? Probieren Sie es doch einfach einmal selbst aus. Natürlich nicht in einer echten Verkehrssituation, aber wie wäre es mit einem Pkw-Sicherheitstraining? Bei einem klassischen Sicherheitstraining besteht eine der Aufgaben darin, mit dem Pkw durch zwei Pfosten zu fahren, die nur ein klein wenig weiter auseinanderstehen, als Ihr Fahrzeug breit ist. Wenn Sie hindurchfahren und dabei einen der Pfosten ansehen, werden Sie mit hoher Wahrscheinlichkeit gegen den Pfosten fahren. An dieser Stelle greift der Trainer ein und gibt Ihnen Anweisung, beim Durchfahren stur geradeaus zu schauen. Sie werden sehen: Auf einmal funktioniert diese Übung problemlos.

Mit dem Carpenter-Effekt lassen sich auf wissenschaftlicher Basis aber auch okkulte und esoterische Praktiken wie Geisterbeschwörungsmethoden und Pendelrücken erklären. Ein Mentalistentrick, der vor vielen Jahren einmal ein großes Fernsehpublikum beeindruckte, ging folgendermaßen: Ein Mentalist traf vor laufenden Kameras eine ihm unbekannte Frau in der Innenstadt ihres Wohnorts. Beide hatten sich noch nie zuvor gesehen.

Er nahm die Frau an die Hand und versprach ihr, sie nach Hause zu führen. Die beiden gingen also Hand in Hand durch die Stadt und kamen tatsächlich letztlich vor ihrer Haustür an. Das Publikum raste vor Begeisterung. Wie war das möglich? Wie konnte der Mentalist diese unglaubliche Aufgabe bewerkstelligen? Nach eigenen Angaben hatte er die Gedanken der Frau deshalb empfangen, weil er diese von ihr auf sich selbst hinübergeleitet hatte.

Mentalisten sind ebenso wie Vernehmungsspezialisten sehr gute Menschenbeobachter. Der Mentalist ging mit der Frau Hand in Hand durch deren Heimatstadt auf der Suche nach ihrem Wohnort. Wenn sie an eine Weggabelung kamen, dachte die Frau beispielsweise, dass sie jetzt eigentlich nach rechts abbiegen müssten. Das Denken löste dabei den Carpenter-Effekt aus. Die Pupillen oder die Füße der Frau bewegten sich ganz leicht nach rechts oder in ihrer Hand zuckte es leicht. In irgendeiner Weise äußerte sich der Carpenter-Effekt, und der Mentalist musste nichts weiter tun, als die Frau ganz präzise und permanent zu beobachten. Dies ist die eigentliche Meisterleistung des Mentalisten gewesen. Denn in Wahrheit war es die Frau selbst, die ihn zu sich führte und ihn dabei im wahrsten Sinne des Wortes an die Hand nahm.

Zurück zu unserer Gesprächssituation: Beobachten Sie neben den Pupillenbewegungen auch die der Augenbrauen Ihres Gegenübers. Ist er an dem, was Sie sagen, interessiert, so weiten sich nicht nur seine Pupillen, sondern häufig wandern auch seine Augenbrauen dabei nach oben. Lehnt der Gesprächspartner das, was Sie sagen, ab, dann zieht er oftmals auch die Augenbrauen zusammen. Es gibt hierfür aber noch weitere Ursachen und Bedeutungen, die wir bereits im Kapitel über Mimik und Mikromimik besprochen haben.

Wenn Ihr Gesprächspartner sehr nervös ist, entweder, weil er lügt oder weil ihn die Frage oder Gesprächssituation überfordert, dann können Sie oft auch beobachten, wie seine Blinzelfrequenz ansteigt. Normal wäre eine Blinzelfrequenz, die zwischen 10 und 15 Malen pro Minute liegt. Sie kann unter Stress so weit ansteigen, dass der Lügner im Sekundentakt blinzelt. Zwischen unserem Emotionszentrum und unserer mimischen Muskulatur gibt es eine direkte Verbindung. Deshalb zuckt der Lügner, bevor er in der Lage ist, sein Verhalten mit seinem Verstand zu steuern oder zu kontrollieren.

Übung
Bitte ziehen Sie einmal Ihre Augenbrauen so weit wie möglich nach oben, und versuchen Sie gleichzeitig, einen aggressiven Gesichtsausdruck zu machen. Stimmen Sie mir zu, dass das so gut wie unmöglich ist?
Gut, nun ziehen Sie bitte die Augenbrauen nach unten, ballen Ihre Faust und denken an jemanden, den Sie absolut nicht leiden können. Bitte versuchen Sie es jetzt noch mal mit einem aggressiven Gesichtsausdruck. Das geht schon deutlich besser, nicht wahr? Aber warum? Die Antwort ist einfach: Das Hochziehen der Augenbrauen steht für Informationsaufnahme. Sie möchten also gerne mehr über etwas wissen, was Sie gerade erfahren. Das Runterziehen der Augenbrauen steht dagegen für Konfrontation. Wenn Sie die Augenbrauen nach oben ziehen und versuchen, gleichzeitig aggressiv zu sein, dann sagt Ihr Körper Ihrem Gehirn gleichzeitig, dass Sie mehr von Ihrem Gesprächspartner wissen wollen, aber andererseits das, was er sagt, ablehnen. Diesen Widerspruch kann Ihr Gehirn nicht auflösen, weshalb diese Übung nicht funktioniert.

> **Übung**
>
> Nehmen Sie eine ca. 15 cm lange Schnur, und befestigen Sie an deren Ende ein kleines Gewicht, etwa einen Ring oder eine Münze, welche eine Öse enthält. Strecken Sie nun Ihren Arm aus, und halten Sie die Schnur ganz gerade. Bleiben Sie in dieser Position, und schließen Sie die Augen. Stellen Sie sich nun vor, wie Ihr Arm beginnt, im großen Bogen hin und her zu schwingen. Stellen Sie sich intensiv vor, wie Ihr Arm, der die Schnur hält, wie wild hin und her pendelt. Holen Sie am besten Zuschauer hinzu. Am spannendsten ist es, dieses Experiment zu filmen. Es wird nicht lange dauern, und die Schnur fängt tatsächlich an zu pendeln. Der Carpenter-Effekt hat das Ruder übernommen!

Aber die Augen unseres Gesprächspartners verraten uns noch viel mehr über ihn, zum Beispiel seinen Gesundheitszustand. Dass Alkohol- und Drogenkonsum Auswirkungen auf die Pupillenweite haben, haben wir bereits thematisiert. Nun soll es um das Phänomen glasige Augen gehen: Sie sind in den meisten Fällen auf eine erhöhte Produktion von Tränenflüssigkeit oder ein Anschwellen der Bindehäute aufgrund der Abwehraktivität des Immunsystems zurückzuführen. Neben Drogen, Alkoholmissbrauch oder Heuschnupfen kann auch schlicht Fieber die Ursache hierfür sein. Wenn Ihr Arbeitskollege kränkelnd ins Büro kommt und glasige Augen hat, sollten Sie ihm raten, nach Hause zu gehen und einen Arzt aufzusuchen.

Glasige Augen in Kombination mit blau-rötlichen Äderchen unter den Augen können auf eine Lebererkrankung Ihres Gesprächspartners hinweisen.

Hat Ihr Gesprächspartner neben glasigen Augen auch Kopfschmerzen und macht nicht den Eindruck, dass er eine Erkältung oder Grippe hat, dann könnte es sein, dass er allergisch auf Histamine reagiert, die in vielen Lebensmitteln und besonders in Süßigkeiten enthalten sind. Bei Menschen mit Bluthochdruck und Schilddrüsenfunktionsstörungen sind glasige Augen ebenfalls keine Seltenheit.

Damit Sie möglichst treffsicher feststellen können, worauf genau die glasigen Augen zurückzuführen sind, kommt es, Sie ahnen es bereits, auf den Gesamtzusammenhang an. Sie sollten hierbei nach dem Ausschlussprinzip vorgehen. Wenn Ihr Gesprächspartner keine Anzeichen einer Erkältung erkennen lässt, dann kommen bestimmte Ursachen nicht in Betracht, dafür aber andere. Hatte Ihr Gesprächspartner in der Vergangenheit ein Suchtproblem, dann könnte das erneute Auftreten von glasigen Augen unter Umständen auf einen Rückfall hinweisen. Auch hier hilft es Ihnen, Ihren Gesprächspartner Gruppen zuzuordnen. Drogenkonsumenten, Alkoholiker und erkältete Menschen sind auch anhand anderer Faktoren diesen Gruppen zuordenbar.

Augenringe
Wir haben ja gerade nochmals besprochen, wie wichtig es ist, dass Sie Ihre Schlussfolgerungen aus der Betrachtung eines Falles aus mehreren Perspektiven ziehen und nicht alles aus einem Aspekt ableiten.

Auch die Berücksichtigung des Alters Ihres Gesprächspartners kann ein Puzzleteil sein, das den Gesamteindruck vervollständigt. Ringe um die Hornhaut im Auge sind bei Menschen im Rentenalter relativ normal und häufig. Man spricht hier vom sogenannten Greisenbogen.

Augenringe deuten bei jungen Menschen in erster Linie auf Übermüdung hin, sind sie allerdings Dauerzustand, können seelische Probleme aufgrund der Lebens- oder Berufssituation zu Schlafstörungen geführt haben, die wiederum die Augenringe entstehen ließen. Abgesehen von Schlafmangel können Augenringe auf erhöhte Cholesterinwerte oder eine Lebererkrankung hinweisen. Es ist bekannt, dass Alkoholmissbrauch die Leber schädigt. Wenn Ihr Gesprächspartner der Gruppe der Alkoholiker angehört, ist ein Leberschaden eine mögliche und naheliegende Ursache für dessen Augenringe.

Dauerhaft entzündete oder gerötete Augen sind fast immer ein Hinweis auf eine chronische Erkrankung; Tränensäcke unterhalb des Auges stehen oft in Verbindung mit einer Wassereinlagerung infolge eines Nieren- oder Blasenproblems. Unterschiedlich große Pupillen sind typisch bei Bluthochdruck oder einem bevorstehenden Schlaganfall. Augenzucken kann angeboren sein oder auf eine Viruserkrankung hinweisen. Abgesehen von Krankheiten kommen aber auch Drogen- und Alkoholmissbrauch sowie Schlafmangel für Augenzuckungen in Betracht.

Haut und Haare
Obwohl die Haut das größte Organ des menschlichen Körpers ist und sich bei vielen Krankheiten in Struktur und Farbe ändert, wird sie selbst von vielen Experten übersehen. Ähnlich verhält es sich mit den Haaren. Experten der Geheimdienste unterlaufen solche Fehler nicht. Sie analysieren zum Beispiel Politiker sowohl bei Fernsehansprachen als auch bei persönlichen Treffen anhand ihrer äußeren Merkmale. Schließlich ist das Wissen um den Gesundheitszustand eines wichtigen Politikers, beispielsweise eines Staatsoberhaupts, wertvoll für politisches Kalkül und Taktieren auf der internationalen politischen Bühne. Das kann so weit gehen, dass bei Staatsbesuchen teilweise sogar die Hinterlassenschaften eines Toilettengangs von Geheimdienstmitarbeitern abgefangen und zur Auswertung ins Labor geschickt werden. Deshalb achten viele hochrangige Politiker bei Staatsbesuchen darauf, wo sie auf die Toilette gehen (manche von ihnen entsorgen ihre Hinterlas-

senschaften sogar in extra mitgebrachten Toiletten) und dass sie möglichst keine Haare im Hotelzimmer zurücklassen. Denn auch aus den Haaren lassen sich viele wertvolle Hinweise auf den Gesundheitszustand eines Menschen gewinnen.

Hat Ihr Gesprächspartner zum Beispiel sichtbar Haarausfall oder stumpfe Haare, dann muss das keine genetische Ursache haben. Beides ist auch eine typische Folgereaktion des Körpers bei seelischer und körperlicher Überlastung. Aber auch Schwangerschaft, eine erst kurz zurückliegende Geburt oder die Wechseljahre können Ursache hierfür sein, weshalb es auch in diesem Fall gilt, immer alle Einzelfaktoren bei der Gesprächspartnerbeurteilung zu berücksichtigen.

Wenn Ihr Gesprächspartner gerötete Handflächen hat und diese nicht in Zusammenhang mit dem Ballen einer Faust oder winterlichen Temperaturen zu bringen sind, dann könnte es sich um einen heimlichen Alkoholiker handeln. Denn eine solche Rötung ist ein typisches Symptom einer Lebererkrankung. Hat Ihr Gesprächspartner ein Herpes-Problem, so ist in der Regel sein Immunsystem geschwächt.

Trockene Haut kann mehrere Ursachen haben, beispielsweise eine Unterfunktion der Schilddrüse, Vitamin-A-Mangel, Neurodermitis oder eine Pilzinfektion.

Die Nase und der Pinocchio-Effekt

Sie kennen sicherlich das berühmte Kindermärchen von Pinocchio, dem immer, wenn er log, die Nase wuchs. Manchmal stelle ich auf meinen Vorträgen den Teilnehmern die Frage, ob sie mir glauben, wenn ich behaupte, dass es sich bei Pinocchio gar nicht um ein Märchen handele, sondern dass die Nase durch Lügen tatsächlich wachsen könne. Meist kann sich das niemand vorstellen. Aber ich sage die Wahrheit! Doch eins nach dem anderen.

Schauen wir uns die physiologischen Vorgänge an, welche die

Nase beim Lügen zum Wachsen bringen könnten – keine Angst, wir bleiben wissenschaftlich. Wie wir bereits besprochen haben, steht ein Lügner beim Lügen meist unter enormem Stress. Dies hat zur Folge, dass der Körper Stresshormone ausschüttet und sich der Blutfluss im Körper verstärkt. In der Nase sitzen viele kleine Äderchen, die sich deshalb weiten müssen; die Nasenflügel schwellen an, die Nase wächst. Allerdings ist das Nasenwachstum so gering, dass es mit dem bloßen Auge nicht sichtbar ist. Sichtbar ist allerdings die Reaktion des Lügners: Durch den stärkeren Blutfluss fängt seine Nase an zu jucken und der Lügner fasst sich aufgrund des Juckreizes vermehrt an die Nase.

Eindrucksvoll demonstriert hat das Bill Clinton bei der Anhörung vor dem Untersuchungsausschuss in der Lewinsky-Affäre. Als es ums Eingemachte ging und Clinton nachweislich bei bestimmten Fragen log, fasste er sich bis zu sechzig Mal in der Minute an die Nase. Bei den Fragen, auf die er mit der Wahrheit antwortete, tat er dies nicht.

Schwitzen – wenn der Körper mit dem Stress nicht mehr klarkommt

Wenn ein Lügner oder jemand, der mit einer Gesprächssituation aus anderweitigen Gründen überfordert ist, unter Stress gerät, dann muss er diesen Stress unbedingt wieder loswerden. Er muss zwingend wieder zu seinem Normalzustand zurückfinden. Warum das so ist, haben wir bereits im Zusammenhang mit den Beruhigungsgesten besprochen. Durch die Ausschüttung von Stresshormonen steigt die Körpertemperatur an, und der Lügner beginnt zu schwitzen. Sich darauf zu konzentrieren, nicht zu schwitzen, bringt nichts. Daher sollten Sie auch immer die Haut und Bekleidung Ihres Gesprächspartners im Blick haben und darauf achten, ob ab einem gewissen Punkt des Gesprächsverlaufes oder bei einer bestimmten Frage Ihr Gesprächspartner plötzlich zu schwitzen anfängt. Aber Vorsicht, es geht auch hier immer um eine Abweichung von der Baseline. Schwitzt Ihr Gesprächspartner bereits zu Beginn des Gespräches, kommen auch andere Ursachen in Betracht. Beispielsweise könnte er Fieber haben, vor kurzem gerannt sein, um den Bus rechtzeitig zu erwischen, oder stark übergewichtig sein und sich aufgrund dessen beim Treppensteigen überanstrengt haben. Auch die Einnahme oder das Vergessen bestimmter Medikamente können plötzliche Schweißattacken verursachen. Vom Herzkranken bis zum Bodybuilder, der zur Muskelsteigerung Trenbolon oder ähnliche Medikamente einnimmt, ist die gesamte Bandbreite möglich. Machen Sie es also wie Sherlock Holmes, berücksichtigen Sie jedes Detail!

Erröten – wenn der Blutdruck zum Verräter wird
Eine alte Volksweisheit sagt, dass jemand, der lügt, rot wird, und in einer anderen Variante gibt es die Redensart, dass jemand lügt, ohne rot zu werden – als Zeichen einer besonderen Abgebrühtheit des Lügners. Aber was stimmt denn nun? Werden Lügner beim Lügen rot? Hierauf muss ich mit Jein antworten. Manche werden es und manche nicht. Aus der Tatsache, dass jemand rot wird, kann man nicht schließen, dass er lügt, weil zu viele andere Ursachen in Frage kommen können. Beispielsweise könnte der Person etwas peinlich oder sie könnte einfach nervös sein, ohne dass dafür zwingend eine Lüge der Auslöser sein muss. Auch können Bluthochdruck oder bestimmte Medikamente diesen Effekt auslösen.

Auf der anderen Seite kann Stress einen gesteigerten Blutfluss, wie er zum Beispiel beim Lügen vorkommt, auslösen. Auf Befehl rot werden kann kaum jemand, weshalb das Erröten zu der nicht manipulierbaren Körpersprache gezählt wird. Wenn das Erröten ein Indikator unter mehreren ist, die zugleich für einen lügenden Gesprächspartner sprechen, ist seine Bedeutung wesentlich.

Füße

Wenn ich Ihnen rate, Ihre Mitmenschen von Kopf bis Fuß zu beobachten, um sie lesen zu können, dann meine ich das durchaus wörtlich. An den Füßen kann man eine Vielzahl von Informationen ableiten. Wie bereits besprochen (siehe Seite 178) lassen die Schuhe, die jemand trägt, eine Menge Rückschlüsse zu, und viele Lügner machen sich durch nervöse Fußbewegungen verdächtig. Aber es gibt natürlich auch bei den Füßen so manche interessante und versteckte Aussage.

Abgesehen von angeborenen Anomalien spricht eine Fehlstellung der Zehen für eine Vorliebe, modisches Schuhwerk zu tragen – im Sommer, der Zeit der offenen Schuhe und der Flipflops, werden solche Eigenarten sichtbar. Generell kann vom Pflegezustand der Füße meist auf den Pflegezustand des restlichen Körpers geschlossen werden, weil die Füße tendenziell eher stiefmütterlich behandelt werden. Wer gepflegte Füße hat, ist mit großer Wahrscheinlichkeit auch an den übrigen Körperstellen sehr gepflegt.

Manche Esoteriker leiten von der Beschaffenheit der Füße sogar Charaktereigenschaften ab, aber dies ist wissenschaftlich nicht haltbar. Tatsache ist aber, dass uns auch die Füße eines Menschen eine Menge erzählen können. Jemand, der sich unsicher fühlt, fällt dem Experten sofort dadurch auf, dass seine Füße keinen festen Bodenkontakt haben, egal, ob er sitzt oder steht. In beiden Fällen kann man beobachten, dass nicht beide Füße vollflächig den Boden berühren. Zwar könnte man solch eine Position auch bewusst einnehmen, aber sie wäre mit so viel Koordinations- und Konzentrationsaufwand verbunden, dass dies kaum praktikabel wäre.

Die Füße sind aber auch deswegen so wichtig zu beobachten, weil die meisten von uns zwar von Kindheit an gelernt haben, ein Pokerface aufzusetzen, aber kaum jemand darauf achtet, seine Füße zu kontrollieren.

Schlüssel 6:

SO ERKENNEN SIE DIE GEDANKEN IHRER MITMENSCHEN

Wenn Experten über Wahrnehmung sprechen, so meinen sie meist die äußere Wahrnehmung, über die sie Rückschlüsse auf ihre Gesprächspartner ziehen, beispielsweise die Körpersprache. In diesem Kapitel möchte ich Ihnen etwas anderes, etwas ganz besonders Spannendes zeigen, und zwar, wie Sie die Gedanken Ihrer Mitmenschen lesen können.

Unser Gehirn verfügt – wie Sie wissen – nicht über unendlich viele Kapazitäten bezüglich Rechenleistung, Denkfähigkeit, Merkfähigkeit, Auffassungsgabe und der Verknüpfung einzelner Komponenten zu einem großen Ganzen. Selbst die Intelligentesten unter uns können sich nicht alles merken oder unendlich viele Verknüpfungen beim Denken herstellen. Der Leistungsfähigkeit unseres Gehirns sind also Grenzen gesetzt, was in verschiedener Hinsicht einen unserer Schwachpunkte darstellt. Wenn es uns gelingt, diese Schwachpunkte zweifelsfrei zu erkennen, dann können wir in die Gedankenwelt unserer Mitmenschen eindringen.

Eine der Fragen, die am häufigsten an mich gerichtet werden, lautet: Wie kann man eine Lüge von der Wahrheit unterscheiden? Über die kognitiven Probleme des Lügners haben wir schon gesprochen. Hier noch einmal die wichtigsten Dinge zur Erinnerung:

Wenn Sie die Wahrheit sagen, können Sie in Sekundenbruchteilen auf *Bilder* zurückgreifen, die in Ihrem Gehirn gespeichert sind. Das versetzt Sie in die Lage, Fragen umgehend zu beantworten. Aus diesem Grund stellen spontane, schnelle Antworten für den ehrlichen Menschen kein Problem dar – ganz anders geht es den Lügnern.

Grundsätzlich gibt es zwei Arten von Lügen – die spontane und die vorbereitete Lüge. Der *spontane Lügner* muss einen unwahren Sachverhalt konstruieren und benötigt dazu eine gewisse Zeit. Ferner enthält seine Aussage zwangsläufig eine Reihe von Lücken, die man mit einer geschickten Fragestellung relativ leicht aufdecken kann. So muss der Lügner für sein Lügenkonstrukt beispielsweise auf seine Allgemeinbildung zurückgreifen. Das kostet Zeit und ist häufig verantwortlich dafür, dass Antworten nicht nur falsche Details enthalten, sondern auch viele Stereotypen, die in Wirklichkeit nicht zutreffen, da sie auf allgemeinen Informationen ohne subjektive Erfahrungswerte beruhen.

Übung

Spielen Sie mit einem Freund folgendes Frage-Antwort-Szenario durch, und bitten Sie ihn im Vorfeld, so schnell wie möglich zu antworten. Stellen Sie ihm anhand eines vorbereiteten Fragenkatalogs simple Fragen, die er problemlos beantworten können müsste, weil er die entsprechenden Bilder dazu im Kopf hat. Fragen Sie ihn zum Beispiel, ob er Kinder hat, wenn ja, wie viele, wie diese heißen, und wie alt sie sind. Stellen Sie ihm fünf bis zehn Fragen dieser Art, und achten Sie auf sein Antwortzeitverhalten. Notieren Sie sich die Zeitdauer seiner Antworten (am besten mit Hilfe einer Stoppuhr). Im Regelfall wird die Antwortreaktion nach ein oder zwei Sekunden erfolgen.

Stellen Sie für den zweiten Teil dieser Übung wieder einen Fragenkatalog zusammen, der dieses Mal Fragen enthält, die Ihr Übungspartner mutmaßlich nicht oder erst nach einiger Bedenk-

> zeit beantworten kann und hierfür, wie der Lügner beim spontanen Konstruieren einer Lüge, auf seine Allgemeinbildung zurückgreifen muss. Zum Beispiel: «Wie heißt die Hauptstadt von Uruguay?» – «Welches Land ist flächenmäßig das größte der Welt?» Stellen Sie ihm die gleiche Anzahl von Fragen wie beim ersten Teil dieser Übung. Vergleichen Sie die Zeit, die er für die Antworten auf die Fragen der beiden Übungsteile benötigt.

Gehen wir zum zweiten Fall über, dem *vorbereiteten Lügner*, der seine Lüge geschickt konstruiert und Details sowie Hintergründe recherchiert hat. In einem solchen Fall müsste es doch klappen, unentdeckt zu bleiben, oder?

Gestatten Sie mir an dieser Stelle, Ihnen von einem Fall aus meiner Zeit als Vernehmungsspezialist zu erzählen. Ich war einem Serienbetrüger auf der Spur und hatte bereits einen Hauptverdächtigen im Visier. Dieser brauchte nun spontan ein Alibi, denn ich hatte ihn kurzfristig per Telefon zur Vernehmung vorgeladen. Wie sich im Nachhinein herausstellte, hatte er spontan einen Arbeitskollegen, der ihm noch einen Gefallen schuldig war, um ein falsches Alibi gebeten. Dieser sollte aussagen, dass der Tatverdächtige während des Tatzeitraums bei ihm zu Hause zum Essen gewesen sei und sie im Anschluss noch ein Fußballspiel angesehen hätten. Um die Story wasserdicht zu machen, bezeugte auch die Frau des Arbeitskollegen, zum fraglichen Zeitpunkt in der Wohnung gewesen zu sein und dem Treffen beigewohnt zu haben. Somit waren also drei Personen im Spiel, die dasselbe behaupteten: Sie hatten sich bis ins kleinste Detail abgesprochen – ein Zeugenkomplott.

Als ich sie getrennt voneinander verhörte, beantwortete jeder von ihnen meine Detailfragen zu dem vermeintlichen Abendessen auf dieselbe Weise. Das erschien mir verdächtig, denn es entsprach weder meiner Berufserfahrung als Ermittler noch den wissenschaftlichen Erkenntnissen der Gedächtnisforschung, dass mehrere Personen zum selben Ereignis identische Erinnerungen haben. Für das Kerngeschehen mag das zutreffen, aber in Nebenaspekten unterscheiden sich wahre Zeugenaussagen üblicherweise voneinander.

Im vorliegenden Fall hatten sich alle drei Beteiligten also bestmöglich abgesprochen. Es hätte sehr wahrscheinlich nicht viel gebracht, wenn ich sie zum Ablauf des Abends befragt hätte, also zum Beispiel, was es zu essen gegeben hatte, worüber sie sich unterhalten hatten oder wie das Fußballspiel ausgegangen war. Daher beschloss ich, gezielt zu testen, ob sich die Ihnen bekannten kognitiven Schwierigkeiten von Lügnern (z. B. verzögertes Antworten, begrenzte Merkfähigkeit etc.) bei den dreien zeigen würden.

Es lag auf der Hand, dass sie sich auch hinsichtlich des Wohnortes abgesprochen hatten, sodass dem Beschuldigten der genaue Wohnort des Ehepaars bekannt war. Ich hatte aber Grund zur Annahme, dass der Beschuldigte in Wahrheit keinen privaten Kontakt zu seinem Arbeitskollegen und dessen Frau hatte. Eine lückenlose Absprache ist so gut wie unmöglich, weshalb ich darauf den Schwerpunkt meiner Befragung setzen wollte. Ich ging folgendermaßen vor: Ich stellte dem Hauptverdächtigen unter anderem folgende Fragen, die scheinbar nichts mit der Tataufklärung zu tun, es aber dennoch in sich hatten:

- Wohnt Ihr Arbeitskollege in einem Einfamilienhaus, Mehrfamilienhaus, Reihenhaus oder Hochhaus?
- Wie genau sind Sie dorthin gekommen (Fahrtroute, Fortbewegungsmittel etc.)?
- In welchem Stockwerk wohnt Ihr Arbeitskollege?
- In welchem Stil ist die Wohnung eingerichtet, und wie ist sie geschnitten?

- Welche Farbe hat das Sofa Ihres Arbeitskollegen?
- Aus welchem Material ist der Esstisch?

Es sind Abertausende solcher sogenannten *Nebensächlichkeitsfragen* denkbar, die ich dem Verdächtigen und seinen Komplizen hätte stellen können. Je mehr Fragen einem Lügner gestellt werden, die nur jemand richtig beantworten kann, der die Wahrheit sagt, desto größer wird die mathematische Wahrscheinlichkeit von Falschantworten und Widersprüchen – und desto geringer wird die Wahrscheinlichkeit von Zufallstreffern, bei denen die geratene Antwort die richtige ist.

Die Tatsache, dass ich allen drei Personen derlei Fragen stellte und deren Antworten untereinander abglich, erhöhte die Chance, den Lügnern auf die Schliche zu kommen. Selbst wenn ich den Lügnern meine Taktik im Vorhinein verraten und ihnen ausreichend Zeit gegeben hätte, sich abzusprechen, ja selbst, wenn sie eine Liste mit allen denkbaren Fragen, die ich in der Vernehmung im Vorfeld stellen könnte, erhalten hätten, wäre es ihnen nicht möglich gewesen, ihr falsches Alibi erfolgreich durchzubringen. Die Begründung ist recht simpel: Es gäbe nahezu unendlich viele denkbare Nebensächlichkeitsfragen, und selbst wenn man alle denkbaren Nebensächlichkeitsfragen auf einer Liste zur Vorbereitung auf das Gespräch bekommen könnte, wäre es nicht möglich, dass man sich alle Fragen bzw. die Antworten darauf merken könnte.

Während ein Zufallstreffer bei der ersten Frage («Wohnt Ihr Arbeitskollege in einem Einfamilienhaus, Mehrfamilienhaus, Reihenhaus oder Hochhaus?») schon relativ unwahrscheinlich ist (Trefferquote 25 %), ist die Frage nach der Fahrtroute bereits kaum noch zu beantworten, wenn die Antwort nicht der Wahrheit entspricht: Wie soll jemand, der die Strecke noch nie gefahren ist, die zahlreichen Details der Fahrtroute richtig wiedergeben können? Hätte der Verdächtige behauptet, er sei mit dem Bus gefahren, so hätte ich ihn gefragt, an welcher Haltestelle er ausgestiegen sei, und ihn gebeten, mir den genauen Fußweg zur Wohnung seines Kollegen zu schildern. Hätte er beteuert, er sei mit seinem Auto gefahren, so hätte ich nachgehakt, wie die Parkmöglichkeiten vor Ort sind. Wenn die drei Komplizen tatsächlich längere Zeit gemeinsam auf dem Sofa sowie am Esstisch verbracht haben, hätte man davon ausgehen müssen, dass seine Angaben in Bezug auf Stil, Farbe und Material identisch mit denen der beiden anderen hätten sein müssen. Kurzum, die Auswahl an möglichen Fragen ist nahezu unerschöpflich, die kognitiven Möglichkeiten der drei Betrüger waren es nicht. Das Geständnis des Beschuldigten erfolgte bereits nach kurzer Zeit, da ihm die Hoffnungslosigkeit des Unterfangens schnell bewusst geworden war.

Übung

Für diese Übung benötigen Sie mindestens zwei Übungspartner, die sich zu einem Zeugenkomplott im Rahmen eines fiktiven Verbrechens zusammenschließen sollen. Voraussetzung dafür ist, dass sie ihre Wohnungen gegenseitig nicht kennen. Die beiden erhalten den Auftrag, sich gemeinsam ein falsches Alibi zu überlegen. Folgende Daten sind dabei vorgegeben: Einer spielt den Verdächtigen, der ein Alibi benötigt, der andere schlüpft in die Rolle des lügenden Zeugen. Das falsche Alibi besteht darin, während eines zuvor vereinbarten Tatzeitraums zusammen in der Wohnung des Zeugen gewesen zu sein, obwohl der Täter die Wohnung des Zeugen in Wahrheit nicht kennt. Sie nehmen die Rolle des Kommissars ein, der die Aufgabe hat, das falsche Alibi zu knacken.
Ihr Auftrag lautet nun, die beiden Übungspartner in Einzelgesprächen (in getrennten Räumen ohne Sicht- und Hörmöglichkeit) zu dem Alibi zu befragen. Notieren Sie sich sämtliche Widersprüche, in die sich Ihre Partner verstricken, unauffällig auf einem Notiz-

> block. Achten Sie darauf, wie viele Fragen Sie benötigen, um drei bis fünf grobe Widersprüche festzustellen.
> Danach tauschen Sie die Rollen. Ziel ist dabei, Abweichungen bei den Antworten zu entdecken. Dabei ist es völlig unerheblich, wann der Zeuge lügt und wann nicht, denn nach ausreichend vielen Fragen, die sich statt auf das Kern- auf das Randgeschehen beziehen, werden sich die Widersprüche zwischen den beiden zwangsläufig häufen.

Es gibt noch weitere wirksame Methoden, wie Sie einen lügenden Gesprächspartner anhand dessen begrenzter kognitiver Ressourcen der Lüge überführen können. Hier ist die Taktik des *Kreuzverhörs* eine sehr effektive Methode. Um es noch einmal deutlich zu sagen: Im Gegensatz zur Darstellungsweise in Kriminalromanen und entsprechenden Fernsehserien geht man dabei nicht mit direktem Druck oder gar Einschüchterung vor, sondern überprüft mit sanften Mitteln, ob und, wenn ja, welche kognitiven Probleme auftreten.

Zwei Beamte fragen den Tatverdächtigen freundlich, aber zielgerichtet kreuz und quer über den betreffenden Sachverhalt aus. Damit bringen sie ihn in die Bredouille, denn selbst der vorbereitete Lügner kann sich so nicht mehr an den roten Faden halten, an dem er sich entlanghangeln wollte. Dadurch muss er spontan lügen – und wird zusätzlich mit den kognitiven Problemen des spontanen Lügners konfrontiert. Vernehmungsexperten sind daher oftmals in der Lage, im Kreuzverhör einen Lügner innerhalb kürzester Zeit so hoffnungslos in Widersprüche zu verstricken, dass ein weiteres Abstreiten der Tat völlig sinnlos wäre.

Aber natürlich unterstützt uns die Kenntnis der kognitiven Schwachpunkte des menschlichen Gehirns nicht nur dabei, Lügner zu überführen, sondern auch in anderer Hinsicht Menschen zu analysieren.

Wir dürfen jedoch nicht übersehen, dass wir selbst auch diesen kognitiven Problemstellungen unterliegen. Wenn wir viel sprechen müssen, dann ist unser Gehirn ausgelastet, und wir haben keine freien Kapazitäten übrig, beispielsweise zum Nachdenken, Taktieren und Beobachten. Begehen wir den Fehler, uns zu verstellen, lassen uns die damit verbundenen kognitiven Probleme auch so wirken. Unser Gegenüber wird dann schnell erkennen, dass unser Auftreten nicht authentisch ist.

Ich habe in meiner Zeit bei der Kriminalpolizei über 5000 Vernehmungen von Verdächtigen, Zeugen oder Beschuldigten auf Gesprächsmuster hin ausgewertet und festgestellt, dass es insgesamt 102 kognitive Indikatoren gibt, mit deren Hilfe sich jede Aussage hinsichtlich ihres Wahrheitsgehalts überprüfen lässt. Diese Indikatoren prüfen die kognitiven Problemstellungen von Lügnern und lassen deshalb Schlussfolgerungen zu, wie glaubhaft eine Aussage ist. Es würde jedoch den Rahmen dieses Buches sprengen, Ihnen alle Indikatoren vorzustellen, weshalb ich einige interessante und im Alltag einfach erkennbare für Sie ausgewählt habe – das ist auch der Grund dafür, dass die Indikatoren im Folgenden nicht durchgehend nummeriert sind: In dem von mir konzipierten Marco-Löw-Befragungssystem© ist jeder kognitive Indikator mit einer eigenen festen Nummerierung versehen. Mit dieser Auswahl können Sie aber in jedem Fall Ihre Gesprächspartner viel besser einschätzen. Zur Feststellung, ob ein Indikator vorliegt oder nicht, dürfen Sie das Antwortverhalten nicht isoliert analysieren, sondern immer, wie gehabt, im Kontext der Fragestellung und des Normalverhaltens.

Zur besseren Übersicht habe ich die Indikatoren in Warn- und Glaubwürdigkeitsindikatoren strukturiert. Die Warnindikatoren weisen auf die Lüge hin, die Glaubwürdigkeitsindikatoren hingegen auf die Glaubhaftigkeit einer Aussage. Je mehr Indikatoren sich in eine bestimmte Richtung bewegen, desto klarer wird, inwieweit es sich um eine glaubhafte oder eine täuschende, eine manipulative oder eine unglaubhafte Aussage handelt. Es kann vorkommen, dass eine Aussage sowohl Glaubwürdigkeits- als auch Warnindikatoren enthält, aber es ergeben sich fast immer Häufungen in die eine oder andere Richtung.

Warnindikatoren – so erkennen Sie Lügen

1. Ausweichantworten und Fragewiederholung

Wer die Wahrheit sagt, antwortet in der Regel auf konkrete Fragen mit konkreten Antworten. Ausweichantworten sind oft Ablenkungsmanöver, Fragewiederholungen dienen dazu, Zeit zu gewinnen, um sich täuschende Antworten ausdenken zu können.

3. Gegenfragen

Gegenfragen können sowohl als Ablenkungsmanöver dienen als auch dazu, Zeit zu gewinnen. Im Einzelfall ist es natürlich denkbar, dass der Gesprächspartner schlichtweg den Grund der Frage erfahren möchte und daher eine Gegenfrage stellt. Daher ist besonders auf den Kontext zur Ausgangsfrage sowie auf Häufungen zu achten. Gegenfragen sind auch deswegen eine gute Taktik, um Zeit zu gewinnen, weil der Befragte durch die Gegenfrage vom Tiefstatus in den Hochstatus wechseln kann, in dem der Fragende plötzlich zum Befragten wird, sich für seine Frage rechtfertigen muss und hierfür Zeit benötigt. Zeit, die der ursprünglich Befragte seinerseits zum Nachdenken verwenden kann. Außerdem hat der Befragte durch diese Taktik seinerseits die Gesprächsführung übernommen. Beispiel: «Warum fragen Sie mich das?» oder «Warum möchten Sie das wissen?».

4. Detailarmut

Ein Lügner versucht einen falschen Sachverhalt auf das Wesentliche zu beschränken, da konstruierte Angaben sehr viel Konzentration und Überlegung sowie Merkfähigkeit erfordern. Konstruierte Aussagen mit Detailvielfalt würden einen Lügner auf Dauer überfordern, der ja immer darauf bedacht sein muss, die Gesamtaussage glaubwürdig zu halten und Widersprüche zu vermeiden. Die Detailarmut (W4) ist von der Kurzantwortpräferenz (W9) abzugrenzen. Die Detailarmut bezieht sich auf die Qualität einer Aussage, die Kurzantwortpräferenz hingegen auf die Quantität einer Aussage. Wenn eine ausführliche Antwort vorliegt, die aber sehr detailarm ist, dann liegt W4 vor.

8. Antwortzeitverhaltensabweichung

Die Antwortzeit ist ein sehr guter Indikator, um Täuschungen zu entlarven. Um diesen Indikator zu erkennen und nicht falsch zu interpretieren, ist ein ausführliches Vorgespräch vonnöten, um das normale Antwortzeitverhalten des Gegenübers festzustellen, da das spontane Konstruieren einer Lüge mehr Denkzeit benötigt, als das Abrufen der Wahrheit.

9. Kurzantwortpräferenz

Fragen während des Gespräches werden vorrangig mit Ja oder Nein oder nur wenigen Worten beantwortet, obwohl viele offene Fragen (z. B. Warum? Wie kann es sein, dass ...?) gestellt worden sind und ausführlicheres Antworten zu erwarten gewesen wäre. Konkretisierungen finden nur auf Nachfrage statt; die Fragen werden auffällig oft mit «Ich weiß nicht» beantwortet. Möglicherweise versucht der Befragte so, Festlegungen oder Widersprüche zu vermeiden. Denn je kürzer er die Lügen hält, desto überschaubarer bleiben diese für ihn.

Abgrenzung zu W4: W4 kommt auch in langen Monologen

vor, die aber inhaltsleer sind. Bei W9 geht es primär um die Gesamtlänge der Aussage!

13. Klischeeargumente

Der Befragte bedient sich hier gängiger Klischees und Vorurteile, anstatt etwas zur Sache beizutragen. Ein unschuldig Verdächtiger ist schon aus Eigeninteresse darauf bedacht, den Sachverhalt schnell zu klären. Ganz im Gegensatz zum Täter, dem es letztlich nur darum geht, von sich selbst abzulenken. Wer eine Lüge konstruieren muss, benutzt Klischees, da diese per se in gewisser Hinsicht glaubwürdig sind, weil sie vorhandene Vorurteile bedienen. Zudem hat der Lügner von einem konstruierten Sachverhalt oft selbst keine präzise Vorstellung und überspielt mit Klischeeaussagen vorhandene Wissenslücken.

Abgrenzung zu W17: Bei W13 geht es darum, sich gängiger Klischees zu bedienen, z. B. um eine Person schlecht darzustellen, aber auch um andere Dinge zu begründen. Bei W17 geht es ausschließlich um die Negativdarstellung einer einzelnen Person, unabhängig von Klischees.

17. Personenbezogene Negativdarstellungen

Bei diesem Warnindikator wird eine bestimmte Person oder eine Personengruppe betont schlecht dargestellt. Entscheidend dabei: Die negative Darstellungsweise geht weit über das eigentliche Geschehen oder eine objektive Beurteilung hinaus. Dadurch stellt sich zwangsläufig die Frage, welches Interesse der Befragte daran haben könnte, die betreffende Person so negativ darzustellen. Ein neutraler Gesprächspartner hätte dazu keinen Grund.

26. Festlegungsweigerung

Der Befragte vermeidet Festlegungen auf konkrete Fragen. Er versucht, sich dadurch einerseits unangreifbar zu machen und sich ein Hintertürchen offenzulassen, andererseits geht es ihm darum, eine neutrale Position einzunehmen. Außerdem möchte er dem Interviewer keine unnötigen Infos geben. Stellt man ihm zum Beispiel die Frage nach Verantwortlichen, gibt der Befragte möglicherweise an, dass es jeder gewesen sein könnte.

36. Übertreibungen
Lügner können manchmal mangels Fachkenntnis, Kenntnis der Rechtslage oder weil es ihnen schwerfällt, die Leichtgläubigkeit ihres Gesprächspartners einzuschätzen, einen Sachverhalt nur begrenzt beurteilen. Daher sind sie unsicher, ob ihre bisherigen Schilderungen ausreichen, um den Gesprächspartner in ihrem Sinne zu beeinflussen. Durch eine übertriebene Darstellungsweise und Betonung möchte der Lügner den Gesprächspartner von der Richtigkeit seiner Aussage überzeugen.

37. Komplimente
Macht Ihnen Ihr Gegenüber auffällig viele Komplimente, besteht eine gewisse Wahrscheinlichkeit, dass er Sie manipulieren will. Gehen Sie der Intention des Komplimentgebers auf den Grund und hinterfragen Sie sie. Komplimente sind besonders dann auffällig, wenn sie nicht zum Normalverhalten des Komplimentgebers gehören oder der Situation unangemessen sind. Werden Komplimente extrem übertrieben formuliert, liegt auch noch Indikator W36 vor.

39. Vermeidungsformulierungen
Typische Beispiele sind Formulierungen wie: «nicht das ich wüsste», «nicht ausgeschlossen», «nicht unbedingt», «nicht undenkbar» etc. Mit Formulierungen dieser Art vermeidet der Befragte Festlegungen. Gleiches gilt auch für umschreibende Formulierungen: Konkrete Wörter wie zum Beispiel stehlen, unterschlagen, be-

trügen etc. werden vermieden oder positiv umformuliert – z. B. spricht der Lügner von «weggekommen, nicht mehr aufgetaucht» statt von «gestohlen». Es stellt sich also die Frage, warum der Befragte nicht konkret Stellung beziehen möchte. Entpersonalisieren ist ebenfalls eine typische Variante dieses Indikators: Derjenige spricht von «man» statt von «ich» oder sagt: «Was soll man dazu groß sagen?», «Das wird man sehen!» etc. Die Vermeidungsformulierung W39 ist von der Festlegungsweigerung W26 insofern zu unterscheiden, als dass sich W26 auf das gesamte Aussageverhalten im Kontext zu einer bestimmten Frage bezieht, während W39 spezifisch auf einzelne verwendete Wörter oder Satzkonstruktionen zielt.

42. Fremdwortrhetorik
Der Befragte beantwortet die Frage des Gesprächspartners mit einer (unsinnigen) Satzkonstruktion, die sich durch eine Aneinanderreihung von Fremdwörtern und Fachtermini auszeichnet. Dem Befragten eröffnen sich dadurch mehrere Optionen: Im besten Fall vertieft der Interviewer die Frage nicht näher, da er die Antwort nicht verstanden hat und auf den Befragten nicht unkundig wirken möchte. Im zweitbesten Fall fordert der Interviewer den Befragten auf, seine Antwort verständlich zu erklären, wodurch dieser wertvolle Nachdenkzeit erhält. Der Indikator wird verstärkt, wenn die Satzkonstruktion faktisch keinen Sinn ergibt, eine einfache Frage überzogen komplex beantwortet wurde oder der Befragte erstmals im Gespräch eine Frage mit einer ungewöhnlich komplizierten Satzkonstruktion beantwortet.

44. Killerphrasenantworten und Unverständlichkeitsargumentationen
Der Befragte weicht der Frage aus, indem er sie mit einer Killerphrase beantwortet. Zur Erinnerung: Typisch für Killerphrasen

sind z.B. Formulierungen mit «typisch», «immer» oder «nie», generell also Pauschalisierungen: «Das ist ja mal wieder typisch, dass Sie unsere Abteilung dafür verantwortlich machen.» Durch diesen Trick bringt der Befragte den Interviewer indirekt in eine Rechtfertigungsposition. Er kann dadurch Zeit gewinnen, den Interviewer von dessen Ausgangsfrage ablenken und bekommt einen Vorwand an die Hand, die Frage nicht beantworten zu müssen. Darüber hinaus kann er durch seine – gespielte – Empörung versuchen, den Gesprächspartner (und andere Anwesende) davon zu überzeugen, wie unangebracht die Frage war. Typisch ist auch das Argumentieren mit Statistiken und/oder Autoritäten, die den Standpunkt des Befragten vermeintlich beweisen.

In einer Variante verweigert der Befragte dem Interviewer die Antwort mit dem Hinweis, dass er die Frage selbst oder den Sinn dahinter nicht verstehe. Dadurch übernimmt er die Regie, da er nun seinerseits vom Interviewer eine Erklärung einfordert. Durch die Erklärungen des Interviewers gewinnt der Befragte Nachdenkzeit und kann gegebenenfalls durch weitere Ablenkungsstrategien den Interviewer von seiner eigentlichen Frage wegführen.

45. Projektionsargumente

Indem er Projektionsargumente verwendet, spricht sich der Befragte von sämtlicher Schuld frei und überträgt die Verantwortung anderen Personen, Gegenständen oder Ereignissen, um von sich abzulenken. Beispiele für typische Fragen und Antworten:

«Wie erklären Sie sich dann aber, dass sich Herr XY sicher ist ...» – «Dann irrt sich der Herr XY halt!»

«Nehmen wir mal an, dass meine Ermittlungen ergeben würden, dass ... – wie würden Sie sich das dann erklären?» – «Dann liegt der Fehler in der Statistik (oder der Funktionsweise der Maschine, der ungenauen Arbeitsweise von ...).»

50. Latente Beschuldigungen
Dieser Indikator tritt dann zu Tage, wenn der Befragte *indirekt* andere Personen beschuldigt, den Vorwurf also scheinbar en passant fallenlässt. Bei W17 werden hingegen konkrete Vorwürfe gegen eine Person erhoben. Oft werden latente Beschuldigungen auch gegen nicht greifbare Personen hervorgebracht, weil hier der Befragte den Verdacht zu seinen Gunsten verschieben kann, ohne befürchten zu müssen, mit der von ihm beschuldigten Person konfrontiert zu werden. Ein typisches Beispiel aus der Berufswelt wäre, einem Vorgänger den Fehler zu unterstellen: «Ich weiß ja nicht, wie mein Vorgänger Herr XY die angesprochenen Vorgänge überwacht hat, aber in meiner Zeit kann so eine Unregelmäßigkeit eigentlich nicht entstanden sein ...»

Glaubwürdigkeitsindikatoren – das spricht für die Wahrheit

1. Widerspruchsfreiheit
Wenn die gesamte Aussage, nicht nur eine einzelne Antwort, ohne Widersprüche und nachvollziehbar ist, kommt dieser Glaubwürdigkeitsindikator zum Tragen. Bei diesem Indikator ist nicht entscheidend, ob die geschilderten Sachverhalte und Zusammenhänge an sich glaubhaft oder wahrscheinlich sind, sondern lediglich, dass die Gesamtaussage frei von Widersprüchen ist und die geschilderten Zusammenhänge logisch nachvollzogen werden können. Unser Gehirn ist kaum in der Lage, in langen Gesprächen ein durchgehendes stringentes und widerspruchsfreies Lügenkonstrukt aufzubauen, da nicht alle Fragen vorhersehbar sind und somit auch die Antworten darauf nicht ausreichend einstudiert werden können. Je komplexer und länger der gesamte

Gesprächsverlauf ist, desto mehr Gewicht muss man diesem Indikator beimessen.

2. Detailvielfalt

Wie Sie inzwischen wissen, kann ein Lügner einen komplexen Sachverhalt nicht detailreich darstellen. Er würde den Überblick verlieren und wäre überfordert. Je mehr Einzelheiten ein Lügner in einem Sachverhalt beschreibt, desto größer ist die Gefahr, sich selbst zu widersprechen, und desto mehr Anschlussfragen kann der Interviewer zu jedem Detail stellen. Lügner vermeiden daher Detailvielfalt, Personen, die die Wahrheit sagen, haben hingegen kein Problem damit.

5. Beschreibung unnötiger Einzelheiten

Hierbei geht es um die Darstellung von zusätzlichen Einzelheiten, die für die eigentliche Fragestellung irrelevant sind. Dies könnten beispielsweise Kritik oder Komplimente zur Kleidung einer Person oder sonstige nebensächliche Details sein. Eine lügende Person versucht konstruierte Sachverhalte übersichtlich zu halten, weshalb sie die Schilderung von zusätzlichen Einzelheiten in der Regel vermeidet.

8. Schilderung außergewöhnlicher Einzelheiten

Es geht hier um die Beschreibung von Handlungen, Abläufen, Einzelheiten, Personen und Fakten, die atypisch sind und deshalb nicht vorhersehbar waren. Lügner bedienen sich bei der Konstruktion von falschen Sachverhalten gerne allgemein bekannter bzw. allgemein gültiger Sachverhalte. So fällt es ihnen nicht schwer, auf den Gesprächspartner glaubwürdig zu wirken. Die Schilderung von außergewöhnlichen Einzelheiten erfolgt daher nur durch glaubwürdige Personen, insbesondere, wenn es sich um komplexe Schilderungen handelt.

16. Psychologische Schilderungen

Bei diesem Glaubwürdigkeitsindikator beschreibt der Befragte psychische Vorgänge bei sich oder bei anderen im Rahmen seiner Erlebnisschilderung. Erlebtes geht oftmals mit Emotionen einher. Diese Emotionen äußern sich zum Beispiel durch Zittern, Lächeln oder, im Extremfall, durch Schreien. Auch die Körpersprache verändert sich (siehe Seite 232 ff. zu Mikromimik). Bei einer lebendigen Erzählung, bei welcher der Gesprächspartner detailliert emotionale Abläufe beschreibt, kommt dieser Glaubwürdigkeitsindikator zum Tragen.

Er wird verstärkt, wenn der Befragte bei der Schilderung der psychischen Vorgänge selbst entsprechend emotional reagiert. Beispielsweise, wenn ihm bei der Schilderung trauriger Ereignisse Tränen in die Augen steigen oder sich bei ihm während der Beschreibung lustiger Begebenheiten Lachfalten zeigen. Da es äußerst schwierig ist, spontan bei sich selbst glaubwürdige künstliche Emotionen zu erzeugen, untermauern solche Emotionsausbrüche die Glaubwürdigkeit der Person.

26. Unaufgeforderte Festlegungen

Wenn bei (problematischen) Sachverhalten (z. B., wenn der Gesprächspartner zum Kreis der Verdächtigen zählt) freiwillig und unaufgefordert Festlegungen erfolgen, beraubt sich der Befragte selbst der Möglichkeit, sich rauszureden oder Hintertüren offenzuhalten – ein Hinweis auf seine Glaubwürdigkeit. Allerdings ist in bestimmten Situationen Vorsicht geboten, wie z. B. bei intellektuell überforderten Gesprächspartnern, welche die Selbstfestlegung ggf. nicht bemerken, oder bei einfach zu überblickenden Sachverhalten und vorbereiteten Lügen.

50. Bemühen um objektive Darstellung

Auch wer die Wahrheit sagt, ist nicht vor Übertreibungen oder Untertreibungen gefeit. Hier ergibt sich ein klarer Zusammenhang zu extrovertierten oder introvertierten Charakterzügen (siehe Seite 62 ff.). Ist der Gesprächspartner während des gesamten Gesprächsverlaufs um Objektivität bemüht, so ist dies ein wertvoller Indikator zur Glaubhaftigkeit der Gesamtaussage. *Ein typisches Merkmal dieses Indikators ist es auch, dass eine Aussage selbst über weite Gesprächsstrecken homogen bleibt.* Beachten Sie bitte: Eine Aussage kann inhomogen, aber trotzdem widerspruchsfrei sein.

Übungsbeispiel 1: Ein untreuer Ehemann?

Nun habe ich Ihnen die Indikatoren theoretisch erklärt. Damit Sie aber eine konkrete Vorstellung davon bekommen, wie es in der Praxis aussieht, wenn die Indikatoren anschlagen, habe ich Ihnen nachfolgend zwei Beispieldialoge erstellt. Bitte lesen Sie diese erst durch, wenn Sie die Indikatoren komplett verinnerlicht haben.

Ein Mann ist angeblich mit seinen Kumpels um die Ecke gezogen, während seine Frau allein zu Hause geblieben ist. Sie möchte ihrem Mann seine Freiräume gönnen – aber sein Verhalten in letzter Zeit ist ungewöhnlich, und sie vermutet, dass er eine Affäre hat. War er an besagtem Abend wirklich mit seinen Kumpels unterwegs, oder sollte sie an seiner Aussage zweifeln?

Lesen Sie sich Fragen und Antworten des nachfolgenden Dialogs genau durch, und notieren Sie, welche Indikatoren enthalten sind, die für Glaubhaftigkeit sprechen oder eher Warnsignale sind. Die Indikatoren werden mit G oder W und der jeweiligen Nummerierung notiert, also zum Beispiel W3 oder G2.

Version 1

MANN: «Hallo, Hase!»

FRAU: «Hallo, Schatzi, na, wie war dein Abend mit den Kumpels?»

MANN: «Ganz gut, danke!»

FRAU: «Was habt ihr denn gemacht?»

MANN: «Das Übliche halt, warum?»

FRAU: «Was heißt denn ‹das Übliche›?»

MANN: «Na, was man halt so macht mit Kumpels, wir haben ein bisschen geredet, ein bisschen was getrunken und Fußball geguckt!»

FRAU: «Du erzählst mir doch sonst immer, was ihr gemacht habt, erzähl doch ein bisschen was!»

MANN: «Wie gesagt, nichts Besonderes. Viel lieber als über meine Kumpels möchte ich über dich sprechen! Ich konnte es kaum erwarten, wieder zu Hause zu sein. Du siehst so toll aus wie schon lange nicht mehr. Ich meine, du schaust immer gut aus, aber heute wirkst du extrem anziehend auf mich – wie machst du das nur?»

FRAU: «Oh, danke für das tolle Kompliment! Schön, dass ich dir gefalle, aber lenk nicht ab, ich bin neugierig – wo wart ihr, und was habt ihr so gemacht?»

MANN: «Wir haben im *Stüberl* Fußball geguckt!»

FRAU: «Den ganzen Abend?»

MANN: «Ja!»

FRAU: «War es denn da so toll?»

MANN: «Du weißt doch, wie das ist: Wenn die Jungs erst mal ein paar Bier getrunken haben, dann können die keine weiten Strecken mehr laufen, und weil jeder danach noch irgendwie nach Hause kommen musste, sind wir halt ins *Stüberl* gegangen, weil das in Bahnhofsnähe liegt. Da sind natürlich immer die ganzen Besoffenen, wie das halt bei Bahnhofskneipen so ist, aber uns war das wurscht, denn wir hatten einen gemütlichen Tisch, wo wir Fußball schauen konnten. In der Ecke kennt uns eh niemand, da brauchten wir auch keine Angst haben, dass wir wen Bekanntes treffen und es peinlich werden würde. Deswegen konnten wir da mal in Ruhe ein bisschen die Sau rauslassen. Der Martin hat mehr gesoffen, als er geatmet hat, aber da war er nicht der Einzige. Wollen wir jetzt wirklich den ganzen Abend über die Alkoholiker aus dem *Stüberl* und meine versoffenen Kumpels sprechen oder nicht lieber über dich und warum du dich heute so sexy für mich angezogen hast?»

FRAU: «Natürlich können wir auch gerne über mich sprechen ...»

MANN: «Na endlich, da steht ein solches göttliches weibliches Geschöpf vor mir und will mit mir über meine Kumpels reden anstatt über sich. Wie war denn dein Abend, was hast du Schönes gemacht heute?»

Version 2

MANN: «Hallo, Hase!»

FRAU: «Hallo, Schatzi, na, wie war dein Abend mit den Kumpels?»

MANN: «War toll. Wir sind erst zum Essen ins *Gustikus* gegangen und dann noch auf einen Absacker ins *Stüberl* am Bahnhof. Da war zwar das Publikum nicht der Wahnsinn, dafür konnten wir in einem Nebenraum in Ruhe Fußball gucken. Und weil uns dort niemand kennt, haben wir auch ein bisschen die Sau rausgelassen und gefeiert, das hätten wir im *Gustikus* so nicht machen können.»

FRAU: «Habt ihr was Schlimmes gemacht?»

MANN: «Na ja, nachdem der Paul schon die dritte Halbe getrunken hatte, hat der wieder seine schweinischen Witze ausgepackt; du weißt ja, was das heißt. Am Nachbartisch saß ein älteres Ehepaar, und der Mann hatte gerade einen Schluck Bier im Mund, als er bei einem von Pauls Witzen vor Lachen losprusten musste – leider hat seine Frau alles abbekommen. Die ist dann fast ausgeflippt und zum Paul hin, hat ihn beschimpft und ihm dann das restliche Bier ihres Mannes über den Kopf gegossen. Na ja, und dann ist sie mit ihrem Mann, dem das Ganze sichtlich peinlich war, aus dem Lokal gestürzt. Tja, ein bisschen war der Typ selbst schuld, weil er vom Nachbartisch aus gelauscht hatte, aber Paul hat auch nicht unbedingt leise geredet. Jedenfalls hat Paul dann wie ein begossener Pudel dagesessen, und wir anderen haben uns über ihn halb totgelacht. Irgendwann ist der Paul dann aus seiner Schockstarre erwacht und hat mitgelacht, und wir hatten noch einen echt lustigen Abend.»

FRAU: «Soso. Und im *Gustikus*? War's lecker? Was hast du denn gegessen?»

MANN: «Ja, im *Gustikus*, da hat uns wieder diese komische Kellnerin bedient, die auch letztes Mal da war, als wir zwei dort waren. Dieses Mal hat die ein echt schrilles Micky-Maus-T-Shirt getragen, da musste ich aufpassen, dass ich nicht loslache, als ich das gesehen habe. Ich habe dann wieder den Grillteller bestellt. War super lecker, wie jedes Mal!»

FRAU: «Freut mich, dass ihr so einen lustigen Abend hattet!»

MANN: «Ja, war echt toll, ich hatte lange keinen solchen Spaß mehr!»

Lösungsansatz
Nachfolgend können Sie aus dem Lösungsansatz erkennen, wie viele Indikatoren Sie richtig zugeordnet, welche Sie übersehen und welche Sie vermeintlich identifiziert, sich aber letztlich doch getäuscht haben.

Bevor Sie den Lösungsansatz betrachten, sollten Sie sich am Rand Ihres Buches (oder auf einem Zettel) die Indikatoren zu jeder einzelnen Aussage notieren, die Sie erkannt haben. Die Notation erfolgt, damit sie einfach und schnell von statten gehen kann, mit der Abkürzung G für einen Glaubwürdigkeitsindikator und W für einen Warnindikator, also zum Beispiel G1 oder W1. Wenn Sie die Indikatoren zu den jeweiligen Aussagen am seitlichen Buchrand notieren, dann können Sie sie ähnlich wie beim Vokabellernen immer wieder verdecken, die Aussage durchlesen und sich selbst abfragen. Sie können auch mit steigenden Geschwindigkeiten trainieren, denn je schneller Sie die Lösungen nennen können, desto besser sind Ihnen die Indikatoren in Fleisch und Blut übergegangen. Noch ein Tipp: Wenn Sie sich selbst testen, dann sagen Sie nicht einfach bloß, welche Indikatoren Sie ausgemacht haben, sondern begründen Sie auch Ihre Entscheidung. Die fortgeschrittene Version wäre, mit Negativbegründungen zu arbeiten: Das heißt, Sie begründen nicht nur, welche Indikatoren enthalten sind, sondern auch, welche nicht enthalten sind und warum nicht. Das ist der Weg zur wahren Meisterschaft!

Die Übungen enthalten für eine bessere Lerndidaktik unterschiedliche Schwierigkeitsgrade. Bestimmte Aussagen empfinden Sie daher sicherlich als offensichtlicher als andere. Ziel der Indikatorenübungen ist es, nach und nach drei verschiedene Kompetenzstufen durch Übung und Praxisanwendung zu erreichen:

Kompetenzstufe 1: Sie sind in der Lage, ein tendenzielles Gefühl zu entwickeln, ob eine Aussage glaubhaft ist oder nicht.

Kompetenzstufe 2: Sie können bereits dezidiert begründen, welche Indikatoren bei welcher Aussage in welchen Zusammenhängen vorliegen und warum.

Kompetenzstufe 3: Sie haben die Indikatoren intuitiv und als Automatismus gespeichert. Sie haben ein sicheres Gefühl für wahre und unwahre Aussagen entwickelt, ohne sich darüber Gedanken machen zu müssen, welche Indikatoren konkret in einer Aussage enthalten sind.

Ich wünsche Ihnen viel Erfolg!

Version 1

MANN: «Hallo, Hase!»

FRAU: «Hallo, Schatzi, na, wie war dein Abend mit den Kumpels?»

MANN: «Ganz gut, danke!» W9

Erklärung
Es liegt eine Kurzantwort vor. Der Indikator W4 schlägt deshalb nicht an, weil eine Kurzantwort eine detailreiche Antwort ausschließt. Hier hätte man eigentlich schon erwarten können, dass der Mann ein paar mehr Infos gibt – aber noch ist es zu früh, um sich festzulegen, ob er etwas verheimlichen könnte.

FRAU: «Was habt ihr denn gemacht?»

MANN: «Das Übliche halt, warum?» W9, W1, W3, W26

Erklärung
Hier stellt die Frau eine konkrete Frage und könnte erwarten, hierauf eine ebensolche Antwort zu erhalten. Stattdessen weicht ihr Mann ihr mit einer Phrase aus, die gesamte Antwort besteht nur aus wenigen Worten, und er stellt eine Gegenfrage, mit der er Zeit gewinnt und die Gesprächsdominanz übernimmt, weil nun die Frau sich für ihre Frage rechtfertigen soll.

FRAU: «Was heißt denn ‹das Übliche›?»

MANN: «Na, was man halt so macht mit Kumpels, wir haben ein bisschen geredet und ein bisschen was getrunken!» W13

Erklärung
Die Frau lässt sich nicht auf die Gegenfrage ihres Mannes ein, sondern hakt nach. Der Mann scheint zwar auf den ersten Blick die Frage zu beantworten, aber im Grunde tut er dies nicht. Anstatt detailreicher zu erzählen, versucht er seine Frau mit Allgemeinplätzen und Plattitüden abzuspeisen. Zudem bedient er sich der üblichen Klischees, was Männer mit ihren Freunden machen, wenn sie gemeinsam unterwegs sind. Wäre der Satz «Was man halt so macht mit Kumpels» für sich alleine gestanden, ohne näher mit Klischees begründet zu werden, dann wäre anstatt *W13* der *W44* vorgelegen. Der *W26* liegt deshalb nicht vor, weil der Mann die Frage ja beantwortet hat, wenn auch mit Hilfe von *W13*. *W4* liegt deshalb nicht vor, weil der Mann die Frage ja mit zwei verschiedenen Handlungsweisen beantwortet hat, nämlich geredet und getrunken.

FRAU: «Du erzählst mir doch sonst immer, was ihr gemacht habt, erzähl doch ein bisschen was!»

MANN: «Wie gesagt, nichts Besonderes. Viel lieber als über meine Kumpels möchte ich über dich sprechen! Ich konnte es kaum erwarten, wieder zu Hause zu sein. Du siehst so toll aus wie schon lange nicht mehr. Ich meine, du schaust immer gut aus, aber heute wirkst du extrem anziehend auf mich – wie machst du das nur?» *W26, W1, W37, W36, W3, W4*

Erklärung
Die Frau bohrt weiter und fordert mehr Details. Ihr Mann lässt sich darauf jedoch nicht ein: Er antwortet jetzt zwar ausführlicher, aber nach wie vor inhaltsarm, und weicht der Frage aus. Zudem versucht er, durch Komplimente von der ihm unangenehmen Frage abzulenken. Weil er sichergehen möchte, dass sie

seinen Schmeicheleien auf den Leim geht, übertreibt er es aber versehentlich. Zum Schluss versucht er wieder durch eine Gegenfrage seine Frau dazu zu bringen zu erzählen, statt zu fragen.

FRAU: «Oh, danke für das tolle Kompliment! Schön, dass ich dir gefalle, aber lenk nicht ab, ich bin neugierig – wo wart ihr und was habt ihr so gemacht?»

MANN: «Wir haben im *Stüberl* Fußball geguckt!» W4, W26

Erklärung

Die Frau lässt nicht locker, sondern setzt weiter nach. Ihr Mann kommt nun nicht mehr umhin sich festzulegen – so scheint es. Aber auch jetzt legt er sich nur oberflächlich betrachtet fest. Die Frau hat den Fehler begangen, eine Doppelfrage zu stellen. Ihr Mann beantwortet daher nur eine der beiden Fragen, und zwar jene, bei der er sich mit einem Lügenkonstrukt leichter tut. Somit liegen W4 und W26 trotz seiner Teilfestlegung vor. Es sind gerade genug Worte, um sich nicht mehr im Indikator W9 zu bewegen.

FRAU: «Den ganzen Abend?»

MANN: «Ja!» W9

Erklärung

Die Frage ist etwas ungünstig formuliert, denn sie lässt sich mit Ja oder Nein beantworten. Aufgrund der vorhergegangenen Gesprächssituation ist dem Mann aber völlig klar, worauf seine Frau eigentlich hinauswill. Er legt sich zwar fest, aber dies mit so wenig Informationen wie möglich. Jede zusätzliche Info könnte für ihn die Gefahr bergen, der Lüge überführt zu werden.

FRAU: «War es denn da so toll?»

MANN: «Du weißt doch, wie das ist: Wenn die Jungs erst mal ein paar Bier getrunken haben, dann können die keine weiten Strecken mehr laufen, und weil jeder danach noch irgendwie nach Hause kommen musste, sind wir halt ins *Stüberl* gegangen, weil das in Bahnhofsnähe liegt. Da sind natürlich immer die ganzen Besoffenen, wie das bei Bahnhofskneipen so ist, aber uns war das wurscht, denn wir hatten da einen gemütlichen Tisch, wo wir Fußball schauen konnten. In der Ecke kennt uns eh niemand, da brauchten wir auch keine Angst haben, dass wir wen Bekanntes treffen und es peinlich werden würde. Deswegen konnten wir da mal in Ruhe bisschen die Sau rauslassen. Der Martin hat mehr gesoffen, als er geatmet hat, aber da war er nicht der Einzige. Wollen wir jetzt wirklich den ganzen Abend über die Alkoholiker aus dem *Stüberl* und meine versoffenen Kumpels sprechen oder nicht lieber über dich und warum du dich heute so sexy für mich angezogen hast?» *G2, W13, W36, W17, W37, W1, W3*

Erklärung

Dem Mann ist klar, dass er endlich zu reden anfangen muss, da seine Frau offensichtlich nicht lockerlassen will. Er begründet seiner Frau also, was an dem Abend so toll war, und daher liegt der Indikator *W26* nicht mehr vor. Der Indikator *G26* liegt allerdings auch nicht vor, weil der Mann sich nicht von sich aus konkret festlegt, sondern allgemein und eher oberflächlich schildert, was an dem Abend so toll gewesen sei.

Er schildert in seinen Aussagen im Verhältnis zur Frage einige Details, weshalb *G2* gerade noch zutrifft. Er bedient sich gängiger Klischees und schreckt auch nicht davor zurück, die üblichen Besucher der Kneipe und sogar seine eigenen Freunde schlechtzumachen. Dabei übertreibt er stark, weshalb in diesem Kontext W36 zutrifft. Zudem versucht er mit einer Kombination aus Gegenfrage und Kompliment seine Frau endlich vom Thema wegzubringen. Die Komplimente an seine Frau bewegen sich zwar in einem normalen Rahmen, passen aber nicht zu ihrer Frage.

FRAU: «Natürlich können wir auch gerne über mich sprechen.»

MANN: «Na endlich, da steht so ein göttliches weibliches Geschöpf vor mir und will mit mir nur über meine Kumpels reden anstatt über sich. Wie war denn dein Abend, was hast du denn Schönes gemacht heute?» *W36, W37, W3*

Erklärung
Endlich scheint seine Frau auf die Komplimente anzuspringen. Daher verstärkt der Mann sofort seine Komplimente und baut sie weiter aus, um die Gelegenheit zu nutzen, von dem ihm unangenehmen Thema wegzukommen. Zur Absicherung stellt er am Schluss noch eine Gegenfrage.

Fazit
In der gesamten Schilderung und in einigen Aussagen waren sowohl Warnindikatoren als auch Glaubwürdigkeitsindikatoren enthalten. Eine Häufung der Warnindikatoren ist aber sowohl bei den einzelnen Antworten als auch im gesamten Gesprächsverlauf deutlich erkennbar, weshalb sowohl die Gesamtaussage als auch die einzelnen Passagen ganz klar als unglaubhaft einzuordnen sind. Die Wahrscheinlichkeit ist hoch, dass der Ehemann den Abend anders als geschildert verbracht hat.

Version 2
MANN: «Hallo, Hase!»

FRAU: «Hallo, Schatzi, na, wie war dein Abend mit den Kumpels?»

MANN: «War toll. Wir sind erst zum Essen ins *Gustikus* gegangen und dann noch auf einen Absacker ins *Stüberl* am Bahnhof. Da war zwar das Publikum nicht der Wahnsinn, dafür konnten wir in einem Nebenraum in Ruhe Fußball gucken. Und weil uns dort niemand kennt, haben wir auch ein bisschen die Sau rausgelassen und gefeiert, das hätten wir im *Gustikus* so nicht machen können.» G2, G26, G50 (G1)

Erklärung
Der Mann hatte einen tollen Abend mit seinen Kumpels und freut sich, wieder bei seiner Frau zu sein. Da er viel erlebt hat, ist es nur natürlich, dass er mit seiner Frau darüber sprechen möchte. Gerne lässt er sich darauf ein, die Frage seiner Frau konkret zu beantworten, denn er hat sich nichts vorzuwerfen und daher auch keinen Grund, sich argumentativ Hintertürchen offenzuhalten. Er schildert detailreich den Ablauf des Abends im üblichen Rahmen und bemüht sich, die Erlebnisse und Handlungsweisen von ihm und seinen Freunden möglichst objektiv wiederzugeben. Die Aussage ist nicht widersprüchlich und wird es auch nicht bei den nachfolgenden Fragen. Der Indikator *G1* liegt daher zusätzlich vor. *G16* liegt nicht vor, denn der Mann hat zwar geschildert, gefeiert zu haben, nicht aber von seinen Gefühle dabei erzählt.

FRAU: «Habt ihr was Schlimmes gemacht?»

MANN: «Na ja, nachdem der Paul schon die dritte Halbe getrunken hatte, hat der wieder seine schweinischen Witze ausgepackt;

du weißt ja, was das heißt. Am Nachbartisch saß ein älteres Ehepaar, und der Mann hatte gerade einen Schluck Bier im Mund, als er bei einem von Pauls Witzen vor Lachen losprusten musste – leider hat seine Frau alles abbekommen. Die ist dann fast ausgeflippt und zum Paul hin, hat ihn beschimpft und ihm dann das restliche Bier ihres Mannes über den Kopf gegossen. Na ja, und dann ist sie mit ihrem Mann, dem das Ganze sichtlich peinlich war, aus dem Lokal gestürzt. Tja, ein bisschen war der Typ selbst schuld, weil er vom Nachbartisch aus gelauscht hatte, aber Paul hat auch nicht unbedingt leise geredet. Jedenfalls hat Paul dann wie ein begossener Pudel dagesessen, und wir anderen haben uns über ihn halb totgelacht. Irgendwann ist Paul dann aus seiner Schockstarre erwacht und hat mitgelacht, und wir hatten noch einen echt lustigen Abend.» *G2, G8, G16, G26, G50 (G1)*

Erklärung
Der Mann knüpft nahtlos und detailreich an seinen vorherigen Bericht an, schildert seine Erlebnisse mit den damit verbundenen Emotionen und erzählt auch von einem ungewöhnlichen Ereignis. Zudem beantwortet der Mann konkret und detailliert die Frage seiner Frau. Es liegen somit fast alle der in diesem Buch vorgestellten Glaubwürdigkeitsindikatoren vor, mit Ausnahme von *G5*. *G5* liegt deshalb nicht vor, weil alle Aussagen zum schlüssigen Gesamtbild notwendig waren. Wäre eine Aussage dabei gewesen, die für eine schlüssige Darstellungsweise im Kontext zur Frage absolut überflüssig gewesen wäre, hätte *G5* vorgelegen.

FRAU: «Soso. Und im *Gustikus*? War's lecker? Was hast du denn gegessen?»

MANN: «Ja im *Gustikus*, da hat uns wieder diese komische Kellnerin bedient, die auch letztes Mal da war, als wir zwei dort waren. Dieses Mal hat die ein echt schrilles Micky-Maus-T-Shirt getragen, da musste ich aufpassen, dass ich nicht loslache, als ich das gesehen habe. Ich habe dann wieder den Grillteller bestellt. War super lecker, wie jedes Mal!» G2, G5, G16, G26 (G1) (G8)

Erklärung
Der Mann beantwortet die Frage seiner Frau konkret und legt sich dabei fest. Zudem schildert er sowohl emotionale Erlebnisse als auch «unnötige» Einzelheiten, indem er das Micky-Maus-T-Shirt der Kellnerin erwähnt. Ob *G8* vorliegt oder nicht, muss abgewogen werden. Dagegen spräche, dass es für einen Lügenkonstrukteur sehr einfach wäre, eine solche Behauptung aufzustellen, da diese in der Praxis kaum nachprüfbar sein dürfte, dann wäre es lediglich eine unnötige Einzelheit, also *G5*. Es sei denn, er würde vermuten, dass die Ehefrau am nächsten Tag die Kellnerin aufsuchen und sie fragen würde, ob sie das Shirt am besagten Abend getragen hätte, weil sie ihm bereits misstraut. Wenn man von dieser Annahme ausgeht, dann liegt G8 in absoluter Reinform vor, denn der Mann könnte kaum die richtige Kleidung der Kellnerin an dem Abend erraten, wenn er selbst nicht dort gewesen ist. Wenn Sie also *G8* mit dieser Überlegung erkannt haben, dann haben Sie richtiggelegen. Die Aussage bleibt bis zum Ende des Gespräches stimmig und widerspruchsfrei. Die Aussage des Mannes ist insgesamt aber zu emotional geprägt, als dass man *G50* erkennen könnte.

FRAU: «Freut mich, dass ihr so einen lustigen Abend hattet!»

MANN: «Ja, war echt toll, ich hatte lange keinen solchen Spaß mehr!» *G16*

Erklärung
Zum Ende des Gespräches schildert der Mann noch mal seine Gefühlslage, liefert aber keine neuen Gesprächsdetails, weshalb keine weiteren der Glaubwürdigkeitsindikatoren vorliegen. Die Wahrscheinlichkeit ist hoch, dass der Ehemann den Abend so wie geschildert verbracht hat.

Wenn Sie Ihre Indikatoren sorgfältig gelesen und eingeübt haben, dann sollten Sie jetzt in der Lage sein, konkret zu begründen, woran man bei beiden Versionen erkennen kann, ob die Aussage glaubhaft ist oder nicht.

Übrigens unterscheidet man die Wörter «Glaubwürdigkeit» und «Glaubhaftigkeit»: Glaubwürdigkeit bezieht sich auf eine Person als Ganzes, die Glaubhaftigkeit hingegen auf eine Aussage. Eine an sich unglaubwürdige Person kann durchaus glaubhafte Aussagen machen, während auch eine an sich glaubwürdige Person unglaubhafte Aussagen treffen kann.

Übungsbeispiel 2: Ein unfähiger Vorgesetzter?

Ein Abteilungsleiter wird von seinem Chef zu seinem Führungsverhalten befragt. Es gab wiederholt Beschwerden von seinen Mitarbeitern über ihn. Aber sind diese auch berechtigt?

CHEF: «Herr Huber, als Ihr neuer Direktionsbeauftragter möchte ich mit Ihnen heute einmal über die Ereignisse der vergangenen Wochen sprechen. Wie Sie wissen, gab es ja seitens der Mitarbeiter einige Beschwerden gegen Sie als Führungskraft.»

ABTEILUNGSLEITER: «Wer sagt das?»

CHEF: «Nun, Herr Fischer, Ihr Stellvertreter, hat mir von mehreren Beschwerden berichtet, die Ihre Mitarbeiter gegen Sie die letzte Zeit vorgebracht haben, und er sagte, dass er die letzten Wochen mehrfach versucht hätte, mit Ihnen über Ihren Führungsstil zu sprechen. Was sagen Sie dazu?»

ABTEILUNGSLEITER: «Ja, der Fischer, der sagt viel, wenn der Tag lang ist, den kann man nicht immer ganz für voll nehmen!»

CHEF: «Hat Herr Fischer nun mit Ihnen darüber gesprochen oder nicht?»

ABTEILUNGSLEITER: «Der Fischer erzählt so viel, da kann ich mir nicht alles merken, was der so von sich gibt. Wo gehobelt wird, da fallen Späne – kann schon sein, dass das nicht immer jedem gefällt, was ich so mache. Ich bin ja nicht dafür da, einen Popularitätswettbewerb zu gewinnen, sondern um meine Abteilung voranzubringen.»

CHEF: «Hat Herr Fischer Ihnen nun konkret von Beschwerden einzelner Mitarbeiter gegen Sie berichtet?»

ABTEILUNGSLEITER: «Nicht, dass ich wüsste!»

CHEF: «Ist das auch wirklich die Wahrheit, die Sie mir da erzählen? Sie würden mich doch nicht anlügen oder?»

ABTEILUNGSLEITER: «Nee, nie im Leben, jeder weiß doch, dass man Sie nicht anlügen kann, das ist doch bekannt. Sie würden mich bestimmt sofort durchschauen, da wär ich ja schön blöd, und das bin ich nicht!»

CHEF: «Wie erklären Sie sich dann, dass Herr Fischer behauptet, dass sich Mitarbeiter beschwert hätten?»

ABTEILUNGSLEITER: «Weil der Fischer immer übertreibt und aus jeder Mücke einen Elefanten macht. Wenn hier wer ein Problem hat, dann ist es der Fischer. Übrigens, nicht alle Vorgesetzten bei uns sind ihrer Aufgabe gewachsen, manche sind auch schlicht mit Personalführung überfordert.»

CHEF: «Sie sind also der Meinung, dass die Vorwürfe haltlos sind?»

ABTEILUNGSLEITER: «Niemand kann als Führungskraft immer nur ein Engel sein, das ist klar, es ist immer möglich, dass man vielleicht auch mal einen schlechten Tag hat. Aber im Großen und Ganzen will ich ganz klar feststellen, dass eine auf eine Deduktion basierende Konklusion hinsichtlich meiner Verfahrensweisen in den turnusgemäßen Geschäftsprozessen im Sinne einer inkriminierten Handlung schon stark übertrieben und bar jeglicher Substanz ist. Wenn mir unterstellte Führungskräfte jedes Mal zusammenzucken, wenn ein Mitarbeiter pupst, dann kann man das doch mir nicht vorwerfen!»

Lösungsansatz
CHEF: «Herr Huber, als Ihr neuer Direktionsbeauftragter möchte ich mit Ihnen heute einmal über die Ereignisse der vergangenen Wochen sprechen. Wie Sie wissen, gab es ja seitens der Mitarbeiter einige Beschwerden gegen Sie als Führungskraft.»

ABTEILUNGSLEITER: «Wer sagt das?» W3

Erklärung

Herr Huber geht erst gar nicht auf die Vorwürfe ein, sondern wechselt stattdessen mit der Gegenfragetaktik sofort die Dominanzverhältnisse. Gerade eben noch war er als Befragter im Tiefstatus und sein Chef als Befrager im Hochstatus – durch die Gegenfrage vertauschen sich die Rollen. Jetzt muss sein Chef sich rechtfertigen. W9 liegt nicht vor, weil die Gegenfrage als alleinige Antwort gar nicht sonderlich länger formulierbar gewesen wäre. W1 liegt nicht vor, weil in diesem Fall bereits in W3 enthalten.

CHEF: «Nun, Herr Fischer, Ihr Stellvertreter, hat mir von mehreren Beschwerden berichtet, die Ihre Mitarbeiter gegen Sie die letzte Zeit vorgebracht haben, und er sagte, dass er die letzten Wochen mehrfach versucht hätte, mit Ihnen über Ihren Führungsstil zu sprechen! Was sagen Sie dazu?»

ABTEILUNGSLEITER: «Ja, der Fischer, der sagt viel, wenn der Tag lang ist, den kann man nicht immer ganz für voll nehmen!» W1, W4, W17, W26

Erklärung

Der Chef fordert von Herrn Huber abermals eine konkrete Erklärung und konkretisiert dabei seine Vorwürfe. Herr Huber aber legt sich nicht fest, sondern versucht abzulenken, indem er Herrn Fischer in einer sehr negativen Darstellungsweise als untauglichen Gesprächspartner darstellt. Zu der Intention der Frage liefert er keinerlei Details. Hätte die Aussage «Der sagt viel, wenn der Tag lang ist» für sich alleine gestanden, dann wäre dies als Killerphrase zu werten und W44 würde vorliegen.

CHEF: «Hat Herr Fischer mit Ihnen nun darüber gesprochen oder nicht?»

ABTEILUNGSLEITER: «Der Fischer erzählt so viel, das kann ich mir nicht alles merken, was der so von sich gibt. Wo gehobelt wird, da fallen Späne – kann schon sein, dass das nicht immer jedem gefällt, was ich so mache. Ich bin ja nicht dafür da, einen Popularitätswettbewerb zu gewinnen, sondern um meine Abteilung voranzubringen.» *W1, W4, W26, W44*

Erklärung
Der Chef versucht hartnäckig, eine Erklärung zu bekommen, um sich ein besseres Bild machen zu können. Diese Erklärung bleibt ihm Herr Huber aber weiterhin schuldig, indem er versucht, der Frage auszuweichen. Er sagt zwar viel, aber seine Aussage enthält keine qualitativen Details, die im Kontext zur Frage stünden. Zudem versucht er, die Frage mit Killerphrasen zu torpedieren. *W36* ist nicht enthalten, weil die meisten Menschen über längere Zeiträume hinweg betrachtet viel erzählen. Die Aussage, dass Fischer insgesamt viel erzählt, muss daher nicht falsch sein, beantwortet aber die Frage nicht, weshalb *W26* vorliegt. Dass Herr Fischer viel erzählt, ist eine Aussage, die nicht ausreichend negativ ist, um *W17* zu begründen.

CHEF: «Hat Herr Fischer Ihnen nun konkret von Beschwerden einzelner Mitarbeiter gegen Sie berichtet?»

ABTEILUNGSLEITER: «Nicht, dass ich wüsste!» *W9, W39*

Erklärung
Der Chef bohrt weiter nach. Herr Huber scheint nun nicht mehr davonzukommen. Er beantwortet jetzt zwar die Frage, weshalb *W26* nicht mehr vorliegt, formuliert sie aber trotz seiner Festlegung so, dass er sich ein Hintertürchen offenlässt, daher *W39*. *W1* ist in diesem Fall bereits in *W39* enthalten.

CHEF: «Ist das auch wirklich die Wahrheit, die Sie mir da erzählen? Sie würden mich doch nicht anlügen, oder?»

ABTEILUNGSLEITER: «Nee, nie im Leben, jeder weiß doch, dass man Sie nicht anlügen kann. Das ist doch bekannt. Sie würden mich bestimmt sofort durchschauen, da wär ich ja schön blöd, und das bin ich nicht!» W37

Erklärung
Die Antwort von Herrn Huber ist eine einzige Aneinanderreihung von Komplimenten, daher W37, diese sind aber nicht sonderlich übertrieben formuliert. W1 und W26 liegen nicht vor, weil Herr Huber weder ausweicht noch sich davor drückt, die Frage zu beantworten. G26 liegt auch nicht vor, da er die Aussage nur trifft, weil er konkret dazu aufgefordert wird.

CHEF: «Wie erklären Sie sich dann, dass Herr Fischer behauptet, dass sich Mitarbeiter beschwert hätten?»

ABTEILUNGSLEITER: «Weil der Fischer immer übertreibt und aus jeder Mücke einen Elefanten macht. Wenn hier wer ein Problem hat, dann ist es der Fischer. Übrigens, nicht alle Vorgesetzten bei uns sind ihrer Aufgabe gewachsen, manche sind auch schlicht mit Personalführung überfordert.» W17, W45, W50

Erklärung
Der Chef fordert weiterhin eine Erklärung zu den im Raum stehenden Vorwürfen. Diesmal legt sich Herr Huber zwar fest, aber er tut dies, indem er Herrn Fischer schlechtmacht und dadurch die Vorwürfe von Herrn Fischer gegen ihn haltlos erscheinen lässt. Er gibt letztlich alle Schuld Herrn Fischer und ist offensichtlich

nicht bereit, sich ernsthaft und objektiv mit den Vorwürfen auseinanderzusetzen. Neben den konkreten Vorwürfen gegen Herrn Fischer setzt er noch einen indirekten Vorwurf hinzu, indem er durch Andeutungen Herrn Fischer als schwache Führungskraft bezeichnet und diesem somit sowohl die Führungseigenschaft abspricht (was wiederum zu W17 führt) als auch in Frage stellt, ob man Herrn Fischer ernst nehmen muss.

CHEF: «Sie sind also der Meinung, dass die Vorwürfe haltlos sind?»

ABTEILUNGSLEITER: «Niemand kann als Führungskraft immer nur ein Engel sein, das ist klar. Es ist immer möglich, dass man vielleicht auch mal einen schlechten Tag hat. Aber im Großen und Ganzen will ich ganz klar feststellen, dass eine auf eine Deduktion basierende Konklusion hinsichtlich meiner Verfahrensweisen in den turnusgemäßen Geschäftsprozessen im Sinne einer inkriminierten Handlung schon stark übertrieben und bar jeglicher Substanz ist. Wenn mir unterstellte Führungskräfte jedes Mal zusammenzucken, wenn ein Mitarbeiter pupst, dann kann man das doch mir nicht vorwerfen!» *W4, W26, W42, W44, W50*

Erklärung
Der Chef fordert eine abschließende Erklärung zu den im Raum stehenden Vorwürfen von Herrn Huber ein. Dieser legt sich aber trotzdem nicht fest und versucht seine Weigerung durch Fremdwörter und eine Killerphrase zu tarnen. Dies aber nicht, ohne noch mal einen Seitenhieb auf Herrn Fischer zu vollführen. Herr Huber erzählt zwar quantitativ viel, aber qualitativ bringt er im Grunde keine Details, daher *W4*.

Schlussbemerkung

Die Indikatoren meines Befragungs- und Wahrnehmungssystems ermöglichen es uns, tief in die Gedanken, Absichten und kognitiven Problemstellungen unserer Gesprächspartner zu blicken und fundiert einzuschätzen, wie glaubhaft ihre Aussagen sind. Sie haben sich sowohl während meiner Polizeiarbeit in tausenden von Befragungen als auch bei meinen Seminarteilnehmern und Lesern sowie in unzähligen Gesprächssituationen bewährt.

Je mehr und je besser Sie die Indikatoren beherrschen, umso überlegener wird Ihre Wahrnehmung zwangsläufig werden. Sie zu erlernen, gleicht dem Erlernen einer Fremdsprache. Je besser man sie sich aneignet, desto selbstverständlicher und unbefangener kann man sie in der täglichen Praxis anwenden. Allerdings gibt es einen Unterschied: Beherrscht man die Indikatoren einmal, werden sie automatisiert, und dieser Automatismus gliedert sich in unserem Gehirn bei unserer Wahrnehmung an. Das Gehirn nimmt die Indikatoren sozusagen in seine Prioritätenliste der Informationsverarbeitung auf und gibt ihr eine hohe Wahrnehmungspriorität. Ist das erst einmal geschehen, ist im Gegensatz zu einer Fremdsprache ein Vergessen nahezu unmöglich.

Hierzu möchte ich Ihnen abschließend noch ein anschauliches Beispiel geben: In meiner Anfangszeit bei der Schutzpolizei wurden wir darauf trainiert, unsere Wahrnehmung auf Verkehrsverstöße zu fokussieren. Noch heute, fast zwanzig Jahre später, fällt es mir immer noch zum Beispiel sofort auf, wenn ein Autoinsasse nicht angeschnallt ist oder ein Fahrer, zu dem ich an einer Ampel Blickkontakt bekomme, Anzeichen von Alkohol- oder Drogenkonsum zeigt. Obwohl mich das heute nicht mehr interessieren muss, ist es doch in der Wahrnehmungsprioritätenliste meines Gehirns fest verankert.

NACHWORT

Tagtäglich treffen wir viele unserer Entscheidungen auf Basis von Informationen, die wir von anderen Menschen erhalten. Weil Falschinformationen uns in großes Unglück stürzen können und so manche Entscheidung enorme Tragweite hat (und ggf. nicht mehr rückgängig gemacht werden kann), ist es wichtig, dass Sie lernen, genau zu unterscheiden, wann Sie welchen Menschen glauben und vertrauen können und wann nicht.

Wenn Ihre innere Haltung stimmt und Sie mit Hilfe dieses Buchs fleißig gelernt haben, dann werden Sie nicht nur viel souveräner im Umgang mit Ihren Mitmenschen sein, sondern auch stets positiv wirken und die richtigen Entscheidungen treffen. Dann sind Sie Ihren Mitmenschen mehr als nur eine Nasenlänge voraus!

Wir haben uns sehr umfassend mit den Möglichkeiten befasst, unsere Mitmenschen von Kopf bis Fuß und in allen erdenklichen Arten und Weisen zu analysieren. Wir haben sowohl gelernt, unsere Mitmenschen als Person richtig einzuschätzen, als auch ihre Aussagen bei Gesprächen. Weiter haben wir uns intensiv mit dem Thema Fragetaktik beschäftigt, wenngleich diese nicht Schwerpunkt des Buches gewesen ist. Diese drei Faktoren: Personenanalyse, Aussagenanalyse und Fragetaktik sind in Gesprächssituationen die entscheidenden Bausteine, um Ihre Gesprächsziele zu erreichen und solide Entscheidungsgrundlagen zu schaffen.

Ur-Instinkte, Beruhigungsgesten, Gruppenanalysen, Persönlichkeitsmerkmale, Sprachmusterauswertung, Charaktereigenschaften, Statusverhalten, Sinneswahrnehmungen, Körpersprache, Mimik und Mikromimik, kognitive Warn- und Glaubwürdigkeitsindikatoren – all dies sind nur einzelne Puzzleteile, die erst dadurch ihre enorme Wirkung entfalten, dass man sie zu einem Gesamtbild über den Gesprächspartner zusammensetzt. Dann auf einmal wird alles klar, selbstverständlich und einfach!

Bis zum vollständigen Zusammensetzen des Puzzles ist aber eine intensive theoretische und praktische Auseinandersetzung mit den Einzelthemen dieses Buches erforderlich. Es ist wie beim Autofahren: Am Anfang muss man sich gefühlt auf 1000 Dinge konzentrieren (kuppeln, schalten, Gas geben, bremsen, Schulterblick, die Verkehrssituation usw.), doch nach einiger Fahrpraxis scheint das alles wie von selbst zu gehen.

Vor den Erfolg haben die Götter aber bekanntlich den Schweiß gesetzt! Ich empfehle Ihnen daher, das Buch mehrmals zu lesen und immer wieder durchzuarbeiten. Sie werden sehen, dass Sie mit jedem Lesen zusätzliche Informationen aufnehmen und immer mehr Inhalte selbstverständlich werden.

Ich habe Ihnen den Weg, wie Sie ein echter Wahrnehmungsexperte werden, in diesem Buch gezeigt – beschreiten müssen Sie den Weg nun aber selbst.

Ich wünsche Ihnen viel Erfolg und die innere Stärke, Ihre Ziele zu keinem Zeitpunkt aus dem Auge zu verlieren und konsequent anzugehen!

Herzlich
Ihr *Marco Löw*

Glossar

Abweichung vom Normalverhalten
Jeder Mensch hat im entspannten Zustand eine meist seit der Kindheit bestehende, individuelle Art, sich zu präsentieren, zu sprechen sowie Mimik und Gestik einzusetzen. Gerät ein Mensch bei einer bestimmten Frage oder einem bestimmten Thema unter Stress, weicht sein Verhalten vom Normalverhalten (= der → Baseline) ab. Dies kann von einem sensibilisierten Beobachter unschwer wahrgenommen werden.

Angriffsinstinkt
Der Angriffsinstinkt zählt zur Gruppe der → Ur-Instinkte und tritt immer dann in Erscheinung, wenn der Betroffene sich bedroht fühlt. Dabei kann es sich sowohl um eine Bedrohung von Leib und Leben als auch um eine Bedrohungssituation handeln, die unangenehme private oder berufliche Konsequenzen nach sich zieht oder die sich aus einem Gesprächsverlauf heraus ergibt. Der Betroffene wählt zur Verteidigung eine Angriffshaltung, die sich in der verbalen sowie nonverbalen (Körper-)Sprache zeigt und für den sensibilisierten Beobachter wahrnehmbar ist.

Ankereffekt
Unter dem Ankereffekt versteht man in der Kognitionspsychologie das Phänomen, dass Menschen in ihrer Entscheidung nicht unabhängig sind, sondern von Umgebungsinformationen beeinflusst werden.

Antwortzeitverhalten
Das Antwortzeitverhalten ist die Zeitdauer, die ein Mensch benötigt, um eine an ihn gerichtete Frage kognitiv zu verarbeiten und zu beantworten. Das Antwortzeitverhalten bezeichnet also den

Zeitraum, der zwischen der Fragestellung und der Antwort vergeht.

Apokrine Duftdrüsen
Die apokrinen Duftdrüsen dienen der Abgabe von körpereigenen Duftstoffen, wie beispielsweise Pheromonen. Die apokrinen Duftdrüsen stehen mit der Ausschüttung des Stresshormones Adrenalin in Verbindung. Adrenalin sorgt bei einem Gesprächspartner, der z. B. aufgrund einer Lüge oder seiner Inkompetenz bei bestimmten Fragen oder Themen unter Stress geraten ist, für ein Ausscheiden von Duftsekreten.

Autonomes Nervensystem
Der Name des autonomen Nervensystems bezieht sich auf den Umstand, dass die durch das autonome Nervensystem gesteuerten körperlichen Vorgänge vom Menschen nicht bewusst beeinflusst werden können, sondern automatisch ablaufen. Daher sind alle mit dem autonomen Nervensystem in Zusammenhang stehenden → Wahrnehmungsindikatoren extrem wertvoll, weil eine Manipulation ausgeschlossen ist.

Baseline/Normalzustand
Jeder Mensch hat im entspannten Zustand eine meist seit der Kindheit bestehende, individuelle Art, sich zu präsentieren, zu sprechen sowie Mimik und Gestik einzusetzen. In Gesprächen ist es wichtig, die → Baseline im Rahmen eines vorgeschalteten Smalltalks kennenzulernen, um dann im weiteren Gesprächsverlauf Abweichungen von der Baseline erkennen zu können, wie z. B. Nervosität im Zusammenhang mit bestimmten Themen.

Beruhigungsgesten/Beruhigungsverhalten

Beruhigungsgesten dienen dem Körper dazu, von einem aufgeregten Zustand in den Normalzustand zurückzufinden. Charakteristische Bewegungen sind das Streicheln der eigenen Hand oder das Spielen mit den Haaren im Zusammenhang mit Nervosität.

Bilderzeugung

Wir erinnern uns an Personen oder Ereignisse durch eine im Gehirn stattfindende Bilderzeugung. Dem Lügner stehen solche Bilder nicht zur Verfügung – im Gegensatz zu jemandem, der die Wahrheit sagt. Er muss entsprechende Bilder zu einem falschen Sachverhalt aus seiner Allgemeinbildung künstlich erzeugen, was ihn nicht nur viel Zeit kostet, sondern auch zu zahlreichen kognitiven Problemen führt.

Bromhidrose

Hierbei handelt es sich um eine krankhafte Störung der ekkrinen Schweißdrüsenfunktion, die zu einem starken, unangenehmen Geruch führt. Das Schwitzen aufgrund einer Bromhidrose ist somit kein Hinweis auf erhöhten Stress beim Gesprächspartner. Allerdings ist unter Stresseinwirkung der Geruch eines an Bromhidrose leidenden Menschen besonders stark.

Carpenter-Effekt

Der Carpenter-Effekt wurde von dem englischen Naturwissenschaftler William Benjamin Carpenter entdeckt und bewirkt, dass das Denken an eine Bewegung tatsächlich eine subtile körperliche Bewegung auslöst. Mit dem Carpenter-Effekt lassen sich auch viele Tricks von Mentalisten und Magiern sowie Phänomene okkulter Praktiken wie Gläserrücken oder Pendeln erklären.

Distanzzonen/Distanzverhalten
Jeder Mensch hat ein natürliches Distanzverhalten seit der Urzeit beibehalten, das ihn vor plötzlichen Angriffen schützt. Je weiter jemand einen anderen in seinen persönlichen Schutzraum eindringen lässt, desto größer ist sein Vertrauen in ihn. Das Distanzverhalten zählt somit auch zu den Wahrnehmungsebenen und ist gleichzeitig auch ein Wahrnehmungsindikator.

Ekkrine Schweißdrüsen
Beim Schwitzen dienen die ekkrinen Schweißdrüsen der Thermoregulation des Körpers. Beim ekkrinen Schwitzen werden im Gegensatz zum apokrinen Schwitzen keine Duftstoffe abgesondert und der Schweiß selbst ist geruchlos. Folglich kann man vom Geruch eines Gesprächspartners auch auf die Ursache seines Schwitzens rückschließen.

Erstarrungsinstinkt
Der Erstarrungsinstinkt zählt zur Gruppe der → Ur-Instinkte und tritt immer dann in Erscheinung, wenn der Betroffene sich bedroht fühlt. Dabei kann es sich sowohl um eine Bedrohung von Leib und Leben als auch um eine solche Bedrohungssituation handeln, die unangenehme private oder berufliche Konsequenzen nach sich zieht oder die sich aus einem Gesprächsverlauf heraus ergibt. Der Betroffene wählt zur Verteidigung eine Erstarrungshaltung, um sich möglichst unauffällig zu verhalten. Dieser → Ur-Instinkt äußert sich über die verbale sowie nonverbale (Körper-)Sprache und ist für den sensibilisierten Beobachter wahrnehmbar.

Extraversion
Extravertierte (umgangssprachlich auch: extrovertierte) Personen verfügen über eine nach außen gewandte Haltung. Sie

umgeben sich gerne mit vielen Menschen und sind typischerweise gesprächig, enthusiastisch, abenteuerlustig, aktiv und häufig auch dominant. Das Gegenstück zu dieser Personengruppe stellen introvertierte Menschen dar (→ Introversion).

Fachjargon

Jede Berufsgruppe, soziale Gruppe oder Gesellschaftsschicht benutzt für sie charakteristische Ausdrücke und Formulierungen. Anhand solcher Merkmale ist es möglich, Menschen auch ohne nähere Informationen Gruppen zuzuordnen, daraus weitere wertvolle Informationen zu gewinnen und Rückschlüsse auf Charakter und Lebensumstände zu ziehen.

Fluchtinstinkt

Der Fluchtinstinkt zählt zur Gruppe der → Ur-Instinkte und tritt immer dann in Erscheinung, wenn der Betroffene sich bedroht fühlt. Dabei kann es sich sowohl um eine Bedrohung von Leib und Leben als auch um eine solche Bedrohungssituation handeln, die unangenehme private oder berufliche Konsequenzen nach sich zieht oder die sich aus einem Gesprächsverlauf heraus ergibt. Der Betroffene wählt zur Verteidigung eine Fluchthaltung, die sich in der verbalen sowie nonverbalen (Körper-)Sprache zeigt und für den sensibilisierten Beobachter wahrnehmbar ist.

Forensische Gesprächstechnik

Die forensische Gesprächstechnik stellt eine Methode der Kriminalistik dar, die dazu dient, Personen zielgerichtet zu befragen und dadurch Sachverhalte aufzuklären. Sie wird von der Kriminalpolizei bei der Vernehmung von Verdächtigen, Beschuldigten und Zeugen eingesetzt. Die meisten forensischen Gesprächsmethoden bestehen aus zwei wesentlichen Komponenten: der Kombination aus taktischer Befragung und der Beobachtung der

Körpersprache. Das Marco-Löw-Befragungssystem© setzt auf eine ganzheitliche Wahrnehmung des Gesprächspartners und analysiert dessen Aussagen in allen denkbaren und sinnvollen Varianten, um aufgrund von Redundanz falsche Wahrnehmungen und Schlussfolgerungen zu verhindern.

Formelle Gruppen
Formelle Gruppen sind Gruppen, die bestimmte Aufgaben zu erfüllen oder fest definierte Ziele zu erreichen haben, beispielsweise innerhalb beruflicher Arbeitsgruppen. Von den formellen Gruppen sind die → informellen Gruppen abzugrenzen.

Halo-Effekt
Der Halo-Effekt ist eine Wahrnehmungsverzerrung und das Gegenteil des → Horn-Effekts. Von einer positiven Eigenschaft oder Leistungsstärke eines Menschen wird auf weitere positive Eigenschaften geschlossen, ohne dass es hierfür einen belastbaren Nachweis gäbe.

Hochstatus
Der Hochstatus bezeichnet eine tendenziell dominante menschliche Haltung gegenüber anderen, die durch die Ausstrahlung von Überlegenheit gekennzeichnet ist.

Horn-Effekt
Der Horn-Effekt ist eine Wahrnehmungsverzerrung und das Gegenteil des → Halo-Effekts. Von einer negativen Eigenschaft oder Leistungsschwäche eines Menschen wird auf weitere negative Eigenschaften geschlossen, ohne dass es hierfür einen belastbaren Nachweis gäbe.

Ideomotorische Bewegungen
Siehe → Carpenter-Effekt.

Idiosynkrasie/Individualeigenschaften
Idiosynkratisches Verhalten bezeichnet die individuellen Verhaltenseigenarten einer bestimmten Person hinsichtlich bestimmter, für sie typischer Ausdrücke in der Verbal-, der Schrift- und der Körpersprache. Diese individuellen Merkmale erlauben Analysen wie bei einem Fingerabdruck. Dies kann beispielsweise durch typische, unverwechselbare Formulierungen, Redewendungen, Betonungsweisen, Rechtschreibschwächen oder bestimmte Ausdrücke auf der körpersprachlichen Ebene erfolgen. In der Kriminalistik lassen sich mit Hilfe der Idiosynkrasie zum Beispiel Telefonstimmen (wie Anrufe von Erpressern oder Stalkern) den jeweiligen Anrufern zuordnen.

Informelle Gruppen
Informelle Gruppen sind Gruppen, die sich aus einer emotionalen Bindung der Mitglieder zueinander ergeben und nicht auf der Grundlage von Notwendigkeiten, wie bei → formellen Gruppen. Typische informelle Gruppen sind beispielsweise Freundeskreise oder Vereinszugehörigkeiten.

Inkongruentes Verhalten
Von Inkongruenz spricht man, wenn zwei Aspekte, die eigentlich zusammengehören, nicht zusammenpassen. Beispielsweise kann die Körpersprache eines Menschen bei einer bestimmten Frage etwas anderes ausdrücken als das Gesagte, oder die Aussagen verschiedener Körpersprachgesten passen nicht zueinander.

Introspektion
Introspektion bezeichnet die Fähigkeit zur Selbstwahrnehmung und damit verbunden zur Reflexion und Analyse des eigenen Handelns sowie dessen Auswirkungen auf das eigene Leben und das Leben anderer Menschen. Auf der niedrigsten Stufe steht die Erkenntnis des eigenen Selbst – wie sie beispielsweise bereits von sehr kleinen Kindern oder intelligenten Tieren erreicht wird, die sich im Spiegel sehen und sich darüber bewusst sind, dass das Spiegelbild kein anderes Tier, sondern sie selbst zeigt. Die höchste Stufe der Introspektion besteht in der Fähigkeit, die Auswirkungen des eigenen Handelns sowohl auf das eigene Innenleben als auch auf andere Menschen und die Umwelt zu erkennen sowie die Auswirkungen unterschiedlicher Handlungsweisen abzuschätzen. Der Grad der Fähigkeit zur Introspektion ist von der Intelligenz eines Menschen abhängig.

Introversion
Introvertierte Menschen haben eine nach innen gewandte Haltung. Sie fühlen sich typischerweise eher in der zurückhaltenden Beobachterrolle und nur selten in einer aktiven Rolle wohl. Introvertierte Menschen bevorzugen eine ruhige Umgebung mit einer überschaubaren Anzahl an Personen. Große Menschenansammlungen, wie man sie beispielsweise bei Partys oder in Diskotheken vorfindet, empfinden sie als belastend und meiden solche Anlässe daher. Das Gegenstück zu dieser Personengruppe stellen extravertierte Menschen dar (→ Extraversion).

Killerphrasen
Killerphrasen dienen dazu, alle anderen Meinungen im Keim zu ersticken. Ein wesentliches Merkmal der Killerphrase ist es, dass sie keine sachliche Grundlage hat. Killerphrasen sind Scheinargumente ohne Fundament. Der Anwender einer Killerphrase

möchte sich gerade nicht einer sachlichen Diskussion aussetzen – was dem sensibilisierten Beobachter wertvolle Rückschlüsse auf die Persönlichkeit und argumentative Ausgangslage seines Gesprächspartners ermöglicht. Oftmals werden Killerphrasen so formuliert, dass sie scheinbar logische oder gesellschaftlich anerkannte Aussagen treffen, die einer Nachprüfung jedoch nicht standhalten.

Kognitionspsychologie
Die Kognitionspsychologie ist ein Teilgebiet der Psychologie. Im Mittelpunkt stehen die psychischen Vorgänge im Zusammenhang mit Wahrnehmung, Wissen und Erkenntnisgewinnung eines Menschen sowie die psychischen Mechanismen, die während des Denkens und Handelns eines Menschen in dessen Gehirn ablaufen.

Kognitive Probleme
Der Mensch ist nur in begrenztem Maße in der Lage, kognitive Rechenoperationen durchzuführen. Deshalb sind beispielsweise die Merkfähigkeit und die Schnelligkeit des Durchdenkens einer Lügenkonstruktion unüberwindbaren Grenzen ausgesetzt. Diese kognitiven Probleme zu erkennen, stellt sowohl eine der wichtigsten Wahrnehmungsebenen als auch eine sehr wertvolle Analysemethode von Gesprächspartnern dar.

Kongruentes Verhalten
Von kongruentem Verhalten spricht man, wenn mehrere Aspekte, die zusammengehören, auch zueinander stimmig sind. Beispielsweise passen sämtliche Körpersprachsignale eines Gesprächspartners zu einer von ihm getroffenen verbalen Aussage. Je mehr kongruente Übereinstimmungen es gleichzeitig auf verschiedenen Wahrnehmungsebenen gibt, desto glaubhafter wird diese.

Kontrasteffekt
Der Kontrasteffekt besagt, dass eine Information umso positiver wirkt, wenn ihr eine negative vorausgegangen ist.

Körpersprache, manipulierbare
Bei der manipulierbaren Körpersprache handelt es sich um herkömmliche Körpersprachsignale, die zwar grundsätzlich Rückschlüsse auf den Betroffenen zulassen, jedoch von diesem bei einem hohen Maß an Geschicklichkeit auch bewusst irreführend eingesetzt werden können, um Fehlinterpretationen des Gesprächspartners zu verursachen. Der größte Teil der Körpersprachsignale gehört dieser Kategorie an, weshalb sie als alleinige Wahrnehmungsebene zur Einschätzung eines Gesprächspartners nicht ausreichen.

Körpersprache, nicht manipulierbare
Hierbei handelt es sich um Körpersprachsignale, die als unbewusster Automatismus ablaufen und nicht willentlich gesteuert werden können. Diesen Körpersprachsignalen kommt daher ein erhöhter Aussagewert zu.

Kreuzverhörtaktik
Anders als in Fernsehkrimis geht es bei der Kreuzverhörtaktik nicht um das Aufbauen von Druck, sondern um die kognitive Überforderung des Befragten durch sprunghafte Themenwechsel. Ein Lügner muss sich an ein festes Lügenkonstrukt halten, um sich nicht zu widersprechen. Diese Möglichkeit wird ihm durch eine sprunghafte Gesprächsführung genommen.

Limbisches System
Das limbische System des Gehirns ist für die Verarbeitung von Emotionen und Informationen sowie die Entstehung und Steue-

rung des Triebverhaltens, zu denen auch die Gedächtnisleistung gerechnet werden muss, zuständig. Die → Ur-Instinkte haben ihre Grundlage im limbischen System.

Nebensächlichkeitsfragen
Diese Fragetechnik zielt darauf ab, dem Gesprächspartner gezielt Fragen außerhalb des Kernsachverhaltes zu stellen, mit denen er nicht rechnen und die er deswegen auch nicht vorbereiten konnte. Die Fragen sind so gehalten, dass jemandem, der die Wahrheit sagt, die Beantwortung problemlos möglich ist, dem Lügner jedoch nicht.

Olfaktorische Wahrnehmung
Die olfaktorische Wahrnehmung bezeichnet die Wahrnehmungsebene der Gerüche. Beispielsweise können aus der Wahl der verwendeten Duftstoffe oder olfaktorisch wahrnehmbarer mangelnder Körperpflege vorsichtig weitere Rückschlüsse auf den Betroffenen gezogen werden.

Operative Fallanalyse
Die operative Fallanalyse ist eine kriminalistische Methode insbesondere der deutschen Polizei zur Aufklärung von ungeklärten Verbrechen. Ziel der Methodik ist es, neue Ermittlungsansätze zu erhalten, ein Täterprofil zu erstellen und Einzelstraftaten einer Straftatenserie zuordnen zu können. Sie wird bei schweren Straftaten eingesetzt und ist das deutsche Pendant zur amerikanischen Profiling-Methode. Fallanalysegutachten stellen jedoch laut Bundesgerichtshof keine zulässigen Beweismittel dar und sind daher nur als Ermittlungsmethode zur Auffindung weiterer Beweise, nicht jedoch als Beweismittel selbst zulässig. Anders als in diversen Fernsehserien erstellen Fallanalytiker keine psychologischen Täterprofile eines unbekannten Straftäters, da dies un-

ter seriösen Gesichtspunkten nicht möglich ist. Selbst in den USA gibt es keine eigenständige Position als Profiler, sondern speziell ausgebildete Polizeibeamte betreiben eine Tatortanalyse, die dort als *criminal investigative analysis* bezeichnet wird. Diese Methode kann psychologische Ansätze miteinschließen, sie muss es aber nicht.

Persönlichkeitsmerkmale
Persönlichkeitsmerkmale sind typische Eigenschaften von Menschen, die Teil ihres Charakters sind. Anhand der Persönlichkeitsmerkmale kann man Menschen in ihrer Haltung, ihrem Handeln und ihrem Wirken auf andere Menschen beschreiben.

Perzeption
Unser Gehirn setzt bei der Wahrnehmung Prioritäten, filtert die eingehenden Informationen, fasst sie in Kategorien zusammen und ordnet diese nach ihrer Wichtigkeit. Diesen Prozess nennt man Perzeption. Informationen, die unser Gehirn als unwichtig einstuft, fallen in den → Wahrnehmungsschatten.

Profiling
Siehe → Operative Fallanalyse.

Reaktions- und Verhaltensmuster
Aufgrund ihrer → Persönlichkeitsmerkmale und Lebenserfahrungen reagieren Menschen in vergleichbaren Situationen mit ähnlichen oder vergleichbaren Verhaltensmustern, die ihrem Charakter entsprechen und sich für sie bewährt haben. Wenn man einmal diese Muster eines Menschen kennt, kann man auch dessen zukünftige Verhaltensweisen bei Auftreten vergleichbarer Situationen ableiten.

Redundante Wahrnehmung
Im Gegensatz zu herkömmlichen Methoden wird der Gesprächspartner nicht nur auf einer Wahrnehmungsebene (wie beispielsweise der Körpersprache) wahrgenommen, sondern auf einer Vielzahl von Wahrnehmungsebenen. Hierbei wird überprüft, ob Redundanzen auftreten, also mehrere Hinweise in dieselbe Richtung weisen. Daraus ergeben sich viele Vorteile. Die beiden wichtigsten sind hierbei die maximale Informationsgewinnung und die effiziente Irrtumsvermeidung durch gegenseitige Absicherung der Wahrnehmungsebenen zueinander.

Selektives Erinnern
Selektives Erinnern bezeichnet die Neigung des Menschen, sich Informationen so auszusuchen und zu merken, dass sie der eigenen Erwartungshaltung entsprechen. Hat man sich eine feste Meinung gebildet, neigt man beispielsweise nach einer Diskussion dazu, sich vor allem an die Argumente zu erinnern, welche die eigene Position gestützt haben. Daher lautet eine der goldenen Regeln für Vernehmungsexperten, sich niemals zu einem Fall eine vorgefasste Meinung zu bilden oder, falls unvermeidbar, diese gegenüber den Vernommenen niemals zu erkennen zu geben. Diese Regel sollten sich aber nicht nur Vernehmer immer wieder in Erinnerung rufen, sondern auch alle anderen, die Gespräche zielgerichtet zu führen und Menschen zu beurteilen haben.

Sprachlicher Fingerabdruck
Siehe → Idiosynkrasie.

Statusverhalten
Das Statusverhalten bezeichnet die Art und Weise, wann, bei wem und bei welcher Gelegenheit man den → Tief- oder den → Hochstatus einnimmt.

Stressbedingtes Schwitzen
Das stressbedingte Schwitzen ist eine Folge der Ausschüttung von Stresshormonen. Wenn eine Frage oder ein Thema bei einem Menschen Stress auslöst, dann ist dies in einigen Fällen am stressbedingten Schwitzen zu erkennen. Davon abzugrenzen ist das → thermoregulatorische Schwitzen.

Thermoregulatorisches Schwitzen
Im Gegensatz zum → stressbedingten Schwitzen hat das thermoregulatorische Schwitzen seine Bedeutung im Ausgleich der eigenen Körpertemperatur nach einer größeren Anstrengung oder bei einer hohen Außentemperatur.

Tiefstatus
Der Tiefstatus bezeichnet eine durch Unterlegenheit oder Unterwürfigkeit gekennzeichnete menschliche Haltung gegenüber anderen.

Ur-Instinkte
Ur-Instinkte sind in uns verankerte instinktive Automatismen, mit denen wir unbewusst und schlagartig auf Bedrohungssituationen reagieren. Es gibt eine ganze Reihe dieser Ur-Instinkte, aber die wichtigsten sind der → Angriffs-, der → Flucht- und der → Erstarrungsinstinkt.

Visuelle Wahrnehmung
Die visuelle Wahrnehmung bezeichnet die Art von Informationen, die wir mit unseren Augen über unseren Gesprächspartner gewinnen.

Wahrnehmungsebenen
Die Wahrnehmung unserer Mitmenschen besteht ähnlich einem Puzzle aus einer Vielzahl von Bausteinen. Besonders relevant sind die Wahrnehmungsebenen der Körpersprache, der Verbalsprache, der → Ur-Instinkte und der kognitiven Auffälligkeiten von Gesprächspartnern.

Wahrnehmungsfallen
Wahrnehmungsfallen sind Sinnestäuschungen, welche dazu führen, dass wir Informationen nicht, unvollständig oder falsch wahrnehmen oder richtig wahrgenommene Informationen falsch interpretieren.

Wahrnehmungsindikatoren
Wahrnehmungsindikatoren sind Hinweise auf Informationen, die der Beobachter auf verschiedenen Wahrnehmungsebenen erhält, beispielsweise hinsichtlich glaubhafter oder unglaubhafter Aussagen von Gesprächspartnern.

Wahrnehmungsschatten
Wir nehmen Informationen über unsere Mitmenschen mit sämtlichen Sinnen auf. 90 Prozent der aufgenommenen Informationen kann unser Gehirn jedoch nicht verarbeiten. Informationen, die unser Gehirn als unwichtig einstuft, fallen in den Wahrnehmungsschatten, d.h., dass diese Informationen zwar theoretisch vorhanden sind, aber vom Gehirn nicht bewusst umgesetzt werden können. Mit diesem Mechanismus schützt sich unser Gehirn vor Informationsüberlastung.

Wahrnehmungsverzerrung
Siehe → Wahrnehmungsfallen.

Literaturhinweise

Löw, Marco: *Falle Bewerbungsbetrug: erkennen und vermeiden*, Hohenlinden: Löw & Partner, 2011

Löw, Marco: *Kriminalistische Befragungstaktiken für die Wirtschaft*, Band 1: Grundlagen, Hohenlinden: Löw & Partner, 2010.

Löw, Marco: *Kriminalistische Befragungstaktiken für die Wirtschaft*, Band 2: Aufbauwissen, Hohenlinden: Löw & Partner, 2012

Danksagung

An dieser Stelle möchte ich die Gelegenheit nutzen, verschiedenen Menschen zu danken, ohne deren Mitwirkung das Buch in der vorliegenden Form nicht zustande gekommen wäre.

Besonderer Dank gilt Frau Barbara Laugwitz, der Verlegerin des Rowohlt Verlags, die in Begleitung des Fotografen Thorsten Wulff persönlich aus Hamburg zu meinem Unternehmenssitz in Buchbach gereist ist, um das bestmögliche Foto für das Buchcover zu schießen. Sie hat sich als sehr wertvolle Beraterin erwiesen.

Herrn Wulff danke ich für seine bewundernswerte Kunst an der Kamera und für seine Geduld während des Fotoshootings.

Bei meinen Lektoren Frau Julia Vorrath und Herrn Bernd Gottwald vom Rowohlt Verlag möchte ich mich für die sehr gute und unkomplizierte Zusammenarbeit sowie ihre wertvollen Tipps bei der Erstellung des vorliegenden Werkes bedanken. Frau Vorrath war mir zudem durch ihre Fähigkeit des Perspektivwechsels in Kombination mit ihrer exzellenten Verlagserfahrung eine besonders wertvolle Hilfe, um die Inhalte des Buches aus Sicht des Lesers zu sehen und auf seine Bedürfnisse hin zu optimieren.

Ein großes Dankeschön geht auch an Herrn Kai Gathemann, meinen Buchagenten von der gleichnamigen Literaturagentur, für seine engagierte und professionelle Beratung sowie Unterstützung in allen Phasen des Buchprojektes.

Ferner danke ich Herrn Stefan Bruno, einem guten Freund, der mich bei der didaktischen Umsetzung des Buchprojektes beraten und mir seine redaktionellen Kenntnisse in der Produktion von Lehrbüchern in der Erwachsenenbildung zur Verfügung gestellt hat.

Insbesondere meinem Freund Klaus möchte ich danken, der mit seinem unternehmerischen Erfahrungsschatz, seinen Ermutigungen und wertvollen Ratschlägen maßgeblich daran beteiligt war, dass ich den Schritt in die Selbständigkeit gewagt habe. Ohne diesen Schritt wäre dieses Buchprojekt wohl nie zustande gekommen.

Ich danke darüber hinaus den zahlreichen Teilnehmern meiner Vorträge, Seminare und Unternehmensberatungen, die mir aufgrund ihrer Fragestellungen und Ideen viele Impulse gegeben haben. So konnte ich besser verstehen, welche Wünsche und Vorstellungen eine Rolle spielen, wenn man aus Sicht des Schülers lernen möchte, Gesprächspartner besser einzuschätzen.

Schließlich, und in ganz besonderem Maße, gilt mein Dank meiner Lebensgefährtin Maria, die mir als kluge Ratgeberin durch ihre Geduld und ihr Verständnis sowohl meine Selbständigkeit als auch dieses Buch ermöglicht hat.

Das für dieses Buch verwendete FSC®-zertifizierte Papier
Lux Cream liefert Stora Enso, Finnland.